태권도 교육론

태권도 교육론

초판1쇄 인쇄 2014년 8월 22일 | **초판1쇄 발행** 2014년 8월 29일
지은이 최성곤 | **펴낸이** 신일희 | **펴낸곳** 계명대학교출판부
출판등록 제347-1998-1호(1970. 9. 1)

주소 대구광역시 달서구 달구벌대로 1095
전화 053) 580-6233 | FAX 053) 580-6235

ISBN 978-89-7585-680-8 93690

· 값 20,000원
· 잘못 만들어진 책은 교환해 드립니다.

이 도서의 국립중앙도서관 출판예정도서목록(CIP)은 서지정보유통지원시스템 홈페이지(http://seoji.nl.go.kr)와 국가자료공동목록시스템(http://www.nl.go.kr/kolisnet)에서 이용하실 수 있습니다.
(CIP제어번호: CIP2014024829)

태권도 교육론

최 성 곤

계명대학교 출판부

머리말

태권도는 신체를 단련하여 체력을 향상 시키고 건강을 증진 시키며, 자위(自衛)를 위한 호신술로서 그 가치를 인정받고 있다. 또한 인격 형성을 위한 정신교육인 동시에 체력단련을 위한 신체교육으로서 중요한 영역을 차지하고 있다.

특히, 복잡한 사회를 살아가는 현대인들은 범죄의 증가와 생활환경의 변화로 인하여 각종 위험에 노출되어 있다. 이런 외부적인 위험으로부터 자신을 지키기 위해서는 강인한 체력과 정신력을 기르는 것이 매우 중요하며, 인성교육의 수단으로서 운동에 많은 관심을 갖는다.

특히, 태권도는 한국 전통 무예로서 세계인의 사랑을 받고 있으며, 단일 종목으로서는 가장 많은 수련인구를 가지고 있는 무도 스포츠이다.

이와 같은 시대상황에서 가장 효과적인 태권도 교육의 역할과 기능을 찾으려는 태권도 지도자들의 꾸준한 노력이 이뤄지고 있다.

그러나 아직 수많은 태권도 지도자들이 도장에서 태권도를 지도하고 있으나, 태권도 교수-학습 전개에 대한 전문서적이 부족한 상태이다.

본서에서는 태권도 지도자들이 일선에서 교수활동을 전개하는데 있어 참고가 될 지침과 자료들을 제공하기 위해 엮은 것으로, 태권도의 특성과 정신에 충실하면서 태권도 교육활동에 꼭 필요한 지도서가 되도록 꾸미려고 노력했다.

특히, 교육학 이론을 토대로 학습지도의 전개에서는 무급에서 유단자가 되기까지 연간계획, 단원계획을 수록하였고, 학습지도안의 실제에서는 기본동작, 품새, 겨루기의 본시수업안과 교수-학습의 전개 등, 효율적인 학습지도를 위한 모형을 제시하였다.

아무쪼록 본서가 태권도를 학문적으로 발전시키고, 훌륭한 지도자의 길을 가고자 노력하는 태권도학 전공자들이 태권도를 지도하는데 도움이 되었으면 한다.

2014년 7월

최 성 곤

목차

제4장 •

학습지도안의 실제

제5장 •

교수-학습의 전개

제1장

교수법 이론

1. 교육의 개념
2. 교수법의 동향
3. 교수법 접근방법

제1장

교수법 이론

1. 교육의 개념

'교육'에 대한 정의는 크게 두 가지로 이야기 할 수 있다. 하나는 '교육은 이러한 것이다'라는 것이고, 다른 하나는 '교육은 이러한 것이어야 한다'라는 것으로 서술하고 있다. 전자를 가치관이 배제된 '분석적 서술'이라 하고, 후자를 가치관이 개입된 '규범적 서술'이라 할 수 있는데 교육을 어떻게 서술 하든 교육학은 '무엇을 가르치느냐'의 부분과 '그것을 어떻게 가르치느냐'의 두 부분으로 구성되어 있다. '무엇을'에 해당되는 이론들은 '사변적 영역'에 속하고, '어떻게'에 해당되는 이론은 '방법론적 영역'에 해당된다.

19세기 헤르바르트에 의해 처음으로 '교육학'(pedagogy)이라는 용어가 사용된 이래, 교육학은 교육철학, 교육심리, 교육과정, 교육평가, 교육사회학, 교육행정 등으로 세분되어 발전하여 왔다.

우리 국민 대부분은 학생 아니면 학부모이다. 따라서 교육에 관한 한 국민 대부분이 당사자이기 때문에 전문가가 아니더라도 누구든 많은 관심을 가지게 된다. 그 뿐만 아니라 어느 영역에 종사하든지, 우리는 후손에게 무엇을 남겨주어야 하는가에 대해서 생각을 하게 된다. 어떤 과학자가 앞으로 어떤 분야에 대해서 연구가 더 필요하다든지,

그러기 위해서는 어떤 기초연구가 필요하다든지 하는 의견을 낸다면 그것은 학생들에게 어떤 내용을 가르쳐야 하는가로 귀결된다. 한 분야에서 업적이 많은 사람일수록 미래를 전망하게 되고, 자신이 그 분야의 발전에 도움이 되어야 한다는 사명감을 느낄수록 교육에 관한 언급을 하게 된다. 역사적으로 유명한 학자들과 그 사회의 지도자들이 모두 교육에 관심을 가졌던 것은 바로 이러한 이유에서이다.

1) 교육이란 무엇인가?

교육이 반드시 학교에서만 실시되는 것은 아니다. 가정이나 사회, 산업체, 국가, 심지어는 군대에서도 교육을 실시한다. 교육이란 무엇인가? 에 대한 정의는 크게 두 가지로 볼 수 있다. 하나는 '교육은 이러한 것이다'라는 식으로 서술하는 것이고, 다른 하나는 '교육은 이러한 것이어야 한다'의 방식으로 서술하는 것이다. 첫 번째 방식은 말하는 사람의 가치관이 개입되지 않은 경우로 '분석적 서술'이라 하고, 두 번째 방식은 말하는 사람의 가치관이 강하게 개입된 경우로 '규범적 서술'이라 한다.

(1) '교육'에 대한 분석적 서술

누가 '인간이란 무엇인가?'라고 물었을 때 우리는 인간의 생김새, 몸무게, 팔다리의 기능 등에 대해서 설명하기보다는 ,인간이라면 갖추고 있어야 할 특성, 소양 등에 대하여 말할 것이다. 그러나 이러한 설명은 개인에 따라 차이가 많이 나며, 그 설명에 포함된 내용이나 표현에 대한 해석도 듣는 사람에 따라 제각기 다를 수 있다. 그래서 어떤 사람은 우리가 사용하는 용어에 대해 가치관을 배제하고 서술하려한다. 그런데 교육이란 원래 가치지향적인 활동이기 때문에 교육에 대해서 서술할 때는 말하는 사람의 가치관이 유난히 많이 작용한다. 예를 들면 '학교란 무엇인가?'라고 했을 때 '학교는 학생들에게 이 사회에서 가장 중요한 지식과 태도를 가르쳐서 훌륭한 사회인이 되도록 준비시키는 장소'라고 말하는 사람이 있는가 하면, '학교는 그 사회의 지배계층이 국민들에게 통치하기 편리한 이데올로기를 가르치는 장소'라고 말할 수도 있다.

그러므로 '교육'에 대한 정의를 내릴 때, 자신의 가치관을 가능한 한 배제하는 분석적 서술을 사용해 볼 수 있다. 예를 들어 '교육이란 가르치고 배워서 상당기간 학생의 지적 능력에 변화를 가져오는 것'이라고 정의한다면, '무엇을 가르쳐야 하는지', '어떤 방법으로 가르쳐야 하는지',그리고 '가르친 결과로 학생들이 어떤 능력을 가져야 하는지'에 대해서 정의 되어야한다.

위에서 제시한 '교육' 에 대한 분석적 정의에서 가장 중요한 것은, '가르치고', '배워서', '변화를 가져오는 것'이다. 먼저 '가르친다'는 것이 무엇을 의미하는지 살펴보자. 우리는 소매치기하는 방법을 가르치는 것을 '교육'이라고 하지는 않는다. 교육에서는 나쁜 것을 가르쳐서는 안되기 때문이다. 또한 가르치는 방법 역시 올바른 것이어야 한다. 결국 '교육'이라는 단어를 정의할 때는 아무리 가치관을 배제하려고 해도 가치관에서 완전히 벗어날 수는 없다. 그것은 '교육'이란 이미 가치가 포함된 활동이기 때문이다.

'교육'은 또한 가르치기만 한다고 해서 끝나는 활동이 아니다. 가르친 다음에 학생들이 그것을 배워야 한다. 가르쳤는데도 배우지 않는다면 우리는 교육이 이루어졌다고 말하지 않는다. 한편, 사람은 가르치지 않았는데도 많은 것을 터득하며 산다. 그것을 우리는 '교육'이라고 하지 않고 '본능', '성숙' 또는 '깨달음'이라고 한다. 사실 어디까지가 교육에 의한 '깨달음' 이고, 어디까지가 가르침 없이 생겨난 '깨달음'인지를 구분하는 것은 쉽지 않다.

교육은 또한 학습자에게 강제적인 방법을 시도하여 일시적인 변화를 갖게 하는 것을 의미하지 않는다. 학습자의 '자발적인 참여'에 의해 학습하며 학습경과가 어느 정도 지속적으로 유지될 때 '교육'이 이루어졌다고 한다.

교육은 인간의 행동이 자연적으로 변화해 가는 것보다는 그것을 의도적으로 변화시키는 데에 관심이 있다. '의도'란 바로 그 사회의 가치관이라고 말할 수 있다. 결국 교육이란 그 사회의 가치관을 향해서 행동을 변화시키는 것이다.

(2) '교육'에 대한 규범적 서술

'교육'에 대한 규범적 서술은 교육의 궁극적인 목적으로 표현된다. 예를 들어, "교육은 민주적 시민이 갖추어야 할 자질을 함양하는 과정이다." "교육은 영원한 진리나 가치로 접근하는 과정이다." 또는 "교육은 인간을 인간답게 형성하는 과정이다." 등이 교육에 대한 규범적 서술의 대표적인 예이다.

그런데 무엇이 교육의 궁극적인 목적이어야 하는가는 시대와 사회에 따라서 달라진다. 또한 같은 시대와 같은 사회에 살면서도 개인의 가치관에 따라 달라지기도 한다. 북한의 학생들에게 가르치는 역사나 사회, 종교에 대한 지식을 어떤 사람은 교육이 아니라 교화라 여기며, 더 나아가서는 세뇌라고 주장하기도 한다. 그러나 당사자의 입장에서는 그러한 것들이 가장 중요한 교육의 목적이 될 수도 있다. 따라서 가르치는 내용이 가치가 있는지는 그 사회에 살고 있는 사람들이 공통적으로 믿고 있는 가치관에 의해 결정된다. 그러나 그 사회의 구성 집단 마다 서로 가치관이 다르기 때문에 공통적 가치를 합의하는 것은 상당히 어렵다. 어느 사회에서는 각 집단의 다양한 의견이 큰 갈등 없이 받아들여지기도 하고, 또 어느 사회에서는 일부 권력집단의 가치관이나 이익이 전체 사회구성원의 의견을 대신하기도 한다. 이러한 경우에는 일부집단의 가치관이 교육의 내용에 영향을 끼치며, 어떤 지식이 옳고 또 중요한지를 구별하는 기준이 되기도 한다. 따라서 우리는 교육의 내용을 받아들일 때 그 내용들이 어떤 과정을 통하여 결정되었는지, 그리고 누가 결정하였는지를 들여다보아야 한다.

2) 교육학은 어떤 학문인가?

교육학은 '무엇을 가르치느냐'의 부분과 '그것을 어떻게 가르치느냐'의 두 부분으로 구성된다. 즉 교육학에는 '무엇을'과 '어떻게'에 관련된 이론적 체계와 활동이 포함된다. '무엇을'에 해당되는 이론들을 합하여 사변적 영역이라 하고, '어떻게'에 해당되는 이론들을 방법론적 영역이라 한다. 사변적 영역에 해당되는 이론들을 연구할 때는 철학이 중요한 역할을 하고, 방법론적 영역에 해당되는 이론들은 과학에 의해 관찰되고 검증된다. 즉, 철학은 가치와 관련된 지식의 체계이며, 과학은 가치를 실현시키는 데 동원되는 이론적 체계라고 할 수 있다. 교육은 가치지향적인 활동이기 때문에 철학이 필요하다. 동시에 많은 대상자들에게 실제로 가르쳐야 할 내용을 전달한다는 점에서 과학적 방법 역시 교육학의 중요한 연구분야이다.

'교육학'(pedagogy)이라는 말을 처음으로 사용한 사람은 19세기 독일 철학자 헤르바르트(Herbart)이다. 그는 교육학을 교육목적론과 교육방법론으로 구별하였다. 그에 의하면 교육목적론은 윤리학에 기초하고, 교육방법론은 심리학에 기초한다. 그러나 현대

사회에서의 교육학은 다른 여러 학문과 유기적으로 관련되어 있으므로 교육학에 영향을 끼치는 기초 학문의 영역은 헤르바르트가 말한 것보다 훨씬 광범위하고 다양하다.

교육에 관한 실증적인 연구를 하고 있는 사람들은 사변적인 교육학이 단순한 사상과 구호에 지나지 않으며, 교육현장에서 생기는 문제를 발견하고 처방하기에는 불충분하다고 말한다. 이들은 각종 검사와 다양한 통계적 방법 등을 사용하여 교육효과를 측정하고 평가한다. 그리하여 교육과 관련된 문제점들을 구체적으로 파악하고 개선점을 제시하려고 한다. 그러나 복잡한 교육현상을 파악하는 데는 이러한 방법만으로는 충분치 않다. 실증적인 연구방법만으로는 교육의 이념이나 본질과 같은 철학적인 문제를 해결할 수 없기 때문이다. 모든 학문이 그러하듯이 교육학에서도 철학과 과학이 동시에 적용되어야만 문제해결에 접근하기 쉽다.

3) 교육학은 어떤 영역으로 나누어지는가?

교육학은 무엇을 가르치느냐'를 탐색하기 위해서는 그 시대의 철학에 의존하게 된다. 철학은 교육의 방향을 설정해 준다. 즉, 지식이란 무엇이며, 지식은 어떻게 형성되는가, 그리고 그 지식들 중에서 가장 우선적으로 다루어야 할 것들은 어떤 것인가 등이 중요한 관심사가 된다. 그 밖에도 철학은 도덕이란 무엇이며, 왜 그것이 우리 시대의 도덕으로 받아들여져야 하는지에 대한 이유를 밝히는 데 도움을 주며, 우리가 추구해야 할 '아름다움'에 대해서도 말해준다. 이렇게 철학을 교육과 연관지어 교육의 문제를 연구하는 학문영역을 '교육철학'이라고 한다.

'무엇을 가르칠 것인가'가 결정되면 그것을 '어떻게 가르칠 것인가'를 찾아내야 한다. 아무리 그럴 듯한 지식과 도덕, 아름다움을 추구한다고 하여도 그것을 가르칠 방법이 가능하지 않다면 교육의 목적은 구호에 그치게 된다. 그러므로 인간이 어떤 과정을 거쳐 학습을 하는지에 대한 연구가 필요하다. 인간은 유아기부터 성인이 되기까지 지적인 사고과정과, 도덕발달과정, 그리고 성격형성과정 모두가 변화한다. 나이에 따른 인간의 발달단계를 연구하며, 각 단계에서는 어떻게 학습이 이루어지고, 가장 효율적인 학습지도방법은 어떤 것인지를 연구하는 분야가 '교육심리'이다.

교육철학에 의해 교육의 방향이 제시되지만 그것만으로는 아직 학교에서 가르쳐야 할 내용이 결정되지 않는다. 학교는 이 사회에서 가장 중요하다고 생각되는 이론과 기술 그리고 문화를 후세에 전달하고 새로운 지식을 개발하는 역할을 해야 하므로, 지식의 체계가 곧 학생들이 배우고 경험하게 될 교육내용이 된다. 또한 학교는 사회의 필요에 의해 만들어진 기관이므로 학교에서 가르치는 내용에는 사회의 요구가 반영되어야 한다. 그런데 어떤 내용을 가르친다는 것은 그것을 가르치는 방법도 가능해야 한다는 것을 의미하므로 가르칠 내용을 교과로 구분하거나 관련시키고, 그 교과를 나이에 따라 체계적으로 조직하는 데 관심을 갖는 분야를 '교육과정'이라 한다. 교육과정은 학교에서 가르치려고 의도하는 교육내용이나 경험을 총망라한다. 따라서 교육과정은 교육학에서 가장 핵심적인 연구분야라고 말할 수 있다.

교사는 학생들이 열심히 공부했는지를 평가하기 위해 시험을 치르기도 하고, 학생의 태도를 알아보기 위해 일상생활을 관찰하기도 한다. 그래서 어떤 학생이 더 열심히 노력했으며, 더 우수한지를 구별하고 진급도 시킨다. 이러한 '교육평가'의 영역은 학생들에 대한 평가에만 국한되는 것은 아니다. 예를 들면, 전국적으로 또는 지역적으로 학생의 학업성취도를 평가하기도 한다. 그리하여 어떤 지역의 학생들에게 교육적 혜택을 더 주어야 하는지, 어느 과목의 학력이 다른 과목에 비해 성취도가 낮은지 등을 알게 된다. 전국적인 학력평가를 통해 학생들의 학력이 해마다 늘어나는지 또는 저하되는지를 알아서 국가적인 계획을 세운다. 최근에는 국제적인 비교를 하기 위해 여러 나라 학생들에게 유사한 검사를 실시하기도 한다. 그 밖에도 '교육평가'의 영역에는 교육과정내용의 적절성이나 교사의 수업방법, 그리고 교육의 결과에 영향을 끼치는 모든 분야에 대한 평가가 포함된다.

학교는 그 사회의 다른 기관들과 밀접한 관계를 갖는다. 동시에 교사나 학생들이 모여있는 사회적 집단이기도 한다. 그러므로 학교는 다른 기관과 다른 독특한 사회적 특성이 있다. 학교는 다른 사회기관의 영향을 받기도 하고, 국가나 세계정세가 교육내용에 영향을 끼치기도 한다. 이렇게 학교 안에서의 학생간, 교사와 학생 간의 관계, 학교와 그 밖의 사회기관들 간의 관계를 연구하고 교육내용을 사회학적으로 분석하는 영역을 '교육사회'라 한다.

교장을 위시한 교육 행정가들은 교사들이 학생들을 잘 가르치도록 하기위해서 여러가지 정책적임 도움을 준다. 학교 안에서 뿐만 아니라 지역 단위별로 그리고 국가단위로 교육정책을 실시하여 교육에 직접적인 영향을 미치기도 한다. 국가적인 교육 행정구조가 있으며 학교 안에서의 행정구조도 있다. 구조의 특성에 따라서 교사와 교육행정가의 행동특성이 달라지고, 그러한 특성은 학생들의 학습태도에도 영향을 끼친다. 이러한 분야에 대한 연구영역을 '교육행정'이라고 한다.

위에서 제시한 연구영역 외에도, 교육과 문화의 관계를 연구하며 교육의 문제를 인류학적 관점에서 탐색하는 '교육인류학', 수업에서 활용될 수 있는 하드웨어와 소프트웨어를 도입하여 교육에 관련된 문제들을 통합적으로 해결하려는 '교육공학' 등이 교육학에서 자리를 굳힌 연구영역이다.

그 밖에도 정치와 교육의 상호관련성을 연구하는 '교육정치' 등 새로운 분야가 개발되기도 한다. 연구자들에 따라 교육학의 영역을 달리 나누기도 하므로 위에서 언급된 영역만으로 국한 지을 필요는 없다. 교육학의 하위영역들을 알기 쉽게 간단히 표시하면 다음 〈표 1-1〉과 같다.

〈표 1-1〉 교육학의 하위영역들

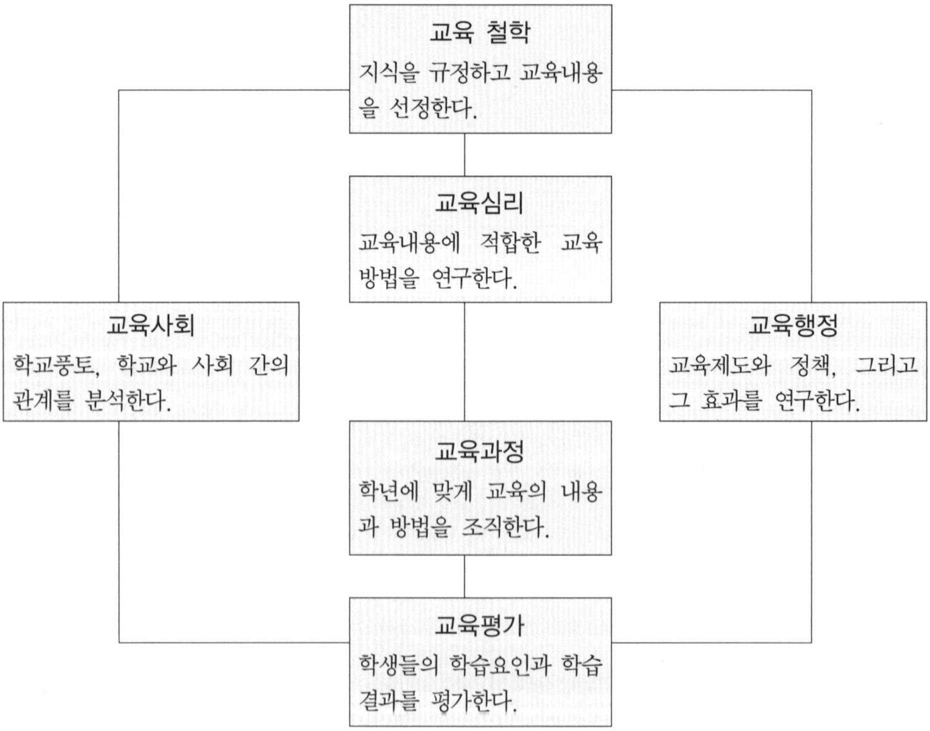

2. 교수법의 동향

1) 교수법의 세계적인 동향

우리 교육계가 교실의 수업 개혁을 위해 몸부림을 치는 이유는 기존의 교육방법으로는 다가오는 정보화 사회에 대처하기 힘들다는 결론으로부터 나온다. 이와 같은 노력은 우리나라뿐만 아니라 세계적인 추세이다.

〈표 1-2〉 객관주의 철학과 구성주의 철학에 기초한 교육의 비교

특성 관점	객관주의 교육	구성주의 교육
학 습 자	지식의 수동적 수용자	지식의 능동적 창조자
교육과정	의도적(intended) 교육과정	잠재적 교육과정 창조적, 실용주의적
교사역할	지식의 전달자 교육과정 실행자	안내자, 조력자, 지지자, 촉매자 교육과정 재구성자
교육방법	강의, 암송, 반복, 일제 수업 시범식 교육	협동수업, 소집단 활동, 문제해결학습 고등사고학습, 비판적 사고
강 조 점	완전학습	고등사고, 비판적 사고, 창조적 사고
평 가	가치판단적 평가 결과 중심 평가 양적 평가 서열을 정하는 데 쓰임	정보처리론적, 통합절충론적 평가 과정 중심 평가(수행평가) 질적 평가 교사 자신의 평가자료로 이용
교육책임	학습자에게 물음	교사 자신이 짐

미국 대통령 자문기구인 교육개혁위원회(1983)는 국가의 위기(A Nation at Risk)라는 보고서에서 교육개혁의 당위성을 역설하였다. 여기에서 다룬 문제들은 주로 수업일수, 교장의 역할, 시험 성적, 학교 재정, 학교정책 등 구조적인 문제에 관심을 쏟았다. 학교운영위원회가 만들어지고, 학교의 재정과 정책에 많은 수술을 가했다. 그럼에도 불구하고 교육의 질 향상은 별다른 진전을 보이지 않았다. 그 원인은 외부 환경은 많이 변화하

였으나, 학자들과 일선 교육자들의 머리 속은 변하지 않고 있었다. 아무리 환경을 변화시켜 보아도 본질적인 것이 바뀌지 않기 때문에 정작 변화되어야 할 교실에서의 수업모습은 그대로 있었다. 1980년대 중반에 들어와서는 구성주의 철학이 대두되었고 내용적인 측면에서 교육개혁에 접근을 시도하였다. 학자들과 현장 교사들은 교육과정에 관심을 갖기 시작하였고, 무엇을(content) 어떻게(how) 가르칠 것인가에 관한 연구를 많이 하기 시작하였다.

미국의 경우 최근에 Daniels, Hyde(1993)가 쓴 『가장 좋은 수업』에서 미국 전역에서 가장 훌륭한 수업들을 종합 · 분석하여 이러한 새로운 형태의 교육 속에 잠재되어 있는 원칙, 가정, 또는 이론들의 특성을 다음과 같이 요약하고 있다.

〈표 1-3〉 전통적인 수업과 최근의 좋은 수업의 특성

전통적인 수업	최근의 좋은 수업
교사 중심(teacher-centered) 수업	학생 중심(learner-centered)수업
모방활동(mimetic activities)중심 수업	경험적인(experiential)수업
발문-반응-논평 수업	반성적(reflection)수업
연습(exercise)중심 수업	실제적(authentic)수업
부분적(part to whole)수업	전체적(holistic)수업
개인적(personal)수업	사회적(social)수업
경쟁적(competitive)수업	협력적(collaboratic)수업
권위적(authoritative)수업	민주적(democratic)수업
암기 위주(memorizing)수업	인지적(cognitive)수업
위계적(hierarchical)수업	발달적(developmental)수업
행동심리학적(behavioristic)수업	언어심리학적(psycholinguistic)수업
수동적(passive)수업	도전적(challenging)수업
객관주의(objectivist)수업	구성주의(constructivist)수업

위에서 열거한 새로운 수업의 특징들은 대부분 이미 1960~1970년대의 미국에서 유행했던 진보주의와 일치하는 점이 많다. 하지만 1930년대의 Dewey의 학교나 1960년대의 열린 교실과는 다르다. 즉, 최근에 일어나고 있는 교육개혁운동의 지도자들은 구성주의 철학으로 무장하고 과거 많은 논란과 장애물에 부딪혀 성공적으로 실천해 보지 못했던 아이디어들을 이제는 보다 강력하게 그러면서도 이치에 맞게 적용하고 있다.

2) 교수 – 학습방법의 패러다임 전환

현대사회의 변화 중에서 교육에 가장 직접적으로 영향을 미치는 변화의 하나가 지식·정보의 폭발적 증가와 노후화라고 할 수 있다. 어제 요긴하게 썼던 지식이 오늘 쓸모없게 되어버리는 시대에 살고 있는 지금 지식전수 위주의 교육으로는 도저히 21세기를 대비할 수 없다.

오늘날 학습 이론의 대부분은 객관주의 전통에 뿌리박은 행동주의 심리학에 근거를 두고 있다. 행동주의자들은 교수-학습을 행동으로 본다. 학습자들로 하여금 교사가 원하는 행동적 반응을 하게 하기 위해, 교사는 작은 자극과 강화 요소들을 제시한다. 하지만 특수 아동과 같이 신체적·정신적 장애 때문에 행동적 반응을 못하는 경우에는 학습이 이루어질 수 없다. 또 만약 학습목표가 학습자들로 하여금 이해하고 개념화하고 새로운 정보에 적용하는 것이라면 행동주의적 방법에는 이해를 위한 모형이 없기 때문에 목표 달성이 불가능하다. 그러므로 구성주의적 접근방식이 필요하다.

구성주의는 지식은 사전 경험을 바탕으로 학습자들의 머리 속에서 생겨나고, 사회적인 환경 속에서 재창출된다고 믿는다. 학습은 또한 그들의 생활과 밀접한 관련을 가진, 즉 학습자들에게 의미가 있을 때, 학습에 있어서 주인의식을 가졌을 때, 다양한 초인지 전략들이 활용되었을 때, 급우들간의 협동적 학습을 통한 문제해결을 모색했을 때 활발히 일어난다는 것이다. 따라서 단편적인 지식 전수, 암기 위주의 수업, 이기적 경쟁 중심의 수업, 획일화된 수업 등의 기존의 교육의 병폐를 치유하기 위해서는 교수-학습에 있어서의 패러다임적인 전환이 필요하다.

3) 구성주의에 의거한 체육과 교수법

구성주의자들은 교사들을 위한 어떤 특정한 학습 모형이나 특별한 교수 기술 또는 과정을 제시하지 않는다. 학습자, 교사, 학습내용, 주위환경이 모두 다르기 때문에 수업의 형태도 모두 달라야 한다고 한다. 그래서 학습활동에 있어서 일련의 활동들은 학생의 입장에서 진술 되고 있다. 이는 학습의 주체자가 학생이라는 것을 보여준다.

(1) 학습자

구성주의 철학에 입각하여 바라본 학습자는 능동적이고, 창조적이며, 개성을 갖고 있으며, 무한한 발달 가능성을 가지고 있다. 학습자는 교사가 제시하는 지식을 수동적으로 받아들이는 것이 아니라, 그것을 자기 경험에 비추어 분석·평가할 수 있으며, 재구성하고 새로운 환경과 상황에 적용할 수 있다. 학습자는 뚜렷한 개성을 가지고 있으며, 어느 누구도 똑같은 생각을 갖고 있지 않다. 그들 생각이나 아이디어는 독창적이고 때에 따라서는 상상을 초월할 수 있다. 학습자는 사회활동을 통해 그들이 발전할 수 있는 범위를 최대한으로 넓힐 수 있으며, 사회 교류를 통해 상대방의 생각이나 아이디어를 존중하고 협동으로 어려운 문제도 풀 수 있다고 본다.

학생들이 체육수업 시간에 소극적으로 참여하거나 싫어하는 경우를 빈번히 관찰하게 된다. 그 이유는 주로 프로그램 내용의 빈약과 시설, 용구 등의 부족과 같은 문제점 때문이기도 하지만 지도자의 지도방법에서 그 원인을 찾을 수 있다. 체육수업이 전통적인 획일적 지도방법에 크게 의존하고 있기 때문에 학생들로부터 매력을 끌지 못하고 외면당하는 사례가 허다하다. 앞으로 미래사회에 부응하기 위한 교육은 인간화를 통한 개개인의 자아실현에 그 목표를 두어야 하므로 체육교육에서는 각 개인의 잠재능력을 신장하고 자아실현의 극대화를 꾀하도록 하는 다양한 새로운 지도방법과 평가방안 모색이 요구된다.

(2) 교사

구성주의 학습활동에 있어서 일련의 활동들은 학생의 입장에서 진술하고 있다. 이는 학습의 주체자가 학생이라는 것을 보여준다. 또 다른 특징은 활동 그 자체가 중요한 것이 아니라 각 활동을 어떻게 하는가 하는 활동양식(style)이 중요한 요소이다. 교사는 거의 대부분 관찰자로서, 진행자로서, 그리고 학습의 자극자(instigators)로서의 역할을 한다. 교사는 학생 개개인과 수업을 하며, 그들이 의미있는 학습활동에 참여할 수 있도록 유도한다. 교사는 듣는자(listener), 안내자(guide), 조력자(helper), 촉진자(facilitator), 용기부여자(encourager), 지지자(suppoter)다. 교사는 학습자에게 항상 귀 기울이고 듣기를 즐거워한다. 교사는 자신이 계획한 학습 경험의 세계로 학습자를 안내하되 학습자 스스로 탐구할 수 있도록 옆에서 도와주는 조력자이다. 교사는 학습자가 스스로의 힘으로 해결할 수 있도록 촉매활동을 하며, 학습자의 작은 성취에도 칭찬과 격려를 아끼지 않는 용기부여자다. 구성주의로 무장한 교사는 항상 학습자의 편에 서서 생각하며, 학습자의 생각이나 아이디어를 지지한다. 교사는 학생 개개인과 수업을 하며, 그들이 의미있는 학습활동에 참여할 수 있도록 유도하여야 한다. 학습자들로 하여금 문제해결 능력 또는 고등사고 능력을 기르는 학습활동에 주력한다. 그래서 소집단 활동을 통한 문제해결학습은 구성주의 교사들이 흔히 쓰는 중요 교수-학습방법으로 결과보다 학습과정을 중요시하고, 가능성을 고려하며, 그리고 자신의 세계를 인식하는 것이다. 또한 학생들로 하여금 주어진 정보를 내면화하도록 돕거나, 새로운 것으로 발전시키거나 변형할 수 있도록 도와주는 역할을 한다. 새로운 지식을 구성하고자 하는 학생들의 충동을 교사가 인정하고 존중하였을 때 무한한 가능성이 생겨나는 것이다.

(3) 교육과정

교육과정은 아이디어 중심의 교육과정(idea-oriented curriculum)이며, 창조적 교육과정으로서 현장 교사가 주도하는 실천적 교육과정이다. 학습자의 특성, 적성, 관심, 성취 수준뿐만 아니라, 학부모의 요구 및 지역 사회의 제 특성이 고루 반영된다. 현장에서 학습자들에게 맞게 교사들이 재구성한 교육과정이다. 따라서 수준별·능력별 교육과정이 운영된다. 그렇기 때문에 한 번 편성한 교육과정은 필요하면 언제든지 학습 현장에서 변조(alteration) 또는 개정(revision)할 수 있다. 이런 교육과정의 상황적 재구성이라는 의미에서 스포츠 경기에서의 감독에 비유된다. 감독은 경기 전에 자기 자신의 경기 계획(game plan)을 세우지만, 경기 도중에 경기의 흐름을 봐서 수시로 그 계획을 변경시킨다.

학교체육은 체육활동을 통하여 신체적·정서적·사회적·지적 발달을 도모하고 있다. 이처럼 체육은 일반 교과와는 달리 다양한 목표 영역을 포함하고 있다. 그러나 현재 학교 체육교육에서는 신체적 발달 영역만이 주로 강조되어 설정, 운영되고 있는 실정이다. 물론 체력과 운동 기능 발달이 체육의 가장 중요한 목표인 것은 사실이다. 그러나 운동을 통한 정서 발달과 사회성 발달 또는 지적 발달에도 아울러 관심을 두어야 함에도 불구하고 일선 학교에서는 이에 대한 관심도가 일반적으로 낮다. 또한 체육교과 목표에 따라 학년별·영역별로 주안점을 두고 지도해야 할 내용들이 있으나 체육 내용은 개인 및 사회 요구에 부합하여 선정되는 경우가 많지 않으며 또한 계열성, 통합성과 같은 교과과정 구성 원리에 맞게 탄력 있게 조직되지 못하고 있음도 문제점이다. 체육교육과정 또한 획일적이어서 효과적으로 운영되지 못하고 있는 실정이다. 체육수업을 보다 효율적인시간으로 운영하기 위해서는 수업시간을 융통성 있게 운영할 필요성이 있다. 모든 교과를 주당 시간수로 나타내고, 요일별로 시간표를 작성해 획일적으로 운영하지 말고, 교육과정의 연간 배당시간을 준수하되 시간 운영을 계절, 학습내용, 학생들의 실태, 실정 등에 따라 가변성을 가지고 운영한다.

체육수업의 충실은 전인교육 측면에서 절대적으로 중요하다. 현행 각급 학교에서는 체육수업의 결손을 막기 위해서는 제도적으로 수업 충실화를 위한 여러 방안이 모색되어야 한다. 주당 수업시수를 준수하여 타교과로 전용되는 일이 없어야 하고, 무엇보다도 초등학교에서는 예체능 전담교사제도의 근본 취지를 충분히 살려 이를 적극 활용해야 한다. 현재 예체능 전담교사제도가 시행된 지 오래됐지만 그 근본 취지가 왜곡된 채 제대로 이행되지 않고 있으며 온갖 편법으로 운영되고 있는 실정이다. 체육전담교사는 가급적 운동 기능과 지도 능력을 구비한 체육교육학과 전공자가 지도할 수 있도록 배정하고 주어진 수업시수를 충실히 이수해야 한다.

(4) 교육방법

구성주의에 입각한 교사의 수업방법으로는 지식의 사회적 형성을 감안하여 협동수업과 소집단 활동이 이루어지고, 토론과 협의를 거쳐 상대방을 이해하고 더불어 사는 지혜를 배울 수 있는 인성교육이 이루어진다. 또한 지식 형성의 개별성을 감안하여 학습자의 무한한 아이디어를 존중하고, 반성적 사고(refective thinking)를 유도함으로써 창조적 사고 학습, 문제해결학습, 또는 고등사고 학습 등이 이우어질 수 있게 한다. 개념과 내용에 대한 다양한 관점과 설명이 주어지고 북돋아진다. 학습목적이나 목표는 교사 및 동료와 함께 협의 되거나 학습자에 의해 도출된다. 교사는 안내자, 충고자, 코치, 개인 교사 또는 촉진자로서의 역할을 한다. 학습자들의 자아분석, 자아통제, 자아반성, 자아의식 등을 촉진하기 위한 학습활동, 기회, 도구, 환경 등이 제공된다. 학습의 조정하거나 통제하는 데 있어서 학습자가 중심 역할을 한다. 지식의 재생이 아니라 지식의 구성을 강조한다. 지식의 구성은 사회적 협상, 협동, 경험 등과 같은 개인적인 맥락에서 이루어진다. 문제해결학습, 고등사고기능, 심오한 이해 등이 강조된다. 오류는 학습자의 기존 지식구성에 대해 통찰할 수 있는 기회를 제공한다. 학습자들이 독자적으로 지식을 구성하고, 그들 나름의 목적을 추구할 수 있는 탐구학습이 권장 된다.

단순 학습 결과보다는 학습을 해 나가는 과정을 중요시한다. 아동들이 무엇을 얼마나 많이 알게 되었는가 보다는 집단 내에서 무엇을 하고, 어떤 활동을 어떻게 해 가고 있는가와 같은 과정을 다룬다. 즉, 올바른 과정없이 올바른 결과 또한 없다는 생각을 기본으로 이것은 개인주의를 타파하고 아동들의 욕구충족과 삶의 과정이 되어야 한다는 이념과 상통하는 것이다.

교수-학습집단을 가변성있게 조직할 필요가 있다. 필요에 따라서는 초등학교에서는 학부모를 보조교사로 활용할 수도 있고, 학생조직은 학생 수에 따라 대집단 조직, 소집단 조직, 개별학습 등을 활용하고, 학생특성에 따라 능력별 조직, 취미별 조직 등 여러 가지 방법을 학습내용의 성격에 따라 학생들에게 과제를 수행 하게한다.

학습 효과를 극대화하는 데 가장 큰 요인 중의 하나는 지도방법을 다양화하는 것이다. 학습자 개개인의 요구 특성, 교육의 환경여건이 다양하므로 이에 부응하는 적절한 지도방법을 개발하여 적용하여야 한다. 학습내용을 효과적으로 지도하기 위해서는 특히 학습 자료의 개발과 활용이 요구된다. 개인의 요구와 특성 등이 다르므로 아동의 적성과 흥미를 고려하고 그에 맞게 학습자료가 다양하게 제공되어야만 학습 효과를 올릴 수 있기 때문에 다양한 교수-학습 자료의 개발 보급은 중요한 과제이다.

(5) 평가

평가는 Tyler(1951)의 가치판단론적 평가, 즉 학습자의 학습목표 도달정도를 측정하는 평가일 뿐만 아니라, Cronbach(1986)의 정보처리론적 평가, 즉 교사 자신이 세운 교육과정의 평가 자료 또는 교사 자신의 수업평가의 자료로 사용하는 평가가 이루어지거나, 더 나아가 이 두 평가양식을 통합 절충한 통합절충론적 평가가 이루어져야한다. 따라서 양적 평가(quantitative evaluation)와 질적 평가(qualitative evaluation)를 조화시켜 실시한다. 학습자들이 각각 다르게 지식을 만들어 가기 때문에 시험을 통해 서열을 정한다는 것은 생각할 수도 없다. 단순한 수치의 증감보다는 학습자 내에 어떤 변화가 일어나고 있는지에 주목한다. 결과는 항상 교육과정의 진단 및 개정에 반영하며, 학습

목표의 성취 여부뿐만 아니라 교사 자신의 수업방법의 질을 평가하는 자료로 삼는다. 특히 현장에서 이루어지는 실기평가는 평가기준이 모호하고 타당성과 신뢰성이 떨어지는 교사의 주관적 평가에 크게 의존하고 있는 실정이므로 합리적이고 객관적인 평가방법이 요구된다. 그것은 바로 수행평가(performance assessment 또는 process assessment)이다.

구성주의 교수법의 핵심은 학습자 중심의 수업과정을 중시하므로 학습자 중심의 수업과정을 중시한 평가가 필요하다. 곧 평가하는 수행평가 자체가 구성주의에 의거한 교수행위라고 할 수 있다. 수행평가는 주로 Portfolio, 실기시험, 실험실습, 면접법, 관찰법, 서술형 검사, 논술형 검사, 구술시험 등을 활용할 수 있다.

노드필드와 그 동료들(1996)은 교사교육 원리를 다음과 같이 제안하고 있다.

첫째, 교사 교육은 기존의 개념에 도전하여 변화할 수 있도록 해야 하고, 둘째, 교사는 자신의 신념과 경험을 토대로 자신의 수업에 대한 관점을 능동적이고 지속적으로 변화시키는 학습자가 되도록 하여야 하며, 셋째, 교사의 전문적 지식은 수업상황에 맞추어 수업을 할 수 있게 되어야 하며, 끝으로 교사가 수업 경험에 대하여 가른 사람과 상호작용할 수 있도록 조건을 만들고 지원하는 교사교육을 해야 한다는 것이다.

왜냐하면, 체육교육은 체육시설, 용구, 공간 등의 환경 변화에 따라 교육의 질이 큰 영향을 받으며 학습자들의 욕구와 기능 수준이 다양하므로 교육환경변화에 적극적으로 대처할 수 있는 능력이 요구된다.

결론적으로 개인의 특성을 중시하는 구성주의적 교육 패러다임을 실천하기 위해서는 교사는 철저한 체육교육 내용의 움직임 분석, 기술 향상을 통한 수업설계능력, 개인의 운동 수행의 관찰능력과 발문, 피드백 등 학습자와 상호작용할 수 있는 교수기술을 향상시켜야 할 것이다.

3. 교수법 접근방법

교수방법을 탐구하는 근본적인 목적은 한 마디로 잘 가르치기 위해서이다. 즉, 잘 가르치기 위한 여러 조건 중, 가장 중요한 한 가지 조건을 갖추기 위해서 우리는 교수방법을 탐구하는 것이다. 물론, 교수방법을 그저 기술적으로만 탐구한다고 해서 결코 우리가 잘 가르칠 수 있게 되는 것은 아니다. 따라서 우리는 왜 교수방법을 탐구하는가? 오늘의 교육현장에서 무엇이 문제이길래 우리는 교수방법을 탐구하여야만 하는가? 특히 형식적 학교교육이 시작된 이래 줄곧 지상의 원리로 삼아온 전인교육에서 가르친다는 것은 무엇을 의미하는가? 그리고 교수방법을 탐구하는데 있어 우리가 먼저 생각해보아야 할 전제조건은 무엇인가? 등과 같은 문제들을 먼저 생각해 보고자 한다.

1) 교수능력, 기회, 유인의 문제

과거에도 그러하였듯이, 어느 나라를 막론하고 오늘날도 교육은 많은 사람들로부터 끝없는 비난을 모면하지 못하고 있다. 사회적으로 무슨 문제만 터지면, 근본적으로 교육이 잘못되어서 그렇다느니, 교육에 문제가 많아서 그렇다느니 하고 원초적 책임을 교육에 돌린다. 심지어 국회의원이 제 역할을 다 못해 정치가 엉망이 되면, 그런 사람을 국회의원으로 뽑은 국민에게 문제가 있고, 그것은 곧 초등학교 때부터 우리가 교육을 잘못해서 그렇게 된 것이라고 한다. 이러한 시각에 전혀 문제가 없는 것은 아니지만 그렇다고 해서 굳이 반론을 제기할 만큼 교육이 제대로 이루어진 것도 아니다. 하여간에 교육은 실패하였다느니, 학교는 죽었다느니 하는 식의 냉소적인 비판의 화살들이 계속 날아들고 있다. 언제나 교육개혁을 부르짖어 왔지만, 실제로 교실 현장에서 무엇이 달라졌느냐고 비판을 가하는 사람들도 많다. 신문이나 텔레비전 방송을 보아도, "교육-이대로 좋은가?"를 비롯하여 다양한 수준의 다양한 내용의 문제 지적이 그동안에 얼마나 많았었던가? 물론 오늘날 제기되고 있는 이러한 교육에 관련된 모든 문제의 원인이 전적으로 교사들에게서 비롯된 것은 결코 아니다. 즉, 교사들이 잘못 가르치고 있는데서 그 많은 문제들이 생성된 것은 결코 아니다. 그런데도 그 많은 문제의 지적들을 면밀히 살펴보면, 가르치는 방법에 관련된 부분도 꽤나 많이 섞여 있음을 부인하기 어렵다.

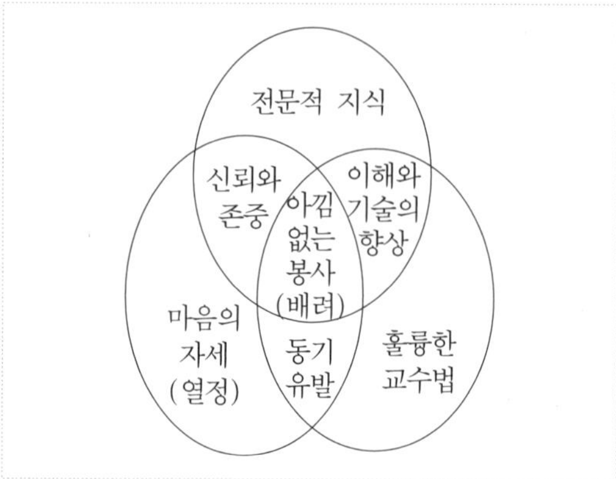

〈그림 1-1〉 지도자와 수련생과의 사이클 모형

(1) 가르치는 능력의 문제

교육현장에서 교수자가 아무리 많은 지식과 경험을 쌓았다 해도, 근본적으로 그러한 지식과 경험을 가르치고 배우는 상호과정을 통하여 학습자에게 효율적으로 전달할 수 있는 능력을 갖추지 못한다면, 그는 교수자로서 성공하기가 어려운 것이다.

흔히 수업현장을 들여다보면, 가르치는 행위가 지극히 형식적이고 기계적인 절차에 따라 전개되고 있음을 쉽게 관찰할 수 있다. 마치도 공장에서 제품을 생산할 때, 설정되어 있는 표준공정의 경우처럼, 가르치는 일도 판에 박힌 표준절차에 따라 이루어지고 있는 것 같은 느낌을 주는 수업이 많다. 우선 수업 시작을 알리는 종이 울린다. 그러면 학생들은 저만치서 출석부와 교과서를 들고 걸어오는 선생님을 보면서 후다닥 제자리에 가서 앉는다. 선생님이 교실에 들어서서 교탁 앞에 서면 반장은 일어서서 학생들에게 차렷자세와 경례를 요구한다. 그다음 선생님은 출석부를 펴고 학생들의 이름을 부르기 시작한다. 이때, 학생들이 떠들다가 재수없이(?) 걸리면, 그 학생은 앞으로 불려나와 머리통을 출석부로 두서너 번 가볍게 얻어 맞는다. 출석확인이 끝나면, 선생님은 칠한 맨 윗쪽에다 오늘 배우게 될 학습단원이나 주제를 크게 적는다. 어떤 선생님은 계속해서 아무 말 없이 내용을 적어가면서 학생들에게 필기를 요구하기도 하고, 어떤 선생님은 교과목의 해달 부분을 학생들 중 한 명을 지명하여 읽어 내려가게 한다. 이렇게 해서 시작된 수업은 선생님이 미리 준비한 도입, 전개, 종결로 이어지는 표준 절차를 통해 진행된다. 마치도 기차가 출발지를 떠나서 그저 쉼없이 도착지를 향해 달려가듯 말이다. 그러다보면 수업이 끝나야 한다는 종소리가 들린다. 물론 선생님은 이때쯤이면 종이 울릴 것을 예측하고 수업을 마무리 해 나간다. 교사의 수업 종결 선언은 다시금 반장을 통한 '차렷 경례'로 확인된다. 그 누구가 이렇게 수업을 진행해야 한다고 법으로 정해 놓은 것도 아니건만, 많은 수업이 이러한 획일적으로 표준화된 절차를 통해 이루어지고 있다. 학습자에게 숙제를 내주고, 정해진 날짜, 정해진 시간에 걷고, 또 검사해서 도장을 찍어주는 일 같은 것도 마찬가지로 기계적이고 획일적인 절차로 이루어진다. 말하지만, 일정한 표적을 향해, 한 치의 융통성도 없이 한 줌의 유연성도 없이 곧바로 날아가는 총알처럼, 경직된 교수절차가 답습되고 있는 것이다. 더욱이 문제스러운 것은 그러한 기계적이고도 형식적인 절차들이 언제고 합리적이고 과학적인 절차로 받아들여지고 있는 것이다. 물론 가르치는 일에 있어 어떠한 절차가 있다고 해서 그것을 비난하는 것은 아니다. 무슨 일을 하든지 간에 절차는 필연적인 요건이다. 문제는 그러한 절차가 언제고 누구에게서나 어떠한 교과에서고, 어떠한 학습자들을 대상으로 하건간에 관계없이 획일화되어 있고, 교수자들이 그러한 획일적인 절차에 인습적으로 구속되어 있다는 데 있는 것이다. 다양한 교수방법이 있건만, 그러한 교수방법을 활용할 수 있는 지식과 경험 그리고 능력을 갖추지 못하여서 어쩔 수 없이 그러한 획일적이고 단순한 절차에 구속될 수밖에 없다면 이는 참으로 큰 문제가 아닐 수 없는 것이다. 교사 양성과정에서도 그러한 교수능력을 제대로 개발할 수 있는 기회를 가지 못한데다, 교육현장에서도 그러한 교수능력을 개발할 수 없다고 한다면, 우리는 교사의 전문성을 어디에서 주장하고 옹호할 수 있을 것인가? 교수자는 우선 가르치는 사람으로서의 능력을 갖추어야 함이 필수적인 전제 요건이 된다는데 이의를 제기할 사람은 아무도 없다.

(2) 가르치는 기회의 문제

일할 수 있는 능력은 있어도 일할 기회가 없다면 그것처럼 서글픈 일은 없다. 오늘날 우리의 학교 교육현장에서 보면, 또다른 문제는 교사들이 가르칠 수 있는 능력을 갖추고 있어도 그것을 제대로 발휘할 수 있는 기회를 얻지 못해 교실 속에서의 수업이 부실해지는 경우도 많음을 쉽게 관찰할 수 있다.

교사의 가르치는 기회가 제대로 확보되지 않는데는 물론 여러 가지 교사 외적인 요인의 작용이 크다. 이를테면, 과중한 수업 부담이 한 시간 한 시간 온갖 정성과 노력을 다해 수업을 준비하고 그래서 자신이 갖고 있는 수업능력을 최대한 발휘하여 가르치기가 어려운 것이다. 또한 과도한 교수·학습량도 교사의 가르치는 기회를 억제하고 있다. 한 시간 동안에 반드시 다루어야 할 교수·학습 진도의 정해진 양이 너무 많아서 다양한 교수방법을 활용하기가 어려운 경우가 많은 것이다. 그저 교과서를 들고 쭉 읽어 가면서 이따금 어휘나 좀 보충해서 설명해 줄 수밖에 없는 경우가 많은 것이다. 교수자의 교수 기회를 억제하는 이유는 그밖에도 많다. 이를테면, 과밀 학급이 그렇다. 한 학급에 40명 선으로 되어 있는 교실현장에서 교사들이 그때 그때 적절한 교수방법을 자유롭게 활용하기란 지극히 어렵다. 어떤 학교에서는 교장, 교감 또는 부장과 같은 행정관리자들의 편협한 사고방식이나 교육관, 인습적 타성으로 인해 교사의 다양한 교수방법 활용 기회가 억제될 때도 많다. 심지어 학부모들의 간섭도 교사의 그러한 기회를 억제할 때도 있다. 걸핏하면 교장실로 전화해서, "뭐 그런 식으로 가르쳐서 괜스레 시간만 낭비하면 되겠느냐!" 하는 항의를 함으로써 교사가 수업능력을 발휘하는 기회를 억제하는 경우가 그렇다.

특히 오늘날 학교 현장에서 가르치는 기회를 억제하는데 큰 영향을 끼치고 있는 것은 주·종관계의 권위적이고 관료주의적인 관계형성이다. 이는 교장, 교감 선생님과 교사들의 관계에서도 보편적으로 나타나고 있을 뿐만 아니라, 특히 교실 속에서 교사와 학생들 간에도 인습적으로 뿌리 깊이 박혀 있다. 특히 교실 속에서 모든 교수·학습행위의 주체는 교수자이고, 객체는 학습자인 양 생각되고 있는 타성은 교수자의 가르치는 기회와 학습자의 배우는 기회를 억제하는데 크게 작용하고 있다. 어떤 때 가만히 보면, 가르치고 배우는 교실을 마치도 무슨 의식을 거행하는 장소처럼 엄숙함으로 가득차 있다. 모든 것을 결정하는 힘은 의식을 집전하는 교수자에게 속해 있다. 학습자는 그저 오기 싫은 곳에 강제로 끌려온 객석의 동원된 군중처럼 조용히 앉아서 교수자의 결정에 따라 순종하기만 하면 된다. 이러한 교수자와 학습자 간의 주·종관계 형성은 교수자들이 다양한 교수방법을 창의적으로 활용할 수 있는 기회 자체를 스스로 포기하고 또 그렇게 포기하는 것을 합리화시켜 주는 결과를 가져온다.

교수자는 모든 것을 다 알고, 그러기에 모든 것을 말하고 지시하고 통제하는 것이다. 반대로 학습자는 모든 덕을 다 모르고, 그저 들어야만 하지 말할 수 없고, 지시와 통제에 무조건 순종해야 한다. 가르친다는 것은 이를 테면 사전에 계획된 강화의 정비이며, 보상을 적절히 운영하여 학습자의 행동을 계획된 방향으로 변화시키며 통제해 나간다는 행동주의적 견해의 일부분을 잘못 받아들여, 그것이 철칙인 양 고수하게 되면, 교수자와 학습자의 관계는 필연적으로 주종관계로 갈 수박에 없는 것이다. 가르치고 배우는 사람의 관계가 지배와 순종의 논리로 점철되거나 상사와 부하의 관계로 고정된다면, 또는 가르치는 일은 무조건 독립변수이고, 배우는 일은 절대적으로 종속변수라고만 생각한다면 교수·학습기회가 다양하게 발휘될 수가 없다.

(3) 가르치는 유인의 문제

가정에서 부모들이 자녀에게 흔히 하는 말 가운데 하나는, "야 공부를 누가 하라고 해서 하냐? 자기가 하고 싶어서 스스로 해야지!"하는 지극히 당연한 말이다. 이는 곧 인간의 모든 행동은 자아 내적인 동기가 형성될 때, 보다 바람직한 효과를 거둘 수 있다는 사람들의 오랜 경험에 의한 진리에 근거한 것이다. 교수자들의 경우도 그렇다. 제 아무리 가르치는 능력과 기회를 갖추고 있다 해도, 교수자가 열심히 가르치고 싶어하는 내적인 동기가 형성되지 않으면, 그는 결코 교실에서 학습자들을 효율적으로 가르치기가 어려운 것이다. 그런데 오늘날 우리의 학교 현장을 들여다보면, 참으로 많은 것들이 우리의 선생님들의 자아 내적인 동기형성을 이루는데 도움을 주지 못하고 있다. 한 마디로 여러 가지 이유로 교사의 사기는 떨어져 있고, 도무지 신이 나질 않는 것이다. 흔히들 선생님이라는 직업을 놓고, 선망하는 사람들은 이렇게 이야기한다. 이러한 경제적 위기의 시대에 학교가 도산하거나 그래서 퇴출당할 염려도 없고, 환갑이 넘도록 정년이 보장되어 있고, 또 1년에 두세 달씩의 긴 방학도 있고, 그러니 얼마나 좋은 직업인가 하고 이야기 한다. 그러나 선생님들의 입장에서 보면 결코 그렇지가 않다. 선생님들이 가르치고 사람으로서의 사회적인 존경과 인식도 땅에 떨어졌다. 선생님의 그림자도 밟지 않는다는 참으로 호랑이 담배 피우던 시절(?)에나 있을 성싶은 이야기는 고사하고, 선생님의 말이 제대로 먹혀 들어가지도 않을 만큼 선생님의 권위나 품위는 땅에 떨어졌다.

온갖 잡무에 시달리다 보면, 교사들은 내가 가르치는 선생인가, 아니면 동사무소나 구청에서 일하는 행정 직원인가 착각할 때도 많다. 더욱이 학생들을 가르친 성패를, 성적은 얼마나 올렸는가, 대학에 몇 명을 합격시켰는가? 그것도 이름하여 명문 대학에 몇 명이나 합격 시키는가? 등으로 평가받을 때면, 선생님들은 내가 진정 전문직으로서의 교사인가 하고 회의를 느낄 때가 많다. 특히, 과정보다는 결과를 중시하는 효능주의식 생산중심의 사고에 기초하여 교육이 이루어지는 풍토에서 교사들은 교육 본래의 목적과 원리에 입각하여 가르치고자 하는 유인을 느끼지 못한다. 어떻게 가르치고 어떻게 배우도록 하느냐 보다는 무엇을 어느 만큼 가르쳐서 어느 만큼 점수를 따도록 하는 것을 중요하게 여긴다면, 선생님이나 학생들이나 모두 가르치고 배우고자 하는 내적 욕구를 형성하기가 어렵게 된다.

흔히 창의적 사고가 교육의 목표로서 매우 값진 것으로 생각하지만, 또 지식교육보다는 인성교육이 먼저 이루어져야 한다고 생각하지만, 이 모두는 선생님들이 열심히 가르치고 싶어하는 내적욕구를 유발시키는 유인 없이는 그저 한낱 구호로 전락할 수 없음을 결코 간과할 수가 없다. 학습자의 개인차를 최대한 고려한다던가, 교실의 심리적 물리적 분위기를 폐쇄적이기 보다는 개방적으로 만들어서, 닫혀 있는 교실보다는 열린교실을 만들어서 학습자의 개개인의 발달을 극대화 시킨다는 노력은 교수자들의 열과 성을 다하는 노력 없이는 그저 상징적인 문서에 기술되는 구호로 끝날 수밖에 없는 것이다. 사실 교실 속에서 가르치고 배우는 문제의 상당한 부분은 교수자가 신이 나서 열심히 가르치고자 하는 동기 유인만 갖추어진다면 쉽게 해결 될 수 있을 것이라고 생각할 수도 있다.

2) 전인적 교수행위의 본질

세계 어떤 나라에서건 교육에 있어 가장 공통적이고 가장 기본적인 것은 교육의 목표를 설정할 때, 어떤 사람을 육성할 것인가 하는 것을 먼저 구명하는 일이다. 그리고 더욱 공통적인 것은 그 어떤 사람은 그야말로 모든 것을 갖춘 전인(全人)이 되어야 한다는 것이다. 그렇다면, 무엇을 갖추어야 전인이 되는가? 우리나라의 경우를 보면, 시대를 두고 그 구체적 표현이 조금씩 달리 기술되었다. 예컨대, 제2차 교육과정(1963~1973)에서는 자주적인, 생산적인, 그리고 사회적으로 유용한 인간으로, 제3차 교육과정(1973~1981)에서는 국민적 자질과 근면하고 협동심이 높은 인간으로, 제4차 교육과정(1982~1988)에서는 건강하고 심미적으며 능력있고 도덕적이며 자주적인 인간으로, 제5차 교육과정(1989~1994)에서는 건강하고 자주적이며 창조적이고 도덕적인 인간으로, 그리고 제6차 교육과정(1995~1999)에서는 제5차 때와 마찬가지로 건강하고 자주적이며 창의적이고 도덕적인 인간으로 기술되어 있다. 또한 2,000년부터 시행된 제7차 교육과정 에서는 교육의 목표는 "21세기의 삶을 살아갈 개방적 자기 주도 능력을 가진 인간"으로 설정하고 구체적으로 다음과 같은 특징들이 조화롭게 형성된 인간으로 보고 있다.

① **전인적 성장의 바탕 위에 개성을 지향하는 인간** : 지·덕·체가 조화롭게 발달하고 치우침이 없이 다른 사람과 두루 어울릴 줄 아는 인간이면서 우리 사회와 집단에 자신만의 삶의 빛깔로 기여하는 인간을 육성한다.

② **기초 능력을 토대로 창의적인 능력을 발휘하는 인간** : 기초적 학업능력을 탄탄히 다지고 이를 토대로 발전적이고 혁신적이며 창의적인 아이디어와 지식, 기술, 가치를 생산해 내는 인간을 육성한다.

③ **교양과 직업적 능력을 겸비한 인간** : 인문사회적, 자연과학적, 예술적 교양을 바탕으로 직업적 전문적 삶을 준비하는 인간을 육성한다.

④ **전통에 대한 이해를 기초로 민주적 공동체에 헌신하는 인간** : 서로 다른 이질 문화와 인종이 어울리는 21세기 지구촌 사회를 구체적으로 이끌어가는 한국인으로, 안으로는 협동하며 밖으로는 경쟁력 있는 삶을 살아갈 인간을 육성한다.

위의 내용은 한마디로 우리나라의 그동안의 교육은 언제고 전인교육이라는 지표를 기본방향으로 하려 구성되어 왔음을 단적으로 나타낸 것이다. 즉, 전인교육을 구현하기 위한 사회적 열망은 비단 오늘에 와서만 강조되고 있는 것은 아니다. 이미 훨씬 오래 전부터 전인교육에 대한 사회적 합의와 추구는 여러 가지의 다양한 표현을 통하여 교육에서 주장되어 왔다. 예컨대, 개성을 존중하는 교육, 개개인의 차이를 인정하는 교육, 인간화 교육, 그 모두가 결국엔 전인교육에서 추구하는 목표와 궁극적으로는 일치하는 것들이다. 그럼에도 왜 지난날의 교육은 전인교육을 구현하는 데 성공을 거두지 못하였는가? 이유는 한두 가지일 리가 없다. 교육의 정치적, 경제적, 행정적 측면에서의 이유도 있을 수 있겠고, 또 교육의 본체인 교수·학습의 과정에서 생성된 여러 가지 불합리한 요인들 때문에 그럴 수밖에 없었을 수도 있다. 한마디로, 전인교육을 촉진, 조장하는 영향세들보다 그것을 저해, 제지하는 억제적 영향세들의 작용하는 힘이 컸기 때문일 것이다.

그러나, 한 가지 분명한 사실은 전인교육에서 우리는 학생들의 전인적인 발달만을 강조하였을 뿐, 가르치는 사람들의 전인적인 교육행위는 별로 신경 쓰지 않았는가 함을 심각히 숙고해 볼 필요가 있다는 것이다. 학습자를 전인으로 키우기 위해서는 그들을 가르치는 사람들이 우선 전인적으로 발달되어 있어야 하고, 또 그들의 가르치는 행위가 전인적으로 이루어져야 한다. 즉, 교수행위 그 자체가 전인적이어야 한다는 뜻이다.

전인적 교수행위는 한마디로 지(知)·정(情)·의(意)가 용해되어 통합된 기예가(技藝家 : artist)로서의 행위라고 정의할 수 있다. 교수행위를 일종의 과학적 행위라기보다는 예술적 행위로 조명한 사람들은 많다. 예컨대, G. Highet는 이미 1950년에 『The Art of Teaching』이라는 책을 저술함으로써 교수행위를 기예로 설명하였고, J. J. Gallagher 등(1970)이나 J. Axelord(1973)도 교수행위를 기예로 묘사하였다.

교수행위를 종합적 예술행위로 묘사한 사람 중 대표적으로 한 사람의 예를 좀 더 살펴본다면, D. I. Seaberg(1974)의 경험적 주장이 매우 적합하리라고 본다. 그는 교육의 목적을 자아실현에 두고, 인본주의 심리학에 기초하여 교육의 인간화를 위한 교수자의 역할을 네 가지로 구명하였다. 그 네 가지 역할은 곧 교실 속의 끝없이 복잡하고 다양한 환경에 따른 교수자의 역할로서, 우선 그의 생각부터 그림으로 제시하면 아래와 같다.

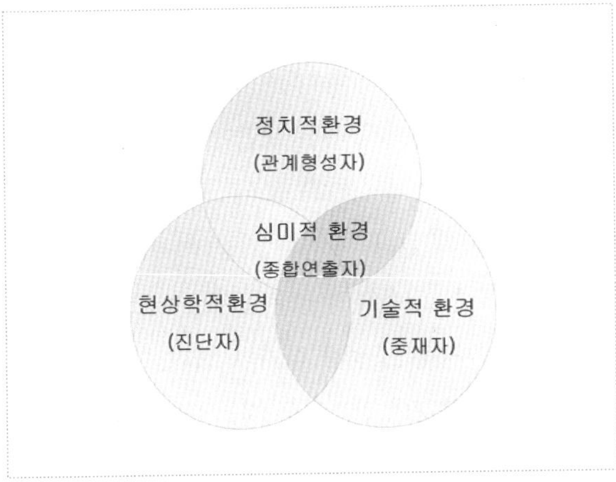

〈그림 2〉 교실속의 환경과 교수자의 역할

첫째, 정치적 환경이란 교실 속의 대인관계 환경을 의미하는 것으로서, 여기에는 대체로 정치적인 음모가 깔려 있음을 뜻한다. 즉, 교실 속에는 눈에 보이게, 안 보이게 학습자들 상호간에 개별적으로 또는 집단적으로 권위와 힘의 관계가 형성되고 있다. 그 관계형성에는 대체로 어떠한 방침, 규칙 및 의사결정 들이 수반되며, 복잡한 정치적 그물망을 세우게 된다. 곧 교실은 하나의 작은 사회가 되며, 그 안에서 학습자들은 타인과 관계하는 능력도 배우고, 또 지위와 힘, 자유와 평등 등을 놓고 타인과 협동하는 방법과 경쟁하는 방법을 함께 배워 나가는 것이다. 이와 같이, 정치적 성향이 강한 교실환경 속에서 교수자가 우선 수행하여야 할 책무를 관계형성자로서의 역할인 것이다.

둘째, 교실을 현상학적 환경으로 볼 수 있는 것은 환경에 대하여 학습자 개개인은 각기 고유한 자신의 지각을 형성하게 된다는 믿음에서 출발한다. 따라서 교수자가 하여야만 할 근본적인 역할 중의 하나는 개개 학습자의 행동을 면밀히 통찰하여 그 속에서 무엇이 일어나고 있는가를 진다하는 일이다. 이때, 교수자가 진단하여야만 할 주요한 중점 대상 영역은 학습자의 신체적 특징 및 가정 배경과 같은 인구학적 특성과 자아개념, 학습자의 숨겨져 있는 잠재능력이나, 훗날 여러 가지 장애를 가져올 수도 있는 잠재적 요소, 학습유형과 학습양상, 학습준비도, 학교 교육 경험의 영향 정도 등이 교수자의 매우 중요한 진단 책무라 할 수 있다.

셋째, 교실 속에서의 기술적 환경은 곧 학습자와 교육과정간의 관계를 연계시켜 주는 것을 의미한다. 여기서 기술적(technological)이란 의미는 곧 가르치는 데 대한 과학적 원리들을 실제에 적용하다는 점에서 붙여진 표현이다. 이때 교수자가 하여야 하는 기본적인 역할은 중재(intervention)이다. 중재자로서 교수자는 학습자들의 창의적인 지적 사고의 과정을 개발시켜 주어야 한다. 개념과 기능(技能)을 키워 주고, 또 교실 내의 물리적 환경을 그 학습과정 또는 교육과정에 부합되도록 조정하여야 한다. 뿐만 아니라 학습을 위한 심리 사회적 환경을 조성해 나가야 한다.

이제 위에서 밝힌 세 가지 환경의 강조점을 정리하여 다시 생각해 보면, 정치적 환경은 타인과의 관계형성을, 현상학적 환경은 개개인 잠재능력 개발을, 그리고 기술 공학적 환경은 사고와 창의력 개발을 그 초점으로 하고 있다. 이 세 가지는 서로 맞물리고 섞여져서 하나의 교수·학습형태를 이루게 되며, 교수자에 따라 여러 가지 선택과 결정을 할 수 있는 여지가 있다. 즉, 교수자 나름대로의 독특한 모습의 가르치는 예술을 창출할 수 있는 것이다. 그것이 Seaberg가 이야기하는 네 번째의 심미적 환경이다.

교수자는 관계형성자, 진단자 그리고 중재자의 역할을 종합적으로 연출하는 예술가(choreographer)가 되어야 한다. Seaberg가 이처럼 교수행위의 특질을 종합연출자와 같은 예술가에 두고 설명한 것은 곧 전인적 교수행위의 본질을 잘 나타낸 하나의 예라고 할 수 있다.

제2장

태권도와 교육

제2장

태권도와 교육

1. 태권도 교육의 정의

태권도의 태(跆)는 '발로 뛰고 차고 밟는다'는 의미로, 권(拳)은 '주먹'을 뜻하며, 도(道)는 '길 또는 정신수양'을 의미하고 있다. 그러므로 태권도는 신체의 모든 부분, 특히 손과 발을 조직적으로 단련하여 뛰고, 차고, 지르고, 막고, 피하는 등등의 기술을 적절히 적용해 냄으로써 움직이는 목표물을 재빨리 포착하는 동시에, 일격필살(一擊必殺)의 신념으로 상대방(적)을 제압할 수 있는 호신술이다. 이러한 태권도는 인체의 관절을 무기화(武器化)하는 기본동작과 이무기를 적시에 활용할 수 있도록 가상의 적(敵) 방향에 대한 공격, 방어의 기술을 연결한 품새가 있고, 이러한 기술을 사용하여 상대와 함께 정중동, 동중정의 수련을 통해 종합적인 측면에서 인간완성(人間完成)을 위한 노력을 시도하는 것이다.

이를 총괄한다면, 태권도는 인간형성을 위한 정신교육인 동시에 체력단련을 위한 신체교육으로서 하나의 중요한 영역을 차지하고 있다. 즉 태권도는 신체를 단련하여 체력을 향상시키고 건강을 증진시키며, 자위(自衛)를 위한 호신술로서도 그 가치를 인정받고 있는 것이다. 또한 태권도는 우리 민족 고유의 무예로서 계승되어 왔으며, 오늘날에는 과학적 기초 위에서 이론과 기술이 체계화되어 범세계적으로 성행하고 있는 만큼, 지금까지 '폭력'으로 연상했던 편견이나 오해를 벗어 던지고 일반인들에게 태권도를 올바르게 이해시킴으로써 참다운 우리 민족 고유의 무예로 승계되어야 한다.

이런 태권도는 기본동작, 품새, 겨루기, 호신술로 구성되어 있고 심신수련을 통해 예의, 인내, 겸양 등의 여러 가지 덕성을 길러주는 체육활동의 하나로서, 다음과 같은 특성이 있다.

1) 누구나 수련할 수 있는 운동이다.

태권도는 어떤 점에서 볼 때 체조와 비슷하고, 대부분을 혼자서 행 할 수 있는 운동이므로 자기의 힘에 알맞은 수련만 하면 된다. 더욱이 태권도는 힘보다 기술을 위주로 하기 때문에 신체가 강건한 사람이 무거운 연기를 한다면, 약한 사람은 신체가 단련될 때까지 가벼운 연기를 행할 수 있는 것이다. 또한 형(型)의 선택이나 회수(回數)의 조절을 마음대로 할 수 있고, 강·약의 구별 없이 상호대련을 실시할 수 있기 때문에 자기의 힘의 정도에 따라서 단련의 정도를 가감할 수 있다.

이상과 같은 요인들이 있으므로 태권도는 남녀노소 누구나 할 것 없이 수련할 수 있는 것이다.

예로부터 태권도의 대가(大家)로 지칭되던 사람은 거의가 선천적인 역사(力士)라기보다 어릴 때부터 태권을 수련하여 후천적으로 힘과 기술을 연마한 사람들이다. 원래 허약하던 사람이 태권을 수련함으로써 강건해진 예가 많음을 볼 수 있다.

2) 일기나 기후 및 시간과 장소에 제한받지 않는 운동이다.

태권도는 도장이 있다면 이상적이겠지만 특별한 도장이 없을 경우에는 신체를 움직일 수 있는 곳이면 야외, 실내를 포함하여 아무 곳이나 훌륭한 수련의 전당이 될 수 있다. 또한 일기나 기후에 관계없이 수련할 수 있고, 시간의 제약을 받지 않는 운동이므로 한 평(坪) 또는 두 평 가량의 공지(空地)만 있으면 간단한 형까지도 할 수 있다. 실례를 들면 태권도 연무지로서 내외에 알려진 보병 제28사단에서는 처음부터 아무런 도장도 없이, 다만 자신들이 주둔하는 고지·초소 혹은 광장 등에서 자유로이 수련을 하여 마침내는 국군태권의 발상지로서의 기반을 닦아 놓았던 것이다. 이를 통해서 볼 수 있듯이 태권도는 장소와 시간 , 기후 등에 관계없이 수련할 수 있는 운동이다.

3) 특별히 복장, 기구, 시설 등이 요구되지 않는 운동이다.

태권도는 도수공권(徒手空拳)을 특색으로 하는 무예이므로, 형(型)만을 행한다면 사실 도복(道服)도 필요가 없다. 물론 도복이 있으면 이상적이겠지만 평상복 차림으로도 수련을 할 수 있으며, 러닝 등 가벼운 옷차림으로도 수련할 수 있는 운동이다. 주먹과 손, 각력(脚力), 악력(握力), 기타 부분을 단련함에 있어서도 주먹단련대·구봉(球棒) 혹은 아령·철봉 등이 꼭 있어야 한다는 법은 없으며, 쉽사리 얻을 수 있는 말목이나 서 있는 나무 등에 새끼줄을 얽어매거나 마대(麻袋)에다 모래를 채워서 아무 곳에나 놓고 이것을 발로 차고 주먹을 단련시킨다. 만일 이것조차 구할 수 없을 경우에는 두 사람이 겨루기를 하거나 혼자서도 능히 단련할 수 있는 것이다.

4) 시간에 구애받지 않는 운동이다.

태권도의 품새는 20개의 동작에서부터 70개의 동작으로 구성되어 있다.

하나의 형(품새)에 소요되는 시간은 30초에서 2분이면 족하고, 돌발시에 대비할 수 있는 보신법(保身法) 겨루기라 할지라도 20~30분이면 충분하다.

그러므로 태권도 수련은 그 수련의 시간이 문제가 아니라, 중단하지 않고 꾸준히 실천하느냐 않느냐 하는 지속성이 중요한 것이다.

5) 개인 또는 단체수련이 가능하다.

태권도는 혼자서도 할 수 있고 여럿이 함께 연습할 수도 있는 융통성 있는 무도이다. 혼자일 경우에는 단련 또는 형을 하면 될 것이고, 둘일 경우에는 1대1 겨루기, 셋이면 1대2, 넷이면 1대3 혹은 2대2 겨루기 등이 가능하기 때문에, 인원이 많고 적음을 떠나서 연습할 수 있다. 또한 태권도는 반드시 상대가 있어야만 행할 수 있는 무도가 아니기에 사범이 혼자서 구령하여 수십 명을 일제히 가르칠 수 있는 것이다.

6) 경제적 부담이 적은 운동이다

특별한 연습기구 또는 소모성 장비를 필요로 하지 않고 어떠한 복장으로도 연습을 할 수 있기 때문에 경제적인 부담이 적은 운동이다.

7) 균형 있고 강건한 신체를 만들어 주며, 호신능력을 배양하는 운동이다.

태권도는 손과 발을 이용하여 상대의 공격을 막고, 지르고, 차는 운동으로 어떠한 방향이나 자세에서도 방어와 공격을 할 수 있도록 하는 많은 형태의 동작이 있다. 이 때문에 평상시에 사용하지 않는 타 운동에 비해 균형 있고 강건한 신체를 형성시켜 준다. 또한 불의의 기습이나 위험으로부터 자신을 보호하는 호신능력을 배양하는 것이 태권도의 주요 특성이라 할 수 있다.

8) 태권도의 정신

(1) 예의(禮儀)

예의는 사람이 살아가면서 지켜야 할 도리를 말한다.
또한 '예기(禮記)'에서는 "스스로를 낮추고 남을 존중하는 정신"이라고 풀이하고 있다.

특히 태권도인은 신체수련을 통하여 완전한 인격체가 되기 위하여 끊임없이 노력하는 사람이므로 항상 남을 존중하고 스스로를 낮출 줄 아는 겸허한 자세로 행동하는 태도가 생활화 되어야 할 것이다

(2) 염치(廉恥)

염치는 인간이 지니고 있는 심성으로 옳고 그름을 판단하여 잘못된 일을 하였을 경우 스스로 부끄러워하고 잘못을 시정하고자 노력하는 마음을 일컫는다.

태권도를 수련하는 사람은 늘 자기 잘못을 반성하고 옳바른 행동을 할 수 있도록 노력하여야 함은 물론 잘못을 인정하고 스스로 잘못을 시정할 수 있는 용기 있는 태도를 가져야 한다.

(3) 인내(忍耐)

자기수련을 통하여 심신을 단련하려면 어떤 힘든 일이나 장애를 극복하고 반드시 목표를 달성한다는 인내심이 있어야 한다.

특히 현대에는 생활이 편리해지면서 힘든 일은 피하여도 된다는 생각을 가지기 쉬워지므로, 아무리 큰 장애가 있더라도 참고 이겨낸다는 인내심은 태권도인이 반드시 지녀야 할 정신이라 할 수 있다.

(4) 극기(克己)

자기 자신의 약해짐이나 유혹을 이겨내는 힘이다. 남을 이기기는 쉬우나 자기 자신을 억제하기는 어렵다. 태권도인은 수련을 통하여 자기 자신을 억제할 수 있는 극기 정신을 길러야하며 자신의 감정이나 욕심을 절제하는 극기정신을 생활화 하여야 한다.

(5) 백절불굴(百折不屈)

태권도인은 평소 겸손하고 정직함은 물론이나, 불의에 대해서는 조금도 두려워하거나 주저함이 없이 정의를 실천할 수 있어야 하고 백번을 꺾어도 굽히지 않는 백절불굴의 정신을 가져야 한다.

2. 태권도 교육의 발전과정

해방과 더불어 민족문화와 전통에 대한 주체적 인식과 정리가 되어감에 따라 예부터 내려오던 민속경기가 되살아나기 시작했다. 예부터 '태껸'을 수련하던 분들이 나타났고 그 중 송덕기같은 사람은 전 대통령인 이승만의 생일날 우리의 태권도(태껸) 시범을 보여 한국 태껸과 가라데의 다른 점을 보여주기도 하였다.

또한 광복 이후 전문인들에 의해 태권도장이 개설되었고, 그 후 6.25동란까지 초보적 발전단계를 거치다 6.25 후에 시국의 안정과 더불어 점차로 일반인들에게 보급되기 시작하였다. 점차 수련생이 늘고 도장간의 교류가 이루어지자 1954년에 명칭을 태권도로 통일하고 그 후 1961년 9월 16일에는 태권도협회의 명칭을 대한태수도협회로 개정하였다가 1965년 8월 5일 다시 대한태권도협회로 바꾸어 지금에 이르고 있다. 1962년 6월 20일에 대한체육회의 경기 단체로 대한태권도협회가 가입승인을 받았으며 1963년 10월 24일 제44회 전국체육대회에는 태권도가 시범종목으로 참가한 후 1964년 9월 3일 제45회 전국체육대회부터는 정식경기종목이 되었다. 그 당시 체급은 플라이급부터 해비급까지 7체급의 개인전을 실시하였고 기술의 정도에 따라 중기부(1~2단)와 고기부(3단 이상)로 구분 하였다.

1966년부터는 대통령기쟁탈 전국단체대항태권도대회(1966. 10. 28)가 1968년부터는 주한외국인 개인선수권대회(1968. 6. 16), 1970년부터는 전국국민학교태권도개인선수권대회(1970. 10. 24)와 함께 여자부 태권도 개인선수권 대회가 개최되어 현재에 이르고 있다. 또한 1963년부터 협회의 종별선수권대회에 포함되어 있던 대학부를 1974년부터 대학태권도연맹에서 대회를 주최하게 되었고, 전국체육대회도 일반부에 포함되어 있던 대학부를 독립 설치하게 되었다.

이같이 국내의 태권도가 각계 각층으로 확산되어 보급되는 동시에 군에서도 태권도의 우월성과 국방체육으로서의 가치를 인정하여 정식수련종목으로 선정하였다. 월남전에 참전한 용사들이 태권도 기술을 응용, 실전에서 적을 제압함으로써 한국 군인과 태권도는 세계적인 각광을 받기 시작하였다.

이렇게 발전되어 온 태권도는 점차 그 가치를 인정받아 근대에 이르러 '체력은 국력'이라는 정부의 국민 체력 향상 정책과 체육인구의 저변 확대에 발맞추어 전국적으로 보급되었다. 태권도 기술의 우월성은 물론 심신수련, 인격도야, 체력향상 이라는 목적이 높이 평가되어 1971년에는 우리나라의 국기로 지정되었다.

태권도는 국방과 치안을 담당하는 군대와 경찰뿐만 아니라 학업을 전념하는 학생들까지 실시하는 범국민적 운동으로 발전하여 국내에 200여만의 수련생과 50여만의 유단자를 배출하였고 해외 102여개국에 2,000여명의 사범을 파견하여 50여만의 수련생을 지도하고 있어 민간외교와 국위 선양에 큰 몫을 하고 있다.

1972년에는 태권도 중앙도장 겸 시합장으로서 국기원을 개원하고 1973년 5월 28일에는 세계태권도연맹을 창설하였는데 현재 회원국의 수는 189여 개국의 달하며 계속 늘어나고 있는 추세이다. 또 1973년에는 제 1회 세계선수권대회를 창설하여 매2년마다 대회를 열고 있다. 1985년 9월 제7회 세계선수권대회시까지 계속 7연패함으로써 종주국의 위치를 확고히 하였다. 또 1974년부터 매 2년마다 아시아 태권도선수권대회를 개최하고 있으며 세계의 각 대륙마다 지역대회를 실시하고 있다.

또한 1975년에는 태권도가 미국체육회(A. A. U)와 국제경기연맹연합회(G. A. I. S. F)에, 1976년에는 국제군인체육회(C. I. S. M)에서도 정식경기종목으로 채택되었다. 또 1979년에는 세계태권도연맹의 김운용 총재가 세계비올림픽 종목연합회의 회장에 선임되었고 1980년에는 세계태권도연맹이 IOC의 정식 승인 단체가 되는 동시 태권도 종목이 올림픽 종목으로 채택되었다. 1981년 미국 산타클라라에서 개최된 제1회 월드게임에서는 태권도가 9개의 메달을 획득, 한국이 종합 2위를 획득하는데 크게 기여하였다.

1983년 8월 12일에는 판안게임에도 정식 경기종목으로 채택되었다.

1986년 9월 우리나라 서울에서 개최된 제 10회 서울아시안게임에서는 태권도가 정식종목으로 채택되어 8체급 중 7체급에서 금메달을 획득하여 일본을 앞지르고 우리나라가 아시아 제1의 스포츠 강국이 되는 데 일익을 담당하였다.

태권도는 한국 전통 무예로서 세계인의 사랑을 받고 있으며, 우리 민족의 역사와 함께 한국스포츠 발전에 기여 해왔으며, 또한 단일 종목으로서 가장 많은 수련생을 가지고 있어 국민생활체육의 중추적 역할과 함께 인성교육 프로그램으로서도 그 위상이 고양되고 있다.

특히 전국의 대학에서 태권도학과를 설립하는 등, 태권도를 학문적 이론으로 정립시키고, 훌륭한 태권도 지도자를 양성하고자 노력하고 있다.

3. 태권도 교육의 현황

태권도 관련 학과 현황

구분	지역	학교 및 학과(전공) 명칭	소재지
4년제	서울	한국체육대학교 태권도학과	서울 송파
	경기	가천대학교태권도 · 경호학과	경기 성남
		경희대학교 태권도학과	경기 용인
		용인대학교 태권도학과	경기 용인
		용인대학교 태권도경기지도학과	경기 용인
	경상도	경운대학교 경호학부 태권도학전공	경북 구미
		경주대학교 태권도학과	경북 경주
		계명대학교 태권도학과	대구 달서
		고신대학교 태권도선교학과	부산 영도구
		동아대학교 태권도학과	부산 사하
		동의대학교 태권도학과	부산 부산진
		영산대학교 태권도학과	경남 양산
		위덕대학교 사회체육학부 태권도전공	경북 경주
	충청도	나사렛대학교 태권도학과	충남 천안
		남부대학교 태권도경호학과	광주 광산
		단국대학교 태권도학과	충남 천안
		중원대학교 문화스포츠학부 태권도학과	충북 괴산
		한민학교 태권도외교학과	충남 논산
	전라도	세한대학교 체육학부 태권도학전공	전남 영암
		우석대학교 태권도학과	전북 완주
		전주대학교 태권도학과	전북 전주
		조선대학교 태권도학과	전남 광주
		호남대학교 태권도경호학과	광주 광산
		호원대학교 무도경호학부 태권도전공	전북 군산
	강원도	상지대학교 체육학부 태권도학전공	강원 원주
		한중대학교 태권도스포츠학부 태권도전공	강원 동해
2(3)년제	경기도	경민대학교 태권도외교과	경기 의정부
		오산대학교 스포츠과학계열 태권도경호과	경기 오산
	경상도	가톨릭상지대학교 태권도외교행정과	경북 안동
		경산1대학교 경호태권도경영과	경북 경산
		대경대학교 국제태권도과	경북 경산
		영남외국어대학 태권도과	경북 경산
	충청도	백석문화대학교 스포츠레저학부 태권도전공	충남 천안
		충북보건과학대학교 태권도외교과	충북 청원
		충청대학교 태권도지도과	충북 청원
	전라도	고구려대학 태권도외교과	전남 나주
		목포과학대 사회체육과 태권도전공	전남 목포
		전남과학대학교 태권도체육과	전남 곡성
		전주비전대학교 태권도과	전북 전주
	강원도	송호대학교 태권도과	강원 횡성
		한림성심대학교 레저스포츠과 태권도전공	강원 춘천

(국기원태권도연구소, 2013. 1. 31)

등록도장 현황

지역	등록 수	지역	등록 수
서울	1,463	강원	273
부산	744	충남	417
대구	720	충북	292
인천	560	경남	742
광주	364	경북	654
대전	322	전남	342
울산	266	전북	479
경기	1,899	제주	197
세종	22	합계	9,756

(국기원, 2013년 9월)

유단자 현황			
구분	총계	품	단
국내	7,780,090	3,783,635	3,996,455
해외	817,120	354,791	462,329
총계	8,597,210	4,138,426	4,458,784

(국기원, 2013년 9월)

태권도 관련 학과 현황

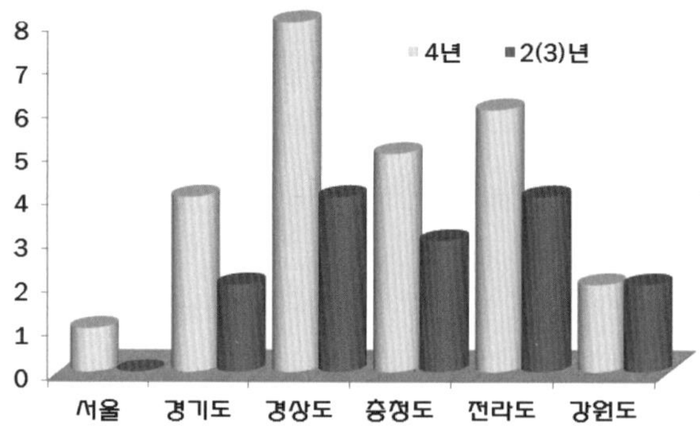

(국기원태권도연구소, 2013. 1. 31)

4. 태권도의 교육적 가치

1) 무도 교육으로서 가치

무도의 발생은 타인과의 투쟁이나 자연의 위험으로부터 살아남기 위하여 투쟁하다 보니 자연발생적으로 생겨난 것인데 시대가 발전해가면서 철학적 사고가 가중되어 무도로 정착하였다. 무도란 수련을 통하여 어느 위치에 올랐을 때 정신과 기술의 합일이 이루어지는 단계로 누구에게도 속하지 아니하고 모두와 더불어 하나의 존재 하에 조화를 이루었음을 깨닫게 될 때 비로소 무도라 하며 이런 사람을 무도인이라 할 수 있다.

무도인이란 심신일여(心身一如) 즉, 동(動)과 정(靜)이 중용을 이루며 승부나 경쟁에 초탈하고 자기발전과 자아발전을 위한 심신을 연마함으로써 세상에 대한 바른 자세, 바른 마음을 가지고자 노력하는데 그 뜻이 있으며, 태권도가 무도로서 가지는 위의 모든 사실을 포함하고 있으므로 그 가치를 평가할 수 있다.

2) 스포츠 교육으로서 가치

스포츠로서의 태권도의 발생은 상고 시대의 제천 행사에서 오락으로 시작되어 삼국시대 고려시대를 거쳐서 1960년대 서구문화의 영향을 받아 경기화에 주력하면서 스포츠적인 차원에서 가치를 가지게 되었다. 이후 태권도는 세계화에 힘써 지금은 완전한 스포츠로서의 자리를 굳히고 올림픽 정식종목으로 채택되었다.

스포츠로서의 가치란 글자 그대로 만족을 찾기 위한 수단이며, 즐기기 위한 수단이며, 의무와 책임이 수반되는 것으로 정신적, 육체적 피로로부터 벗어나기 위한 자발적인 행위이며, 나아가 자기의 취미와 기호에 맞게 선택할 수 있는 자유의지의 활동이다.

스포츠는 조직적이고 체계화된 경기의 총체로서 놀이와 게임의 요소를 갖추고 있으며, 경쟁심을 유발하여 보고 즐김으로써 정신적, 육체적 스트레스를 해소하기 위한 기능을 가지고 있어야 하며, 현대의 스포츠는 상품적 가치를 포함하여야 한다.

3) 사회 교육으로서 가치

사회학이란 사회에 대한 본질과 기원 그리고 발전에 대하여 과학적으로 연구하는 학문이다.

그러므로 인간의 행위, 사회 제반문제, 사회의 변화성, 사회의 행정제도 및 사회 발달과정 등에 대한 요인을 이해해야 한다.

사회학의 분야는 경제학, 심리학, 정치학 등과 상호관계를 가지며 수련에 있어서 태권도가 위의 내용을 충족할 수 있어야 한다.

인간은 사회에서 혼자서 살 수 없으며 사회질서와 규범속에서 살아야하기 때문에 태권도를 수련함은 사회에 적응하기 위한 수단과 예의와 복종, 관용, 극기 등의 태도를 배우게 되며, 수련과정에서 비롯되는 심신의 수양 내지는 인내심 또는 인간의 근원적인 욕구로부터 자신을 억제할 수 있는 등 신체활동에서의 체력단련과 강인한 정신력을 길러줌으로써 사회생활에서의 능률을 최대한으로 높이기 위한 수단이 같이 함으로써 그 가치가 있다고 하겠다.

4) 운동생리학적 가치

태권도는 체육학적, 생물학적, 역학적, 심리학적 기능을 가지고 있으며 신체의 모든 기능을 관리할 수 있다.

첫째, 전신을 움직이는 신체활동을 경험한다. 평형성, 근력, 지구력, 민첩성, 순발력, 안정성, 구심력, 타격력의 관계 등 체육적 기능을 배양하고 신체의 조직력과 이에 따르는 균형 있는 신체발달을 유도한다.

둘째, 신경계 근육 및 순환계의 생물학적 기능의 촉진을 가져온다.

셋째, 욕구에 대한 정신적 만족 및 정서 안정, 심리적 기능을 조절할 수 있는 힘을 얻을 수 있다.

넷째, 성장과 발달을 촉진한다.

태권도의 운동생리학적 가치는 위의 4가지 조항을 태권도 수련을 통하여 간접적으로 이룰 수 있기 때문에 태권도는 매우 이상적인 운동이다.

5) 국방체육 교육으로서 가치

태권도에 있어 국방체육과의 관계는 상고시대 이후 고대, 중세를 거치면서 계속되어 온 것으로 국방을 튼튼히 할 수 있는 강인한 체력, 투철한 정신력과 화랑도의 세속오계에서 나오는 임전무퇴의 정신과 일격필살과 초전박살의 정신을 함양, 필승국군의 호국정신 을 갖게 하고자 함이며, 자유와 평화를 수호하고 나라의 안녕을 지키기 위한 수단으로서의 가치가 있다. 그 비슷한 예로서 1974년 월남에 국군을 파견하였을 당시 태권도 수련을 통한 훈련이 실전의 육박전에서 그 기술이 크게 활용되어 혁혁한 전과를 올릴 수 있었던 점을 생각해 보면 알 수 있겠다.

6) 문화교육적 가치

태권도는 전통무예이며 상고시대 이후 계속된 무예로서 무형문화재로서의 가치가 있다. 또 태권도는 우리 민족의 얼과 정신을 대변할 수 있는 심신연마수단으로서 존재하였으므로 철학적, 정신적 의의와 더불어 전통무예로서 위의 두 가지 사항을 포괄할 수 있다는 점에서 문화적 가치가 있다. 오락화된 태권도는 통일신라 이후 불교의 사상적인 영향으로 자아극복과 자아수련의 방법으로 심신연마에 이용되었으므로 전통무예로서 그 가치가 충분하다고 할 수 있겠다.

7) 교육학적 가치

John Lock는 “교육이란 가장 흔히 그리고 가장 중요하게 행동하는 일상생활의 활동에 관한 연구를 통하여 인생을 지적 신체적으로 개인을 준비시키는 것이라야 한다.” 즉 교육은 생활 속에서 그 생활을 위한 준비가 아니라 사람의 성장해 가면서 새로운 경험과 환경에 잘 적응할 수 있도록 도와주는 것으로, 인간의 삶에 있어 물질적 풍요와 정신적 풍요를 가져다준다.

이와 같이 교육의 정의를 실현할 수 있고 교육의 궁극적인 목표를 실현할 수 있는 요소를 태권도의 교육적 가치를 들어 설명해 보고자 한다.

첫째, 태권도는 신체단련과 함께 정신력 도야를 중시하는 무도로서 궁극적으로는 민주시민의 자질을 길러주고 인격완성, 또는 자기교육에 역점을 두는 교육적 효과 및 가치를 지니고 있다.

둘째, 신체적. 사회적 경험과 사회생활에서 환경에 의해 유발되는 정신적 육체적 경험을 구성하는 자기 포용에 기여하는 교육으로서 가치를 가지고 있다.

셋째, 학습으로서 가치를 지니는데 지속적이고 반복적인 학습으로만 가능하며, 자신의 용기에 의한 자발적인 학습이 필요하기 때문에 태권도의 수련은 학습의 가치를 가진다.

제3장

태권도 수업모형

1. 수업의 정의

2. 심동적 교육 모형

3. 체육수업의 모형

3. 평가모형

제3장

태권도 수업모형

1. 수업의 정의

수업이란 말은 우리의 교육현장에서 너무나도 흔히 쓰이는 말입니다. 그러나 막상 〈수업이란 무엇인가?〉라고 묻는다면 왠지 대답하기가 그렇게 쉽지 않습니다. 또 수업이란 말과 유사한 용어들도 있기에 혼동되기도 합니다.

수업이란 말과 비슷한 개념에는 〈교수〉나 〈학습〉이란 것이 있습니다. 때로는 아예 〈교수-학습과정〉이라고 말하기도 합니다. 사실, 이 용어들에 대하여 학자들간에 다소 의견 차이가 있기 때문에 그 개념을 엄격하게 구분하기란 쉽지 않습니다.

그러나 일반적으로 수업은 어떤 특정한 환경조건속에서 일정한 행동을 교수하고 학습하는 계획적인 과정이라고 이해할 수 있습니다.

이처럼 교수-학습의 계획적인 과정에는 다음과 같은 요소들이 포함되어야 하는데, 이를 수업모형이라고 부릅니다.

계획 → 진단 → 지도 → 평가

1) 계획

지도자가 수업지도를 위해 교재연구를 하며 수업을 계획하는 것을 말합니다. 예를 들면, 해당 수련생들에게 수업에서 무엇을 가르칠까? 그것이 수련생들에게 적절한 수준일까? 전습법으로 가르칠까? 아니면 분습법으로? 교재의 선택은 어떻게 할까? 또 장소와 실시대형은? 등의 수업전반에 대한 사항들을 고려하고 구상을 하는 단계입니다. 이 단계에서 무엇보다 중요한 일은 수련생들이 도달해야 할 학습목표를 설정하고 그에 적절한 학습내용을 마련하는 것이다.

2) 진단

수련생들이 학습목표를 도달하는데 필요한 준비상태를 점검하는 것을 말합니다. 여기에서 준비상태란 수련생들의 학습능력을 의미합니다. 각각의 수업은 대게 계열성을 띠고 있습니다. 그러기에 이전 수업의 학습결과는 다음 수업에 영향을 주게 됩니다. 예를 들어, 앞서기 아래막기운동의 수업에서 앞서기 아래막기를 학습한 결과는 나중에 실시되는 앞굽이 아래막기동작의 아래막기, 앞차기 동작에서 앞서기 자세의 성패를 결정하게 됩니다.

따라서 진단단계에서 중요한 일은 수련생들의 학습능력을 진단하여 부족한 부분을 보충하는 방법을 모색하는 일입니다. 앞차기 학습능력이 부진한 수련생들을 미리 파악하여 예습하도록 지도하는 방법도 중요하겠지만, 현실적으로 어려운 부분이 없지 않다. 그러기에 수업중 부진한 수련생들을 개별지도하는데 중점을 두는 방법도 고려해야 하며, 만일 전체 수련생들의 앞차기 학습능력이 저조할 때는 계획단계에서 설정하였던 학습목표를 하향조정하는 융통성도 필요할 겁니다.

3) 지도

본 수업이 이루어지는 단계로서 도입 - 전개(정착) - 정리(평가) 등의 3가지 과정으로 나눌 수 있습니다. 다음의 그림들을 보면 지도 단계를 구성하고 있는 과정들을 쉽게 이해할 수 있습니다.

도 입 (준비·탐색)	전 개 (발전 훈련·정착)	정 리 (평가)
목표제시 동기유발 과제설명 수업과정 설명	준비운동 기본동작 과제익히기	정리운동 목표달성 확인 차시예고

〈그림 2-1〉 태권도 심동적수업의 지도단계

도 입 (준비)	전 개 (탐색·정착)	정 리 (평가)
목표제시 동기유발 문제발견	공통이해 비교·실험·조사 과학적 검토 객관화·이론화	정리운동 목표달성 확인 차시예고 생활화

〈그림 2-2〉 태권도 인지적수업의 지도단계

4) 평가

학습목표의 달성 여부를 파악하는 일입니다. 평가는 진단평가, 형성평가, 그리고 총괄평가 등으로 구분할 수 있습니다만, 여기에서는 수업후 이루어지는 총괄평가를 의미하고 있다. 총괄평가는 정기적으로 실시되는 승급심사와 승단심사로 구분된다. 하지만 체육수업의 평가와는 다소 거리가 있다고 할 수 있다.

체육의 경우에는 한 학기에 대개 심동적 영역의 실기고사 1~2회(중간고사와 기말고사),

인지적 영역의 이론시험 1회(기말고사)를 실시한다. 또 정의적 영역의 태도는 한 학기 수업 시간동안 관찰한 수련생들의 행동을 평가한다.

이 3가지 평가영역은 초등생과 중등체육관이 서로 다릅니다.

〈표 2-1〉 체육관 체육평가의 영역별 비중

구 분	심동적	인지적	정의적	계
초등생	50	10	40	100
중등체육관	70	10	20	100

초등생의 경우, 정의적 영역에 대한 비중이 매우 높은 편인데, 이것은 어려서부터 인성교육에 중점을 두어야 한다는 의미를 담고 있다. 중등의 경우에는 인지적 영역과 정의적 영역의 비율로 바꾸어 적용하는 체육관들도 있다.

영역별 평가방법은 체육관의 실정과 학습진도에 따라 달라질 수 있다만, 일반적으로 다음과 같은 내용들을 기본요소로 삼고 있습니다.

(1) 심동적 영역의 평가

체력평가와 운동기능평가로 나눌 수 있습니다. 체력평가에는 근력, 근지구력, 전신지구력, 유연성, 순발력, 민첩성, 조정력 등으로 구성될 수 있습니다. 또 운동 기능 평가에는 품새, 체조, 겨루기, 격파, 시범 등의 개인기능과 단체시범, 품새, 겨루기 등의 집단기능이 포함될 수 있다.

(2) 인지적 영역의 평가

인지적 영역은 주로 필기고사를 실시하는 것이 일반적이나, 사지선다형뿐만 아니라, 진위형, 배합형, 단답형, 완결형, 서술형 등의 다양한 방법으로 출제하는 것이 좋다.

(3) 정의적 영역의 평가

정의적 영역에 대한 평가는 자칫하면 지도자의 주관에 따라 좌우되기 쉽습니다. 따라서 평가항목을 정해놓고 한 학기동안 수련생들의 행동들을 그때마다 체크해 놓아야 합니다.

평가항목으로 권장되는 내용에는 적극성, 책임성, 협동심, 공정성, 준법성, 안전성, 인내심 등을 적용할 수 있다.

진단평가는 위의 진단과정에서 언급했지만, 주로 수업 시작의 단계에서 수련생들의 학습능력상태를 알아보거나 수업참여를 위한 동기유발을 목적으로 실시합니다. 예를 들어, 〈여러분/앞굽이 몸통지르기의 실시방법을 설명할 수 있나요?〉라는 것이 되겠지요.

형성평가는 수업중이나 수업후에 실시할 수 있습니다. 수업중의 형성평가는 수련생들의 수업진척 상황을 알아보거나 학습내용을 종합할 목적으로 실시합니다. 예를 들어, 〈영이와 철이의 앞차기는 어떤 차이가 있나요?〉라거나 개별학습 집단을 가리기 위하여 합격자와 불합격자를 고르는 행위입니다. 또 수업후에 실시하는 형성평가는 당연히 학습목표의 달성 여부를 알아보는데 목적이 있다. 이 경우에는 1시간의 수업이 끝난 뒤 실시할 수도 있지만, 한 단원이 끝날 때 실시하는 경우가 많다.

2. 심동적 교육 모형

심동적 교육 모형은 신체활동을 토안 교육 목표를 달성하기 위한 단계로서, 다음과 같이 5단계로 구분할 수 있다.

제1단계	제2단계	제3단계	제4단계	제5단계
목표 확인 및 인지	문제 제시	문제분석 및 탐색	해결전략의 실행	해결전략의 토의 평가

및 인지		
준비활동	목표찾기	목표인지

및 탐색	
움직임 문제발견	움직임 문제선택

실행	
움직임 방법찾기	움직임 방법선택

토의 평가	
움직임 탐구활동	움직임 정착활동

위의 수업 모형은 한 차시의 활동 내용을 학습문제로 삼아 지도할 때 적용할 수 있는 일반적인 과정이다.

현재의 체육과 지도자용 지도서의 수업과정을 위의 일반 모형을 배경으로 한 것으로 개별 활동 내용은 다음과 같다.

(1) 제1단계(목표 확인 및 인지 단계)

준 비 활 동 • 학습장소 안내, 자료준비와 탐구장 설치
• 주제와 관련 있는 움직임으로 관절과 근육풀기

목 표 찾 기 • 학습경험 상기로 학습동기 유발하기
• 전시 학습과의 관련 찾기
• 학습목표를 찾기 위한 토의하기

목 표 인 지 • 학습 목표 제시, 목표 인지
• 목표에 따른 개별 목표 정하기

(2) 제2단계(문제제시 단계)

움직임 문제 발 견 • 학습 목표에 따른 탐구할 문제 찾기(교과서, 지도자용 지도서를 참조)
• 탐구문제 해결을 위한 정보 제공하기

움직임 문제 선 택 • 논의된 문제 중에서 탐구할 문제 선택하기
• 탐구 문제 제시, 확인

(3) 제3단계(문제 분석 및 탐색 단계)

움직임 문제 찾 기 • 탐구할 문제에 대한 해결방안 찾기(자기 능력에 맞는 해결방안 찾기)
• 다양한 방법 유도 - 특정 정보 제공

움직임 문제 선 택 • 다양한 방법 중에서 자기 능력에 맞는 방법 정하기
• 탐구할 내용 찾기

(4) 제4단계(해결전략의 실행 단계)

움직임 탐구 활동
- 탐구할 문제해결을 위한 활동하기(능력에 맞는 활동)
- 학습 목표 도달을 위한 활동하기(즐겁게 참여)

움직임 정착 활동
- 학습 목표 도달을 위한 탐구한 내용 반복 연습하기
- 상호 관찰을 통해 장점과 단점 찾기

(5) 제5단계(해결전략의 토익·평가단계)

평가활동
- 학습 목표 도달 여부 파악 - 평가(상호 평가, 자기평가)
- 해결방법 발표

정리활동
- 주제와 관련됨 움직임으로 관절·근육 풀기
- 차시 예고 - 자료 정리

앞의 태권도 학습모형도 학습 목표 달성을 위한 학습 형태로 볼 때, 체육과 학습지도의 학습활동면에서의 학습 형태와 같이 직접적 방법과 간접적 방법이 있다. 직접적 방법의 장점은 한 가지 특정 기술을 가르칠 때 가장 효과적이나 단점은 수련생의 창의성과 자발성을 이용하지 않고 학습의 과정보다는 결과를 중요시 여기는 점이다.

간접적 방법의 장점은 수련생들이 자기들의 능력 범위 내에서 자기 자신의 학습속도에 알맞게 학습을 진행시켜 나간다는 점이다. 단점은 구체적 특정 기술의 학습이 즉각적 결과로 나타나지 않는다는 점이다.

현행 교육과정은 간접적 지도방법에 의한 학습 형태를 권장하고 있으며, 간접적 방법을 활용할 때에는 모든 활동을 수련생 스스로하기 보다는 제한적 방법을 써서 동작의 일부를 제한하는 것이 바람직하다.

3. 체육수업의 모형

수업의 목표를 효율적으로 달성하기 위해서는 수업을 어떻게 시작하고 끝을 맺어야 할 것인가를 결정하는 수업 모형을 알아야 한다.

일반적인 체육수업 모형은 다음과 같은 단계로 구분하고, 영역 및 제재의 특성에 따라 적절하게 변형하는 것이 좋다.

1. 계획 단계·2. 진단 단계	3. 지도 단계	4. 평가 단계
체육과 교재연구	체육과 교수법	체육과 평가

1) 계획 단계

계획 단계는 체육과 교재연구에서 별도로 지도되어야 할 부분이다. 지도자가 어떤 학습과제를 위해 수업을 계획하는 단계이다. 이 단계에서는 소 영역별 운동 종목을 한 단원으로 하여 학습 과제를 분석하고 수업을 계획하며, 차시별 단원과 관련하여 단원 계획을 수립한다. 목표의 진술은 지적·정의적 영역과 관련하여 신체활동을 포괄적으로 진술한다. 즉, 이 단계에서는 교육과정과 학습자, 학습환경을 분석하여 지도안을 작성하는 단계라고 할 수 있다.

1. 계획단계

실천 계획	훈련 계획	학습과제 분석
• 일정 • 체육장 • 인력 • 교재 · 교구 • 지도상의 유의점 • 보조 매체 제작	• 학습활동 • 지도자활동 • 학습 계열 • 주매체 선정 • 평가방법 • 건강 상태 • 운동기능 장애 • 자료 작성	• 영역 목표 확인 • 수업 목표 • 내용 구조

2. 진단 단계

2) 진단 단계

아동이 학습과제로 들어가는 데 필요한 준비가 되어 있는가를 진단하고 교정하는 단계이다. 본 수업에는 가르치려고 하는 운동 종목의 운동 능력을 알아보는 단계이다.

진단 결과 운동 능력에 따라서 ① 완전 결손, ② 부분 결손, ③ 무 결손으로 분류하여 집단을 조성한다.

1. 계획 단계

↓

2. 진단 단계

진단 실시	분 류	교정 학습
	① 완전 결손 ② 부분 결손 ③ 무결손	• 지도자 지도 • 보충 • 방과후 • 방과후 • 상호 학습 • 반복 학습

3) 지도 단계

지도 단계는 준비 · 탐색 · 발전 · 훈련 · 정착의 단계를 거치게 된다. 이 단계에서는 운동 기능의 학습을 주로 하되 기능의 발달 정도에 따라 지도 되어져야 하고, 사회적 · 정서적 발달을 위한 학습에도 유의하여야 한다.

1. 계획 단계

↓

2. 진단 단계

지도 단계의 다섯 과정을 세분하여 제시하면 다음과 같다.

준비				탐색		발전		훈련		정착	
대형	학습과제및목표인지	관련지식습득	학습과제제시	시행	요소기능탐색	자기평가	기능재구성	반복연습	분습법전습법	기능의완성	종합

각 과정에서 일어나는 활동을 구체적으로 살펴보자.

① **준비과정**

이 과정에서는 수업 대형, 학습 과제 및 목표 인지, 관련된 기초 지식과 시범활동이 이루어지는 수업 도입 단계이다.

- 학습 과제에 맞는 대형을 갖춘다.
- 그 시간의 수업 과제를 재미있게 소개하고, 수업 목표를 행동적으로 제시한다.
- 수업 제재를 잘 나타내는 동물 등의 예를 들고, 실제 지도자가 동작을 해 보인다.
- 잘 하는 학생이 있으면 수련생이 직접 시범을 보이도록 한다.

② **탐색과정**

학습과제를 시행해 보고 요소 기능을 탐색하는 단계이다.

- 자신의 생각에 따라 해보도록 한다.
- 운동 기능의 여러 동작을 요소별로 나누어서 연습한다.
- 여러 가지 방법으로 운동을 실시해 본다.

③ **발전과정**

자기 평가와 기능의 재구성 및 동기를 강화하는 단계이다.

- 급우들과 비교해 본다.

- 올바른 동작을 확실히 한다.
- 올바른 동작을 한 수련생에게 칭찬과 상을 주어 동기를 강화시킨다.
- 잘못된 동작은 지도자가 교정하고 지도한다.

④ 훈련과정

재구성된 기능을 반복 연습하는 단계이다.

- 학습내용에 따라 분습법과 전습법을 통하여 연습한다.
- 선수 학습내용과 관련시켜 연습한다.
- 운동중에 기본적 운동 요소와 지각 운동 기능이 향상되도록 정확하게 반복 연습한다.

⑤ 정착과정

반복 연습에 의해 익혀진 기능을 완성하고 종합하여 정착시킨다. 특히 게임활동을 통하여 기능의 숙달을 꾀한다.

4. 평가모형

평가 단계에서는 평가 실시, 채점, 결과 검토, 결과 활용의 과정을 거친다. 평가 단계를 좀더 구체적으로 제시하면 다음과 같다

3. 지도 단계
↓
4. 평가 단계

평가 실시	채 점	결과 검토	결과 활동
운동기능 평가	관찰 기록	개인별 카드 작성	• 기능 향상 비교 • 교정 정도 기술

1) 수행 평가의 유형

(1) 서술형 및 논술형 시험

서술형 시험이란 주어진 주제나 요구에 대해 자유로운 형식으로 서술하는 시험을 의미한다. 주로 어떤 대상을 설명하거나 생각을 짧게 서술하는 경우에 많이 활용한다. 논술형 시험은 주어진 과제를 논리적 과정을 통해 해결하고 그 과정을 언어로 서술하는 글쓰기로서, 개인 나름의 생각이나 주장을 논리적이면서도 설득력 있게 서술하는 것을 강조한다는 점에서 일반 서술형과 구별할 수 있다.

(2) 구술시험

구술시험은 종이와 붓이 발명되기 전부터 시행되어 오던 가장 오래된 수행평가방법의 한 형태이다. 수련생들에게 특정 교육내용이나 주제에 대하여 발문한 다음, 수련생의 의견이나 생각을 발표하도록 하여 평가하는 것이다.

(3) 토론법

토론법이란 교육내용 혹은 교육목표와 관련 있는 특정 주제에 대해 수련생들이 서로 토론하는 것을 관찰하면서 평가하는 것이다. 단지 토론하는 과정만을 평가하는 것이 아니라 토론을 위해 자료를 준비하는 과정 또한 평가하기도 한다.

(4) 실기시험

실기시험이란 수련생들이 알고 있는 것이나 능력을 직접 행동으로 나타내도록 하는 시험이다. 이런 시험을 통해 수련생이 제대로 알고 있는지, 알고 있는 것을 제대로 나타낼 수 있는지 등을 평가할 수 있다. 음악, 미술, 체육 시간에 많이 활용한다.

(5) 실험·실습법

실험·실습법은 과학이나 가정, 기술시간에 많이 활용하는 평가방법이다. 실험·실습하는 과정을 관찰하면서 평가하거나 실험이나 실습의 결과를 수련생들로 하여금 발표하거나 혹은 결과 보고서로 제출하게 하여 평가하기도 한다.

(6) 면접법

면접법이란 평가자와 수련생이 서로 대화를 통해서 얻고자 하는 정보나 자료를 수집하여 평가하는 방법이다. 즉, 평가자가 수련생과 직접 대면하여 발문하고 대답하는 과정을 통해 지필식 평가나 보고서만으로는 알 수 없는 사항들을 알아보고 그것을 평가하는 방법이다.

(7) 관찰법

관찰은 수련생들의 지식이나 기능을 평가하기 위한 보편적인 방법 중의 하나로 개별 수련생이나 집단 단위로 관찰하면서 평가하는 방법이다. 이러한 관찰법은 수련생 평가를 위한 가장 기본적인 자료수집방법의 하나로서 독자적인 평가방법이면서 동시에 다른 수행평가방법을 위한 기본적인 방법이기도 하다. 지도자들은 항상 수련생들과 만나고, 또 개인적으로나 전체적으로 관찰하는 기회가 많기 때문에 비교적 정확한 관찰 결과를 얻을 수 있다.

(8) 자기 평가 보고서법 및 동료 평가 보고서법

자기 평가란, 특정 주제에 대하여 수련생 스스로 학습과정이나 학습 결과에 대해 자세하게 평가하도록 하고 그 결과(보고서)를 평가하는 것이다. 동료 평가란 수련생들끼리 서로 평가하도록 하고 그 결과(보고서)를 보고 평가하는 것이다.

(9) 연구 보고서법

교과나 범교과 영역에서 수련생의 능력이나 흥미에 적합한 주제를 선택하여 그 주제에 대해서 자기 나름의 자료를 수집하고 분석·종합하여 연구 보고서를 작성하게 하는 방법이다.

(10) 포트폴리오

포트폴리오(Portfolio)란 수련생이 만든 작품을 지속적으로 모아 둔 작품집을 대상으로 하여 평가하는 방법이다. 예컨대 그림 공부를 하는 수련생이 미술 담당 지도자에게 지속적으로 지도를 받으면서 자신의 작품을 그린 순서대로 차곡차곡 모아 둠으로써 자기 자신의 변화와 발전과정을 스스로 파악할 수 있게 되고, 그 작품집을 이용하여 지도 지도자뿐만 아니라 다른 사람으로부터 쉽게 평가를 받을 수 있는 것과 유사한 방법이다. 특히 수련생들은 자신의 학습 결과물의 모음인 포트폴리오를 통해 자신의 변화 과정을 알 수 있고, 지도지도자는 수련생의 과거와 현재의 상태를 파악함으로써 앞으로의 발전 방향에 대한 조언을 바르게 할 수 있다. 포트폴리오에 포함될 수 있는 내용으로는 다음과 같은 것들이 있다.

- 관련 도서(읽은 책 또는 참고한 책)의 목록
- 수련생의 학습활동을 기록한 오디오나 비디오테이프
- 수련생과의 면담(면접) 기록/보고서
- 수련생의 작품을 찍은 사진이나 비디오테이프
- 과제와 관련된 기록장
- 도표나 차트
- 작품 표본이나 작품에 대한 수련생의 느낌이나 평가 내용의 기록물

2) 수행 평가의 실제

〈**과제1**〉 변화하는 상황에 알맞은 움직임과 규칙을 지키며 사이좋게 3본겨루기

- 급별 및 단원 : 6급 6-1-3 미트차기
  6-1-4 양발 미트차기
  6-1-5 스텝 미트차기
- 준비물 : 미트
- 평가관점

수련생들의 기본 운동의 조작 기능을 활용한 3본겨루기를 통하여 고정 환경과 변화하는 환경에 대처하는 능력과 규칙을 지키고 현동하며 즐겁게 율동에 참여하는 태도 등을 평가한다.

- 평가문제
  - 3본겨루기방법과 규칙을 정하라.
  - 팀의 구성과 역할을 분담하라.
  - 3본겨루기를 하여라.

(1) 평가기준의 예

평가영역	평가내용	관찰평가의 관점	척도				
			전혀 아니다	대체로 아니다	보통 이다	대체로 그렇다	매우 그렇다
기능	위치 이동관계	상황에 맞게 신체를 좌우, 상하로 다양하게 이동한다.	1	2	3	4	5
		미트 및 타인과 관련하여 신체 위치를 조절한다.	1	2	3	4	5
	목표 조정	발에 힘을 주어 정확한 방향에서 미트를 찬다.	1	2	3	4	5
	목표 판단	나오는 미트를 빨리 판단한다.	1	2	3	4	5
	신체 효율성	신체의 움직이는 범위를 효율적으로 한다.	1	2	3	4	5
이해	규칙 이해	규칙과 방법을 안다.	1	2	3	4	5
	설명	친구의 움직임을 보고 좋은 움직임을 찾는다.	1	2	3	4	5
	지각	움직이는 물체에 공을 정확하게 보내는 몸의 모양, 힘의 세기 등을 안다.	1	2	3	4	5
태도	적극성	자신감을 가지고 한다.	1	2	3	4	5
	책임감	자기 역할을 한다.	1	2	3	4	5
	공정성	경기규칙을 잘 지킨다.	1	2	3	4	5
	협동성	공동목표 달성을 위하여 노력하고 협조한다.	1	2	3	4	5

(2) 평가방법

지도자는 수련생들에게 3본겨루기를 할 수 있는 공간을 제공한다. 미트는 일반적으로 주걱미트를 많이 이용하고 있으나 미트의 크기를 꼭 고려하여 수련자에 맞는 사용하도록 한다. 경기장은 수련생들의 수준을 고려하여 원형, 방형, 장방형 등으로 다양하게 그린다. 지도자는 수련생들에게 다음과 같은 과정을 거쳐서 간이게임을 하게 한 다음 관찰평가를 실시한다.

- 경기방법과 경기규칙을 정한다.
- 팀 구성 인원수와 역할을 분담한다.
- 팀의 수, 시간을 고려하여 경기방식을 정한다.
- 경기장 중앙에서 점프 볼로 시작한다.

● **유의할 점**

- 심판도 수련생이 보게 함으로써 경기규칙의 이해도도 평가하도록 한다.
- 기능이 뛰어난 몇 명의 아동이 독점하지 않도록 사전에 기능 수준을 파악하여 기능 수준별, 남녀별로 구성하도록 한다.

제4장

학습지도안의 실제

1. 교재관

2. 학생관

3. 지도관

4. 본시 연간계획

5. 본시 학습안

6. 품새 본시 수업안

7. 겨루기 본시 수업안

제4장

학습지도안의 실제

1. 교재관

1) 단원의 설정 이유

운동은 오늘날 인류가 살아가는 중요한 생활의 일부가 되었다. 이러한 운동은 자연적·문화적 배경을 토대로 그 위에서 펼쳐지는 다양한 신체 활동이 복잡한 사회생활과 어우러지면서 건강을 지키고, 위험으로부터 자신을 보호하는 호신의 기능을 가지므로 남녀노소를 막론하고 운동 문화의 전파와 확산이 이루어졌다. 이 단원에서는 태권도의 기본동작 및 품새, 겨루기의 체계적 수련을 통하여 강인한 체력과 정신력을 기르고, 태권도의 교육적 가치를 이해하는데 아주 적합한 단원이라 할 수 있다.

- 수련생의 운동기능 및 선호도를 알아보고 인지적영역, 심동적영역, 정의적영역을 파악해 보고자 한다.
- 유급자의 운동능력을 이해하고, 연무선을 정확히 이동하면서, 공격과 방어의 기술을 형식에 맞추어 지도자 없이 수련 할 수 있는 태도를 갖는다.

- 겨루기 스텝의 중요성을 인식하고, 약속 겨루기의 설명을 듣고 동작을 익힘으로서, 자유 겨루기의 기량을 높이고, 자신의 운동능력을 파악하여 위험으로부터 대체 능력을 기르기 위한 방안을 탐구하는 자세를 갖는다.

따라서 이 단원의 학습을 통하여 인구 문제와 도시 문제에 대한 일반적인 지식을 형성한 후 자신의 거주 지역의 인구문제와 도시문제로 연관시켜 사고하며 미래의 시민으로서 일상생활에서 나타날 수 있는 문제들에 대한 적극적 대처 능력을 형성하는데 도움을 주고자 한다.

2) 단원의 학습계열

기본동작 학습		품새 · 시범 학습		겨루기 학습
- 태권도 예절 - 기본서기 자세 - 막기 동작 - 차기 동작 - 지르기 동작	▶	- 태극 1장 ~ 8장 - 유단자 품새 - 격파 - 기술발차기	▶	- 한번 겨루기 - 세 번 겨루기 - 자유겨루기

3) 단원의 구성

대단원	소단원	주제
품 새	1. 유급자품새(태극 1-8장)	• 연무선을 품새별로 이해한다. • 품새를 구분동작으로 실시한다. • 품새를 연속 동작으로 실시하며 하급자에게 설명한다.
	2. 유단자품새(고려~일려)	• 연무선을 품새별로 이해한다. • 품새를 구분동작으로 실시한다. • 품새를 연속 동작으로 실시하며 하급자에게 설명한다.
	3. 창작품새	• 연무선을 품새별로 이해한다. • 품새를 구분동작으로 실시한다. • 품새를 연속 동작으로 실시하며 하급자에게 설명한다

2. 학생관

1) 학생 실태 조사

(1) 교과 성취도

본 수업의 대상인 유급자반 ○○○○년도 ○○분기 승급심사 결과에서 수와 우에 해당하는 수련생이 전체 37명중 22명을 차지하고 있어 비교적 우수한 분반이라 할 수 있으며 분반의 평균점과 타분반과의 평균점을 비교해 보아도 상위권에 해당하는 분반이다.

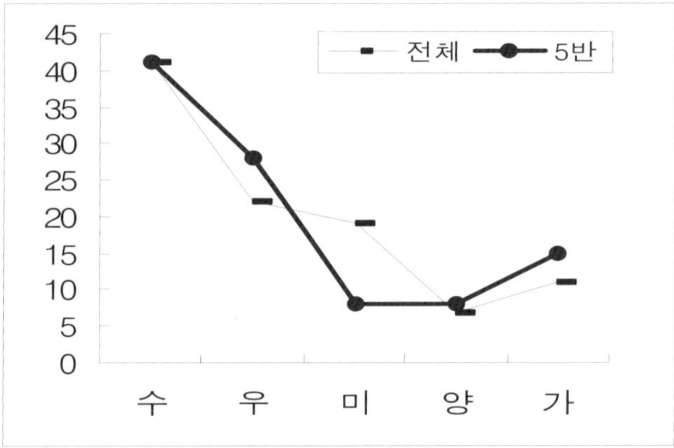

〈그림 4-1〉 ○○반 태극품새 성적분포(전체수련생과 비교)

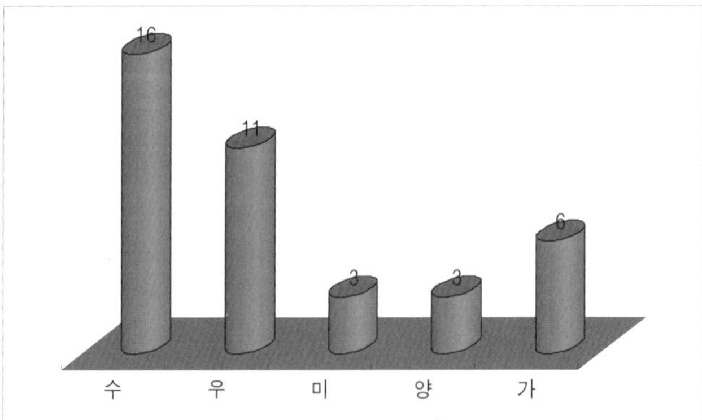

〈그림 4-2〉 분반내 성취도 분포

표에서도 볼 수 있듯이 품새의 평어 미, 양, 가의 분포는 적은 반면에 수, 우의 상위급 수련생의 수가 전체의 평균보다 높게 나타난다. 이를 종합하여 볼 때 ㅇㅇ반의 수준은 전체의 평균을 웃도는 상위권 분반이라 할 수 있다.

(2) 교과 및 멀티미디어 학습에 대한 설문조사

본 수업의 대상인 ㅇㅇ반 수련생 및 멀티미디어 활용 수업에 참여한 나머지 ㅇㅇ반 수련생들 중 ㅇㅇ명을 대상으로 설문조사를 실시하였다. 다음 도표는 각 설문에 대한 수련생들의 답변내용을 도표화 한 것으로 수련생들의 품새 및 수업방법에 대한 생각이 잘 나타나 있다.

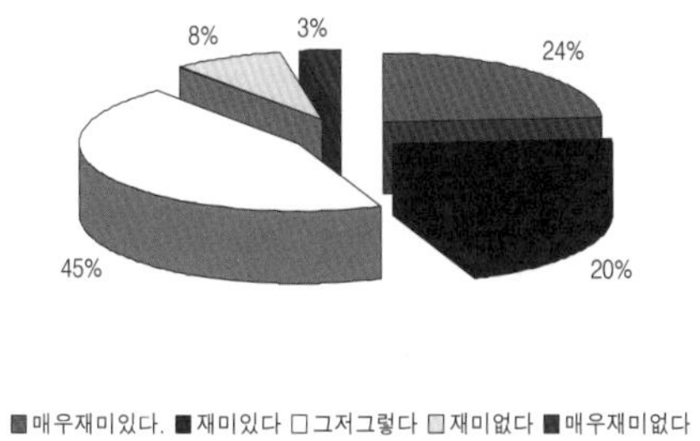

〈그림 4-3〉 ㅇㅇ반 품새 흥미도

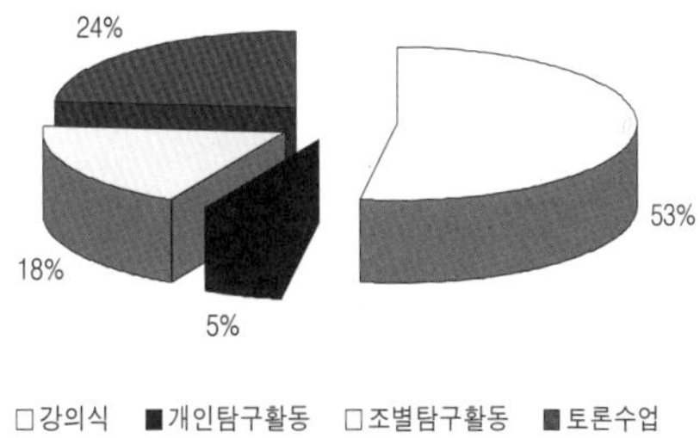

〈그림 4-4〉 선호하는 수업의 형태

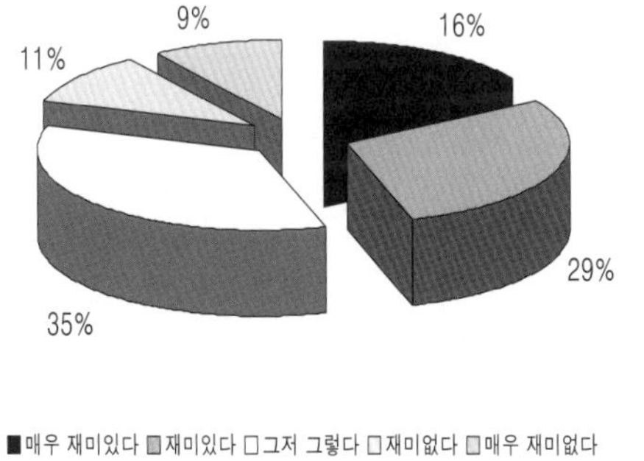

〈그림 4-5〉 조별학습실 사용에 대한 소감

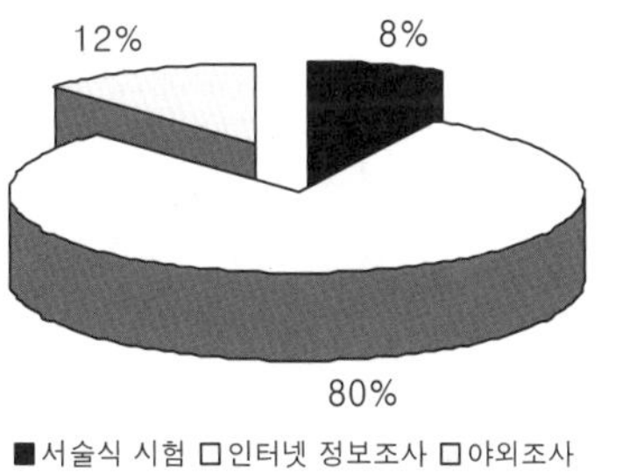

〈그림 4-6〉 수행평가의 평가 유형

품새에 대한 흥미를 조사한 설문에서는 ㅇㅇ명중 ㅇㅇ명이 "재미있다, 매우 재미있다"로 응답하고 ㅇ명이 "재미없다, 매우 재미없다"로 응답하여 대체적으로 품새에 대한 흥미를 나타내고 있다. 선호하는 수업형태는 전체 설문대상자 중 53%, ㅇㅇ반 중 63%의 수련생이 개인 또는 조별 수련활동과 토론 수련을 선호하며 강의식 수련을 선호하는 수련생들도 ㅇㅇ%로 나타났다. 이는 토론수련이나 탐구활동 수련이 학습자의 흥미를 유발하기는 좋으나 많은 노력이 필요하고, 제대로 준비되지 않는 탐구활동수련이나 토론 수련이 오히려 흥미를 없애는 역효과를 낼 수 있다는 것을 나타낸다고 할 수 있다.

조별 학습실 설치 이후 각조 수업에서 멀티미디어 수업이 행해지고 있으나 수련생들의 흥미도는 "재미있다, 매우 재미있다"라는 응답이 전체의 ㅇㅇ%로 예상보다는 멀티미디어 수업에 흥미를 느끼지 못하고 준비없는 멀티미디어 수업은 수련생들의 흥미유발 및 학습동기 부여에 큰 효과가 없는 것으로 판단이 된다. 이는 멀티미디어 수업이 많은 시간과 노력이 필요하고 숙달된 정보화 기기 활용능력이 필요함을 보여주고 있는 것이다.

3. 지도관

1) 단원의 지도 목표 및 학습 전개 계획

(1) 단원의 지도 목표

중단원	지식·이해	기능	가치·태도
1. 기본동작	• 태권도의 발생과 기본동작을 이해 할 수 있다. • 태권도의 예절을 설명할 수 있다.	• 주춤서기, 앞서기, 앞굽이자세를 정확히 할 수 있다. • 기본자세에서 공격과 방어의 손동작을 할 수 있다.	• 태권도의 가치를 이해하고, 수련의 중요성을 인식한다.

2. 태극 1장~ 8장	• 유급자의 운동능력을 이해 할 수 있다. • 품새의 연성을 설명 할 수 있다.	• 연무선을 정확히 이동 할 수 있다. • 품새의 의미를 이해하고, 정확한 동작을 할 수 있다.	• 공격과 방어의 기술을 형식에 맞추어 지도자 없이 수련 할 수 있는 태도를 갖는다.
3. 약속겨루기, 자유겨루기	• 약속 겨루기를 설명 할 수 있다. • 자유 겨루기에서 스텝의 중요성을 설명 할 수 있다.	• 약속 겨루기의 설명을 듣고 동작을 표현 할 수 있다. • 자유 겨루기의 다양한 스텝을 표현 할 수 있다.	• 자신의 운동능력을 파악하고, 위험으로부터 대체 능력을 기르기 위한 방안을 탐구하는 자세를 갖는다.

(2) 단원의 전개계획

단원명	학습과정		학습활동	학습방법	차시
1. 기본동작	기본학습		• 태권도의 발생과 기본동작을 이해하기. • 태권도의 예절을 설명하기. • 주춤서기, 앞서기, 앞굽이 자세를 정확히 할 수 있다. • 기본자세에서 공격과 방어의 손동작을 할 수 있다.	설명식 학습 조별학습	1-2/9
	수준별 학 습	심화	• 앞굽이 자세에서 공격과 방어 동작의 정확성	조별학습	3/9
		보충	• 앞서기, 앞굽이 자세의 이동	조별학습	
2. 품새	기본학습		• 품새의 연성을 설명하기 • 연무선을 정확히 이동 할 수 있다. • 품새의 의미를 이해하고, 정확한 동작을 한다.	개별탐구 설명식 수업	4-5/9
	수준별 학 습	심화	• 정확한 이동으로 연무선 이동하기.	조별력학습	6/9
		보충	• 연속동작의 연성.	조별력학습	
3. 겨루기	기본학습		• 자유겨루기를 할 수 있다. • 공격과 방어 기술의 방법 찾기	조별 학습	7-8/9
	수준별 학 습	심화	• 공격과 방어 기술의 방법 찾아보기	주제중심학습	9/9
		보충	• 다양한 스텝 익히기	주제중심학습	

2) 소집단 학습법 실시 이유

(1) 소집단수업

소집단수업이란 다인수 학급에서의 획일적이고 일방적인 교수-학습을 극복하고자 제시된 수업방법 중 하나이다. 이는 한 학습집단을 여러 개의 소집단으로 구성하여 집단 구성원간의 협동을 통해 보다 효과적인 학습이 이루어지게 하려는 수업방식이다. 이러한 소집단수업의 교육적 특징은 다음과 같다.

가. 집단의 구성방법에 따라 다인수 학급에서도 개별화 수업을 가능하게 한다.
나. 우수 수련생이 열등 수련생을 가르치는 동안 자신의 학습결손을 발견하여 교정하며, 열등 수련생은 촉진학습의 기회를 제공받게 되어 학습능률이 향상된다.
다. 소집단활동을 통해 협동학습태도를 기르게 되어 인간화 교육의 성취를 기대할 수 있게 한다.
라. 집단참여 기회가 많아지므로 능력의 인정을 통해 긍정적 자아개념이 형성된다.
마. 소집단활동을 통해 소속감과 연대의식을 갖게 되어 집단의 응집력을 강화하게 된다.
바. 보다 다양한 교수방법과 교수전략의 적용이 용이해지며, 특히 기초적인 학습기능, 창의성, 표현력 등의 향상에 유용하다.

이러한 소집단 학습의 장점을 최대한 효율적으로 이용하여 학습에 필요한 자료를 스스로 찾고 원활한 학습이 이루어지도록 하기 위해 주기적인 관찰과 점검을 통해 소집단별 점검을 실시하였다. 또한 소집단별 과제에 적응하지 못하거나 소외되는 수련생들은 개별지도를 통해 소집단학습에 적응하도록 하였으며 집단별 경쟁의식의 과열을 예방하고 집단내의 몇몇 구성원에 의해 학습이 독점되는 일이 없도록 하였다. 이러한 운영상 유의사항에 주의하여 지도할 때 고립 수련생이나 문제 수련생들이 발생할 소지를 줄일 수 있을 것이다.

(2) 수행평가 방법

설문 조사 마지막에는 수행평가에 대한 설문을 실시하였으며 이러한 설문을 통해 실내/실외 조별활동을 통한 수행평가를 선호함을 알 수 있었다. 이러한 보고서 및 포트폴리오 제작을 개인조사 및 조별 조사로 설문한 결과 상위 ○○%의 수련생들은 주로 개인조사의 방법을, 하위 ○○%의 학생들은 조별 조사를 선호하는 것으로 나타났으며 이는 조별 과제 부여 시 조사 및 보고서 작성에 참여하지 않는 학생들이 있음을 나타내는 것으로 판단된다. 이를 반영하여 9월 심사에서의 과제는 소집단 학습을 통한 보고서 제작으로 정하였으며 집단 내에서 개인점수와 집단점수를 분리하여 부여하기로 하였다.

라. 위의 교재관과 학생관에 비추어 지도상의 유의점은 다음과 같다.

① ○○반의 심사에서 평균은 전체 반 중에서 가장 높은 ○○.○○점으로 나타났다. 하지만 수련생들 간의 개인차가 크므로 용어를 쉽게 설명하고 이해를 도울 수 있는 자료를 많이 제시하여 효과적인 개별 학습이 될 수 있도록 하겠다.

② 품새에 대한 수련생들의 흥미도 조사에서는 ○○%가 긍정적인 답변을 하였다. 수련생들의 품새에 대한 관심을 지속시키기 위해서 알찬 내용을 준비하고 흥미 유발을 할 수 있도록 지도하겠다.

③ 수련생들이 선호하는 태권도 수업 형태는 일제형(○○%), 분단학습(○○%), 역할극(○○%)으로 나타났다. 역할극을 도입하여 수련생들의 흥미를 유발하고, 분단학습을 병행하는 강의식의 형태로 수업을 진행하여 수련생들의 사고력을 높이도록 지도하겠다.

④ 품새 수업의 내용 중 가장 흥미를 느끼는 분야는 품위 있는 손동작(○○%)와 스텝(○○%)로 나타났다. 수련생들의 흥미를 고려하여 손동작, 스텝의 내용을 다루면서, 학교체육과도 유기적으로 연결시키도록 지도하겠다.

⑤ 수업 진행에 있어 동영상의 사용(○○%)이 가장 학습 효과가 크다는 반응을 나타내었다. 동영상을 적절히 사용하며 다양한 수업매체를 이용하여 수련생들의 수업에 대한 이해를 높이도록 지도하겠다.

⑥ 수업 실시 전에 반드시 수업목표를 제시하여 수련생들이 수업 주제를 보다 명확히 인식할 수 있도록 하고, 수업 후에는 형성평가를 제시하여 단원의 성취도 및 가치·태도 등을 종합적으로 평가할 수 있도록 하겠다.

4. 본시 연간계획안

1) 태권도 연간계획서

연간계획이란, 일년간 수업할 내용을 월별과 주별, 시수별로 작성한 것을 말합니다. 일반적으로 연간계획을 작성한 후 단원계획과 본시학습 지도안을 짜게 된다.

연간계획을 짤 때 고려할 사항들을 정리하면, 다음과 같다.

(1) 체육관의 해당 수업량에 따라 작성한다.

초등생은 30~32주(주당 5시간), 중학생은 32~34주, 그리고 고등체육관은 일반계 학기별입니다. 또 유급자, 유단자, 발육발달단계에 따라 수업량이 수 있다.

(2) 계절에 고려하여 작성합니다.

예를 들어, 수영은 하계, 빙상 운동은 동계로 짜야 합니다. 야외수련 영역의 경우에도 가급적 춥지 않은 계절로 고려해야 한다.

(3) 체육관의 사정을 고려하여 작성한다.

체육관의 시설이나 용구는 수업하는데 적당한가? 운동회 또는 체육대회는 언제쯤 실시하는가? 등을 먼저 알아 두는게 좋다.

(4) 체육관과 지역사회의 여건을 고려하여 작성합니다.

산간지역인지, 해안지역인지, 혹은 체육관주변에 이용할 수 있는 스포츠시설은 무엇이 있는지 등을 염두하는 것이 좋습니다.

(5) 수련생들의 여러 가지 조건들을 고려하여 작성합니다.

수련생들의 학습능력으로 적당한가? 수련생들의 흥미나 관심은 어떨까? 또 성별에 따라 적당한 수업내용인가? 등을 고려하는 것이 좋다.

유급자의 연간계획은 무급에서 유단자(1단)가 되기까지 200시간의 수련을 전제로 한다.

〈표 3-1〉 유급자 연간계획의 예

월	주	시간 \ 영역	기본동작			품새								겨루기				
			자세	손동작	발차기	태극 1장	태극 2장	태극 3장	태극 4장	태극 5장	태극 6장	태극 7장	태극 8장	한번겨루기	두번겨루기	세번겨루기	앉아겨루기	자유겨루기
3	1	1/200	나란히 서기	아래 막기	앞차기													
		2/200																
		3/200																
		4/200	주춤서기	몸통 막기														
	2	4/200																
		6/200																
		7/200	앞굽이	얼굴 막기														
		8/200		승		급			심			사						
	3	9/200																
		10/200																
		11/200			옆차기													
		12/200		몸통 지르기														
	4	13/200																
		14/200																
		15/200																
		16/200		얼굴 지르기														
4	1	17/200												○				
		18/200		승											○			
		19/200																
		20/200		얼굴 막기		급			심			사						
	2	21/200			뒤차기									○				
		22/200	앞주춤 서기												○			
		23/200																
		24/200																
	3	25/200			뻗어차기									○	○			

월	주	시간 \ 영역	기본동작			품새								겨루기				
			자세	손동작	발차기	태극 1장	태극 2장	태극 3장	태극 4장	태극 5장	태극 6장	태극 7장	태극 8장	한번겨루기	두번겨루기	세번겨루기	앉아겨루기	자유겨루기
		26/200												○				
		27/200		몸통안막기											○			
		28/200												○				
	4	29/200			밀어차기										○			
		30/200												○				
		31/200													○			
		32/200													○			
5	1	33/200	뒷굽이		앞차기										○			
		35/200		몸통바깥막기												○		
		35/200												○				
		36/200				↓									○			
	2	37/200														○		
		38/200												○				
		39/200		얼굴지르기											○			
		40/200	↓		↓											○		
	3	41/200	앞굽이		내려차기									○				
		42/200													○			
		43/200														○		
		44/200	↓		승		급		심		사							
	4	45/200	뒷굽이			○								○				
		46/200		한손날몸통막기		○									○			
		47/200														○		
		48/200												○				
6	1	49/200			옆차기	○									○			
		50/200														○		
		51/200	↓	↓		○								○				
		52/200	앞굽이	손날얼굴막기											○			
	2	53/200				○										○		
		54/200												○				
		55/200		↓	↓	○									○			

월	주	시간 \ 영역	기본동작			품새								겨루기				
			자세	손동작	발차기	태극 1장	태극 2장	태극 3장	태극 4장	태극 5장	태극 6장	태극 7장	태극 8장	한번겨루기	두번겨루기	세번겨루기	앉아겨루기	자유겨루기
7		56/200														○		
	3	57/200			돌려차기	○								○				
		58/200		거들어 아래막기		○									○			
		59/200	↓		승		급		심		사							
		60/200	뒷굽이				○							○				
	4	61/200				○									○			
		62/200					○									○		
		63/200				○								○				
		64/200	↓				○									○		
	1	65/200	범서기	↓	가위차기	○								○				
		66/200		거들어 얼굴			○								○			
		67/200														○		
		68/200			↓	○											○	
	2	69/200		손날 목치기	거듭차기		○											○
		70/200												○				
		71/200				○								○				
		72/200	↓		↓		○								○			
	3	73/200	뒷굽이		섞어차기											○		
		74/200		↓		○											○	
		75/200		손날몸통			○											○
		76/200				○									○			○
	4	77/200			이어차기		○									○		
		78/200				○	○	↓									○	
		79/200			승		급		심		사							○
		80/200	↓												○			
8	1	81/200	앞서기	표적막기	넘어차기											○		
		82/200				○											○	
		83/200	앞굽이		옆차기		○											○
		84/200						○							○			
	2	85/200														○		
		86/200	뒷굽이	양손날 몸통막기	↓	○											○	

월	주	시간 \ 영역	기본동작			품새								겨루기				
			자세	손동작	발차기	태극 1장	태극 2장	태극 3장	태극 4장	태극 5장	태극 6장	태극 7장	태극 8장	한번겨루기	두번겨루기	세번겨루기	앉아겨루기	자유겨루기
		87/200					○											○
		88/200						○							○	○	○	
	3	89/200			다방향차기											○		
	3	90/200				○											○	
	3	91/200	앞굽이				○											○
	3	92/200						○							○			
	4	93/200	뒷굽이		거듭앞차기											○		
	4	94/200															○	
	4	95/200			승		급		심		사							
	4	96/200														○		
9	1	97/200	뒤꼬아서기	밑으로빼기	거듭옆차기	○								○				
9	1	98/200					○								○			
9	1	99/200						○								○		
9	1	100/200		편주먹지르기					○								○	○
9	2	101/200			거듭돌려차기	○								○				
9	2	102/200					○								○			
9	2	103/200		밤주먹지르기				○								○		
9	2	104/200							○								○	○
9	3	105/200	왼서기		모둠앞차기			○								○	○	
9	3	106/200		집게주먹지르기					○					○				
9	3	107/200						○							○			
9	3	108/200							○							○		
9	4	109/200	오른서기	메주먹지르기	모둠옆차기												○	
9	4	110/200																○
9	4	111/200			승		급		심		사							
9	4	112/200		손날치기										○				

월	주	시간 \ 영역	기본동작			품새								겨루기				
			자세	손동작	발차기	태극 1장	태극 2장	태극 3장	태극 4장	태극 5장	태극 6장	태극 7장	태극 8장	한번겨루기	두번겨루기	세번겨루기	앉아겨루기	자유겨루기
10	1	113/200	왼서기		가위앞차기	○									○	○		
		114/200					○										○	
		115/200	오른서기	손날등치기				○										○
		116/200							○					○				
	2	117/200			가위옆차기					○					○			
		118/200	뒷꼬아서기	곰손치기						○						○	○	
		119/200							○									
		120/200						○						○				
	3	121/200	앞굽이	바탕손치기	가위돌려차기		○								○			
		122/200				○										○		
		123/200								○							○	
		124/200	뒷굽이	편손끝지르기					○									○
	4	125/200			모둠돌려차기			○										○
		126/200								○	↓							○
		127/200	꼬아서기	가위손끝					○							○		
		128/200			승		급		심		사							
11	1	129/200	뒷굽이	손날비틀어막기	왼발돌려차기					○						○		
		130/200							○									
		131/200						○									○	
		132/200					○											○
	2	133/200	앞굽이			○												
		134/200		헤쳐막기						○								○
		135/200							○									
		136/200			↓			○								○		○
	3	137/200	왼서기		오른돌려차기					○							○	

월	주	시간 \ 영역	기본동작			품새								겨루기				
			자세	손동작	발차기	태극 1장	태극 2장	태극 3장	태극 4장	태극 5장	태극 6장	태극 7장	태극 8장	한번겨루기	두번겨루기	세번겨루기	앉아겨루기	자유겨루기
	4	138/200							○									○
	4	139/200		손날몸통막기				○										
	4	140/200	오른서기							○						○		○
	4	141/200							○							○		
	4	142/200		바탕손몸통막기				○									○	
	4	143/200	꼬아서기															○
	4	144/200			승		급		심		사							
12	1	145/200		가위막기	무릎차기									○				
12	1	146/200													○			
12	1	147/200	범서기													○		
12	1	148/200		보주먹													○	
12	2	149/200			표적타기													○
12	2	150/200												○				
12	2	151/200		표적치기											○			
12	2	152/200														○		
12	3	153/200															○	
12	3	154/200	꼬아서기															○
12	3	155/200		손날옆막기										○				
12	3	156/200													○			
12	4	157/200														○		
12	4	158/200															○	
12	4	159/200																○
12	4	160/200			승		급		심		사							
1	1	161/200	왼범서기	제쳐막기	표적차기				○					○				
1	1	162/200								○					○			
1	1	163/200									○					○		
1	1	164/200									○						○	
1	2	165/200	오른범서기	엇걸어막기						○								○

월	주	시간	기본동작 자세	기본동작 손동작	기본동작 발차기	품새 태극 1장	품새 태극 2장	품새 태극 3장	품새 태극 4장	품새 태극 5장	품새 태극 6장	품새 태극 7장	품새 태극 8장	겨루기 한번겨루기	겨루기 두번겨루기	겨루기 세번겨루기	겨루기 앉아겨루기	겨루기 자유겨루기
		166/200							○									
		167/200												○				
		168/200		제쳐 찌르기				○							○			
	3	169/200	꼬아서기						○							○		
	3	170/200								○							○	
	3	171/200									○							○
	3	172/200		표적 치기							○							
	4	173/200	옆서기							○								
	4	174/200							○									○
	4	175/200		가위 막기														○
	4	176/200			승		습		심		사							
2	1	177/200	왼범서기	등주먹 치기												○		
2	1	178/200			두발당상							○					○	
2	1	179/200		턱 지르기							○							○
2	1	180/200								○								
2	2	181/200	오른범 서기						○							○		
2	2	182/200								○							○	
2	2	183/200									○							○
2	2	184/200										○						
2	3	185/200	꼬아서기									○				○		
2	3	186/200									○						○	
2	3	187/200		몸통옆 막기						○								○
2	3	188/200							○									
2	4	189/200			승		단		심		사							
2	4	190/200		등주먹 앞치기								○						
2	4	191/200									○							
2	4	192/200								○								

2) 태권도 단원계획

단원이란, 하나의 학습과제를 중심으로 이루어지는 학습활동의 단위를 말합니다. 예를 들어, 품새, 시범, 겨루기 등은 하나의 독립된 단원이다. 그런데 태권도의 경우 이 단원은 여러 개의 소단원과 분절로 구성되어 있다.

가령, 품새 운동이 하나의 단원이라면, 태극 1장은 소단원이 되는 셈이고 앞굽이 몸통지르기는 분절이 되는 것이다.

수업은 급·단에 따라 동일한 단원이 중복될 수 있다. 각 체육관에서 사용되는 교재, 교구는 가급적 수련능력에 따라 학습난이도를 고려하여 계열적인 구성을 하지만, 간혹 그렇지 못한 부분들도 있다. 따라서 수련 정도에 따라 동일한 단원이 중복 될 때에는 현장의 지도자들이 학습위계를 정하여 단원을 계획해야 합니다. 예를 들어, 초등학교 저학년의 유급자에서 태극 품새를 학습할 경우, 4급에서 기초기능을 익혔다면, 7급에서는 복합기능을 지도하고 3학년에 이르러 한본겨루기를 학습하도록 배려해야 한다. 그런데 간혹 1학년에서 기초기능과 경기기능을 익히고 그 내용을 다시 7급이나 6급에서도 동일하게 지도한다면, 교육적 연속성의 의미는 사라진다.

일반적으로 태권도 지도의 유급자별 내용은 8급 기초기능, 7급 간단복합기능, 그리고 6급 한본겨루기 기능을 익히도록 계열화하고 있다고 볼 때 구태여 급수에 관계없이 겨루기를 진행하고 싶은 경우라 할지라도 8·7급에 기초기능과 복합기능을 포함한 간이경기를 지도하고, 6급에서 정식 겨루기의 기능을 익히도록 고려해야 합니다. 태권도 수업의 내용이 급수에 관계없이 장시간 진행 된다면, 이 무계획적인 수업에 임하면서 수련생들은 흥미와 동기유발을 저해하고 그저 자신들의 노는 시간으로만 간주하게 될 것입니다.

(1) 단원계획구성

다음에서 보여지는 그림에는 단원을 구성하는 일반적인 항목들이 있다.

<table>
<tr><th colspan="7">단 원 계 획</th></tr>
<tr><td>단원</td><td colspan="2"></td><td>대상</td><td></td><td>학습 기간</td><td></td></tr>
<tr><td>단원의 성격</td><td colspan="6">1. 교재관
2. 수련생관
3. 지도관</td></tr>
<tr><td rowspan="2">지도목표</td><td colspan="2">심 동 적</td><td colspan="2">인 지 적</td><td colspan="2">정 의 적</td></tr>
<tr><td colspan="2"></td><td colspan="2"></td><td colspan="2"></td></tr>
<tr><td rowspan="3">지도계획</td><td colspan="2">지 도 요 항</td><td rowspan="2">시간 배당</td><td rowspan="2">지도시 유의점</td><td rowspan="2">학습 형태</td><td rowspan="2">학습 자료</td></tr>
<tr><td>소 단 원</td><td>분 절</td></tr>
<tr><td></td><td></td><td></td><td></td><td></td><td></td></tr>
</table>

〈그림 3-1〉 단원계획 양식

가. 단원의 성격

① 교재관

단원이 운동종목이라면 기원(유래), 구성내용, 특성 및 효과, 해당학년의 체육목표(심동적/인지적/정의적)와 관련된 내용 등을 진술합니다.

② 수련생관

수련생의 선수학습(prerequisite learning)에 대한 경험여부, 운동수행능력(기초체력 & 운동기능), 발달단계, 흥미 등을 조사하여 진술합니다. 또 신체의 전반적 상태를 이해하기 위하여 건강기록부를 이용하는 것도 좋은 방법이 되겠지요. 심지어 체육관생활기록부를 보고 정기고사의 성적이나 IQ를 파악하는 일도 필요할 수 있습니다.

③ 지도관

교재관과 수련생관에서 밝혀진 단원의 성격을 기초로 효율적인 지도방법을 진술합니다. 예를 들어, 본 단원에 대한 수련생들의 흥미가 적다면, 어떤 방법으로 동기 유발하여 학습참여를 촉진할 것인가? 또는 지도형태는 분습법으로 할 것인가? 아니면 전습법으로 할 것인가? 학습 대형은 어떻게 하는 것이 효과적인가? 등등의 단원전개에 적절한 지도방법을 연구하여 정리합니다.

나. 지도목표

본 단원을 통하여 어떤 목표를 달성시킬 것인가를 심동적, 인지적, 정의적 영역으로 구분하여 진술합니다.

① 심동적 영역

본 단원을 통해 육성될 수 있는 운동기능과 체력의 내용을 진술합니다.

② 인지적 영역

본 단원과 관련된 운동의 역사, 특성 및 효과, 운동방법 또는 경기내용 등을 진술합니다.

③ 정의적 영역

본 단원을 통해 길러질 수 있는 사회성을 진술합니다. 여기에는 적극성, 책임감, 협동심, 공정성, 준법성, 안전성, 인내심 등이 포함될 수 있습니다.

다. 지도계획

소단원 또는 분절, 시간배당, 지도시 유의점, 학습형태, 학습자료 등의 지도할 내용들을 일목요연하게 진술합니다.

① 소단원 또는 분절

본 단원이 품새라면, 소단원은 태극 1장, 태극 2장 등이 될 것입니다. 여기에서 분절은 본시학습의 주제를 적으면 됩니다. 예를 들어, 태극 1장일 경우 앞서기 몸통 지르기, 앞굽이 아래막기 등의 동작이 된다.

② 시간배당

단원지도에 소요되는 시간을 적습니다. 예를 들어, 본 단원을 학습하는데 다섯 시간이 소요될 것 같으면 5차시로 적으면 된다.

③ 지도시 유의점

유념하여 지도할 사항을 적는다. 예를 들면, 〈물구나무서기가 합격된 수련생에 한하여 손짚고 앞돌기를 익히도록 지도한다.〉, 〈강하게 차는 힘보다는 정확한 자세가 될 수 있도록 지도한다.〉라는 식으로 적을 수 있습니다.

④ 학습형태

교수-학습의 형태를 적습니다. 일제학습, 분단학습, 개별학습 등으로 기재할 수 있습니다.

⑤ 학습자료

교수-학습의 과정에서 필요한 학습매체를 적습니다. 예를 들어, 샌드백 2개, 미트 10개, 뜀틀 1대, 매트 5장 따위로 적을 수 있습니다.

5. 본시 학습안

1) 학습지도안 짜기

여기에서 학습지도안이란, 본시지도안을 말합니다. 따라서 1시간 수업분량(1차시)에 해당되는 교수-학습의 과정을 정리해 놓은 것을 가리킨다.

학습지도안은 누가 보더라도 쉽게 이해할 수 있도록 일목요연하게 정리해야 합니다. 예를 들어, 부득이한 경우 본인 이외에 다른 지도자가 수업을 할 때 그 지도안을 보고 수업을 지도하는데 차질이 생기지 않도록 구체적으로 명시되어야 합니다.

다음의 〈그림 3-2〉를 보면, 학습지도안을 구성하는 일반적인 항목을 알 수 있습니다.

(1) 대상

지도할 해당 반을 기록합니다.

(2) 일시

날짜를 기록하고, (　　)안에는 수업시간(교시)을 적습니다.

(3) 장소

교수-학습의 장소를 적습니다.

(4) 주제

(　　)안에는 소단원명을 기록하고, 그 뒤에 분절을 적습니다.

<table>
<tr><td>대상</td><td></td><td>일시</td><td colspan="3"></td><td>장소</td><td colspan="2"></td></tr>
<tr><td>주제</td><td colspan="8">(　　　　　　)</td></tr>
<tr><td>목표</td><td colspan="8"></td></tr>
<tr><td rowspan="2">준비</td><td colspan="4">교　사</td><td colspan="4">학　생</td></tr>
<tr><td colspan="4"></td><td colspan="4"></td></tr>
<tr><td rowspan="6">지
도
과
정</td><td rowspan="2">단계</td><td rowspan="2">학습요소</td><td colspan="2">학습활동</td><td rowspan="2">시간배당</td><td rowspan="2">학습형태</td><td rowspan="2">학습자료</td><td rowspan="2">유의사항</td></tr>
<tr><td>지도자</td><td>수련생</td></tr>
<tr><td>도입</td><td rowspan="4"></td><td rowspan="4"></td><td rowspan="4"></td><td rowspan="4"></td><td rowspan="4"></td><td rowspan="4"></td><td rowspan="4"></td></tr>
<tr><td>전개</td></tr>
<tr><td>정착</td></tr>
<tr><td>평가</td></tr>
<tr><td>평가
기준</td><td colspan="8"></td></tr>
<tr><td>예상
되는
발전</td><td colspan="8"></td></tr>
</table>

〈그림 3-2〉 본시 학습지도안 양식

(5) 목표

본시 수업에서 수생련들이 도달해야 할 학습내용을 분석 가능한 행동목표(behavioral objectives)로 적습니다. 태권도수업에서 목표 진술의 방법은 다음과 같은 2가지 형태를 적용할 수 있습니다.

하나는 Tyler(1970)의 진술방법으로서, 대상+내용+행동 등의 요소를 담고 있습니다.

(예) 수련생은 앞굽이 몸통바로지르기의 운동방법을 설명할 수 있다
대상　　내　　　용　　행　동

다른 하나는 Mager(1972)의 진술방법으로서, 대상+조건+내용+행동 등의 요소를 담고 있습니다.

(예) 수련생은 눈을 감고 태극8장을 실시할 수 있다
대상　　조　　건　　내　용　　행　동

그런데 여기에서 〈대상〉은 생략하는 경우가 많습니다. 왜냐하면 학습목표를 도달해야 할 대상은 지도자가 아니라, 수련생이므로 구태여 나타내지 않아도 무방하기 때문입니다. 또한 학습 목표에는 가급적 심동적, 인지적, 정의적 영역 등을 골고루 포함시키는 것이 바람직 하겠지요.

(6) 준비

수업에 필요한 학습자료를 기록합니다. 주로 지도자란에 적습니다. 예를 들어, 괘도, 미트 10개, 호구 2조 라는 식으로 적습니다. 수련생란에는 특별히 기재할 사항이 없지만, 복장관계 또는 태권도화라고 적을 수 있겠고 때에 따라서는 필기도구라고 적을 수도 있겠네요.

(7) 지도과정

여기에는 도입-전개-정리 등의 수업단계로 구분하여 적습니다. 학습내용에 따라 다르게 구성하게 마련이지만, 일반적으로 다음과 같은 요소들을 공통적으로 적으면 됩니다.

① 도입

- 학습자 파악 : 출석과 견수련생 처리방법을 적습니다.
- 과제제시 : 수업주제와 목표(도달점)를 적습니다.
- 과제설명 및 시범 : 과제의 특성, 원리, 실시방법(대형포함), 유의점 등을 간단명료하게 적고, 시범의 횟수나 방법을 적습니다.
- 준비운동 및 기본동작 : 활동내용들을 순서 있게 적습니다.

② 전개

- 실시대형 : 분단별로 실시할 상황을 그림으로 나타내면 좋습니다.
- 과제수행 : 과제수행의 과정을 적습니다.
- 우수 수련생 시범 및 토론 : 분단별로 우수 수련생을 정하여 시범을 보이고 다른 수련생들은 실시방법이나 동작의 장단점을 토론한다는 내용을 적습니다.
- 과제발전 : 반복연습과 개별지도의 내용을 적습니다.

③ 정리

- 정리운동 : 활동내용들을 순서 있게 적습니다.
- 수업평가 : 도달점 파악, 장단점 토론, 학습자 수업태도 등에 관하여 평가한다는 내용을 적습니다.
- 차시예고 : 다음 시간에 학습할 주제를 적습니다.
- 수업정리 : 용구정리의 방법과 수업의 끝인사를 적습니다.

☞ 시간배당은 학습과제나 지도형태에 따라 조절할 수 있습니다만, 일반적으로 다음과 같이 배당할 수 있습니다.

〈표 3-2〉 수업의 단계별 시간배당의 예

구 분	초	중	고
도입(준비/탐색)	8	8	8
전 개	10	12	17
정 착	17	20	20
정 리(평가)	5	5	5
계	40	45	50

또 학습형태는 일제학습, 분단학습, 개별학습 등으로 구분하여 수업상황에 맞게 적을 수 있습니다. 일반적으로 도입과 정리의 단계에서는 일제학습을 적용하고 전개의 단계에서는 3가지 형태를 다양하게 적용하게 됩니다.

그리고 학습자료나 유의사항은 단계별 수업상황에 적절하게 적으면 되겠네요.

2) 기본동작 교수 – 학습 전개1

위에서 제시한 수업 모형 및 단계별 활동에 의한 교수-학습 전개를 무급자 기본동작 단원으로 다음과 같이 예시한다.

가. 단원 : 기본동작1(기초반1)

나. 본시 학습계획

다. 제재 : 태권도 기본동작자세편1

라. 학습 목표

- 앞서기, 앞굽이. 주춤서기를 할 수 있다.
- 앞서기, 앞굽이. 주춤서기 자세와 손동작 이어주는 방법을 안다.
- 질서를 지키며 다른 사람과 사이좋게 운동한다.

2) 기본동작 교수 – 학습 전개2

<table>
<tr><th colspan="6">본시 수업안 (○/○차시)</th></tr>
<tr><td>단원</td><td colspan="2">기본동작</td><td>중단원</td><td colspan="2">막기동작</td></tr>
<tr><td>대상</td><td>○급 수련생</td><td>일시 및 장소</td><td>○○○○년 ○○월 ○○일 ○교시
○ ○ ○</td><td>사범</td><td>○ ○ ○</td></tr>
<tr><td>수업 목표</td><td colspan="5">• 앞서기 아래막기, 앞굽이 몸통막기, 얼굴막기를 할 수 있다.
• 앞서기, 앞굽이 자세와 손동작 이어주는 방법을 안다.
• 질서를 지키며 다른 사람과 사이좋게 운동한다.</td></tr>
<tr><td rowspan="2">학습 매체 자료</td><td colspan="3">사 범</td><td colspan="2">수련생</td></tr>
<tr><td colspan="3">프리젠테이션 자료, 동영상 자료, 미트</td><td colspan="2">도복, 줄넘기</td></tr>
</table>

<table>
<tr><th rowspan="2">단계</th><th rowspan="2">수업 요항</th><th rowspan="2">시간</th><th colspan="2">교 수 – 학 습 활 동</th><th rowspan="2">수업 형태</th><th rowspan="2">수업 매체</th><th rowspan="2">도달점 유의점</th></tr>
<tr><th>교 사</th><th>학 생</th></tr>
<tr><td rowspan="3">도입</td><td>학생 실태 파악</td><td>3</td><td>- 집합
사범, 학생 상호간 경례
- 출석 및 학생건강상태 확인</td><td>- 사범과 상호 경례한다.
- 주의 집중한다.</td><td>강의식</td><td>출석부</td><td>학생실태 파악 및 환자 확인</td></tr>
<tr><td>학습 주제 및 목표 확인</td><td>5</td><td>- 전시 학습내용 점검
• PPT제시
- 학습 주제 및 목표확인
• PPT제시(수업 목표)</td><td>- 제시된 PPT를 보고 기본동작을 이해한다.
- 제시된 수업 목표를 읽고 확인한다.</td><td>강의식</td><td>PPT</td><td>기본동작을 이해한다.</td></tr>
<tr><td>준비 운동</td><td>7</td><td>- 손목,발목,무릎관절 돌리기
- 스트레칭
- 보조·보강운동
• 팔굽혀펴기(20회)
• 주먹단련(20회)
• 누워서 발차기(20회)
• 사이드스텝(10회)
- 쪼그려뛰기(12회)
- 팔 벌려 뛰기(10회)
- 줄넘기(100회)</td><td>- 사범의 구령에 맞춰 신속하고 정확한 동작으로 실시한다.
- 태권도 동작을 보조·보강운동을 통해 보다 정확한 동작을 익힌다.</td><td>일제형</td><td>PPT
줄넘기
매트
CD</td><td>- 개인의 능력을 고려한다.
- 본 운동을 위한 충분한 워밍업을 한다.</td></tr>
<tr><td>전개</td><td>주춤서기, 앞서기, 앞굽이 동작 익히기</td><td>5</td><td>- 주춤서몸통 지르기, 앞서기 아래막기, 앞굽이 얼굴막기 동영상 자료 보며 이미지 트레이닝 시키기
- 연무선 따라 걷기</td><td>- 사범의 지도에 따라 주춤서몸통 지르기, 앞서기 아래막기, 앞굽이 얼굴 막기 동영상 자료를 보며 이미지트레이닝을 한다.
- 연무선을 따라 걸으며 자세잡기</td><td>일제형</td><td></td><td>- 주춤서몸통 지르기, 앞서기 아래막기, 앞굽이 얼굴 막기를 이해한다.</td></tr>
</table>

	막기, 지르기 구분 동작 익히기	10	구령에 맞춰 구분동작 지도 - 주춤서 몸통지르기 동작 지도 - 앞서기 아래막기 동작 지도 - 앞굽이 얼굴막기 동작 지도 - 전체동작 지도	- 사범의 구령에 맞춰 구분 동작으로 정확히 실시한다.	일제형		- 동작을 익힌다. - 방향전환 시 동작의 정확성에 강조한다,
정착	주춤 서기, 앞서기, 앞굽이 연속 동작 익히기	15	- 앞굽이 아래막고, 몸통 지리기 동작 지도 - 막기동작과 지르기동작의 연결지도 - 구령 없이 연속동작 지도 - 구령 없이 전체동작 지도	- 앞서기, 앞굽이 동작의 무릎 및 뒷발의 각도를 정확히 한다. - 아래막기, 몸통막기, 얼굴막기, 몸통지르기 동작 각도를 정확히 한다. - 리듬감을 가지고 동작을 실시한다.	일제형 분단 학습		- 앞서기 아래 막기, 앞굽이 아래막기. 주춤 서몸통 지르기를 정확한 동작으로 실시할 수 있다.
평가		5	- 앞굽이 얼굴막고, 몸통지리기 동작을 정확히 한다.	- 앞서기, 앞굽이 동작의 무릎 및 뒷발의 각도를 정확히 하여 리듬감을 가지고 동작을 실시한다.			- 개인적 평가와 집단적 평가를 병행한다. - 특정인 위주의 평가를 지향한다.
차시예고			- 다음시간에 배울 내용에 대해 학생들에게 설명	- 사범의 설명에 주의 집중한다.	강의식		

3) 기본동작 교수 – 학습 전개3

본시 수업안 (○/○차시)					
단원	기본동작		중단원	막기동작	
대상	○급 수련생	일시 및 장소	○○○○년 ○○월 ○○일 ○교시 ○ ○ ○	사범	○ ○ ○
수업 목표	• 앞서기 손날 바깥막기, 뒷굽이 손날 바깥막기를 할 수 있다. • 뒷굽이 자세와 손동작 이어주는 방법을 안다. • 질서를 지키며 다른 사람과 사이좋게 운동한다.				
학습 매체 자료	사 범			수련생	
	프리젠테이션 자료, 동영상 자료, 미트			도복, 줄넘기	

단계	수업요항	시간	교수 - 학습 활동		수업형태	수업매체	도달점 유의점
			교사	학생			
도입	학생실태파악	3	- 집합 사범, 학생 상호간 경례 - 출석 및 학생건강상태 확인	- 사범과 상호 경례한다. - 주의 집중한다.	강의식	출석부	학생실태 파악 및 환자 확인
	학습주제 및 목표확인	5	- 전시 학습내용 점검 • PPT제시 - 학습 주제 및 목표확인 • PPT제시(수업 목표)	- 제시된 PPT를 보고 기본동작을 이해한다. - 제시된 수업 목표를 읽고 확인한다.	강의식	PPT	기본동작을 이해한다.
	준비운동	7	- 손목,발목,무릎관절 돌리기 - 스트레칭 - 보조·보강운동 • 팔굽혀펴기(20회) • 주먹단련(20회) • 누워서 발차기(20회) • 사이드스텝(10회) - 쪼그려뛰기(12회) - 팔 벌려 뛰기(10회) - 줄넘기(100회)	- 사범의 구령에 맞춰 신속하고 정확한 동작으로 실시한다. - 태권도 동작을 보조·보강운동을 통해 보다 정확한 동작을 익힌다.	일제형	PPT 줄넘기 매트 CD	- 개인의 능력을 고려한다. - 본 운동을 위한 충분한 워밍업을 한다.
전개	연무선 익히기	5	- 뒷굽이 손날몸통막기, 앞굽이 얼굴막고 지르기, 동영상 자료보며 이미지트레이닝 시키기 - 연무선 따라걷기	- 사범의 지도에 따라 뒷굽이 몸통막기, 앞굽이 얼굴막기 지르기, 동영상 자료보며 이미지트레이닝한다. - 연무선을 따라 걸으며 자세잡기	일제형		- 뒷굽이몸통막기, 앞굽이 얼굴막기 지르기를 이해한다.
	지르기 막기 구분동작 익히기	10	구령에 맞춰 구분동작 지도 - 뒷굽이 얼굴막기 동작 지도 - 뒷굽이 몸통지르기 동작 지도 - 막고 지르기동작 지도	- 사범의 구령에 맞춰 구분 동작으로 정확히 실시한다.	일제형		- 동작을 익힌다. - 방향전환 시 동작의 정확성에 강조한다,
정착	뒷굽이 손날 몸통 막기 연속 동작 익히기	15	- 뒷굽이 몸통막고, 몸통지리기 동작 지도 - 막기동작과 지르기동작의 연결지도 - 구령 없이 동작 연속지도 - 구령 없이 전체동작 연결지도	- 뒷굽이 동작의 무릎 및 뒷발의 각도를 정확히 한다. - 몸통막기, 얼굴막기, 몸통지르기, 얼굴지르기 동작 각도를 정확히 한다. - 리듬감을 가지고 동작을 실시한다.	일제형 분단학습		- 뒷굽이손날몸통막기를 정확한 동작으로 실시할 수 있다.
평가		5	- 구령없이 뒷굽이 손날몸통 막고 몸통지리기 연결 동작을 실시하시오.	- 구령없이 뒷굽이 손날몸통 막고 몸통지리기 연결 동작을 리듬감을 가지고 동작을 실시한다.			- 개인적 평가와 집단적 평가를 병행한다. - 특정인 위주의 평가를 지향한다.
차시예고			- 다음시간에 배울 내용에 대해 학생들에게 설명	- 사범의 설명에 주의 집중한다.	강의식		

6. 품새 본시 수업안

1) 태극1장 교수 – 학습 전개

태극 1장은 팔괘의 건(乾)을 의미하며 건은 양(陽)과 하늘을 뜻한다. 건이 만물의 근원이 되는 시초를 나타낸 것과 같이 태권도에 있어서도 맨 처음의 품새이다. 특징은 서기에서는 가장 쉬운 걷기 위주이며 동작은 기초적인 아래막기, 몸통막기, 몸통지르기, 얼굴막기, 앞차기로 구성 되어 있다. 태권도 8급의 품새이다.

(1) 동작 및 종류

동 작	종 류
서기(20회)	기본준비서기 2회, 왼앞서기 6회, 오른앞서기 6회, 왼앞굽이 3회, 오른앞굽이 3회
막기(9회)	아래막기 5회 ,몸통안막기 2회, 얼굴막기 2회
지르기(9회)	몸통반대지르기 5회, 몸통바로지르기 1회
차기(2회)	오른발 앞차기 1회, 왼발앞차기 1회
계(40회)	시선 : 제자리 정면, 좌, 우, 정면, 좌, 우, 후면, 제자리 정면 방향 : 제자리, 좌, 우, 정면 전진, 좌, 우, 뒤돌아 전진, 제자리 특징 : 서기동작 중 가장 쉬운 걷기위주의 서기로 구성되었으며 동작은 기초적인 아래막기, 몸통막기, 몸통지르기, 앞차기로 구성되어 있다.

(2) 품새 요약

순서	시선	위치	서기	동작	품명
준비	전	후	나란히서기		기본준비서기
1	좌	좌	왼앞서기	내딛어	아래막기
2	좌	좌	오른앞서기	내딛어	몸통반대지르기
3	우	우	오른앞서기	뒤로돌아	아래막기
4	우	우	왼앞서기	내딛어	몸통반대지르기

5	전	후	왼앞굽이	돌아	아래막기
6	전	후	왼앞굽이	서기,그대로	몸통바로지르기
7	우	우	오른앞서기	옮겨딛어	몸통안막기
8	우	우	왼앞서기	내딛어	몸통바로지르기
9	좌	좌	왼앞서기	뒤로돌아	몸통안막기
10	좌	좌	오른앞서기	내딛어	몸통바로지르기
11	전	전	오른앞굽이	돌아	아래막기
12	전	전	오른앞굽이	서기,그대로	몸통바로지르기
13	좌	좌	왼앞서기	옮겨딛어	얼굴막기
14	좌	좌	오른앞서기	오른발 앞차고 내딛어	몸통반대지르기
15	우	우	오른앞서기	뒤로돌아	얼굴막기
16	우	우	왼앞서기	왼발앞차고 내딛어	몸통반대지르기
17	후	후	왼앞굽이	옮겨딛어	아래막기
18	후	후	오른앞굽이	내딛어	몸통반대지르기 -기합-
그만	전	후	나란히서기	왼발끌어 왼쪽으로 돌아	기본준비서기

(3) 본시 수업안

<table>
<tr><th colspan="9">본시 수업안 (○/○차시)</th></tr>
<tr><td>단원</td><td colspan="3">품새</td><td>중단원</td><td colspan="4">태극1장</td></tr>
<tr><td>대상</td><td colspan="2">8급 수련생</td><td>일시 및 장소</td><td>○○○○년 ○○월 ○○일 ○교시
○ ○ ○</td><td>사범</td><td colspan="3">○ ○ ○</td></tr>
<tr><td>수업 목표</td><td colspan="8">• 태극1장의 동작을 설명 할 수 있다.(인지적)
• 태극1장을 할 수 있다.(심동적)</td></tr>
<tr><td rowspan="2">학습 매체 자료</td><td colspan="4">사 범</td><td colspan="4">수련생</td></tr>
<tr><td colspan="4">프리젠테이션 자료, 동영상 자료, 미트</td><td colspan="4">도복, 줄넘기</td></tr>
<tr><td rowspan="2">단계</td><td rowspan="2">수업 요항</td><td rowspan="2">시간</td><td colspan="3">교 수 - 학 습 활 동</td><td rowspan="2">수업 형태</td><td rowspan="2">수업 매체</td><td rowspan="2">도달점 유의점</td></tr>
<tr><td>교 사</td><td colspan="2">학 생</td></tr>
<tr><td>도입</td><td>학생 실태 파악</td><td>3</td><td>- 집합
사범, 학생 상호간 경례
- 출석 및 학생건강상태 확인</td><td colspan="2">- 사범과 상호 경례한다.
- 주의 집중한다.</td><td>강의식</td><td>출석부</td><td>학생실태 파악 및 환자 확인</td></tr>
</table>

<table>
<tr><td rowspan="2"></td><td>학습
주제
및
목표
확인</td><td>5</td><td>- 전시 학습내용 점검
• PPT제시
- 학습 주제 및 목표확인
• PPT제시(수업 목표)</td><td>- 제시된 PPT를 보고 기본 동작을 이해한다.
- 제시된 수업 목표를 읽고 확인한다.</td><td>강의식</td><td>PPT</td><td>기본동작을 이해한다.</td></tr>
<tr><td>준비
운동</td><td>7</td><td>- 손목,발목,무릎관절 돌리기
- 스트레칭
- 보조보강운동
• 팔굽혀펴기(20회)
• 주먹단련(20회)
• 누워서 발차기(20회)
• 사이드스텝(10회)
- 쪼그려뛰기(12회)
- 팔 벌려 뛰기(10회)
- 줄넘기(100회)</td><td>- 사범의 구령에 맞춰 신속하고 정확한 동작으로 실시한다.
- 태권도 동작을 보조·보강운동을 통해 보다 정확한 동작을 익힌다.</td><td>일제형</td><td>PPT
줄넘기
매트
CD</td><td>- 개인의 능력을 고려한다.
- 본 운동을 위한 충분한 워밍업을 한다.</td></tr>
<tr><td rowspan="2">전
개</td><td>연무선
익히기</td><td>5</td><td>- 연무선을 그려보시오
- 이미지트레이닝 시키기
- 연무선 따라 걷기</td><td>- 사범의 지도에 따라 연무선을 그려본다.
- 태극1장을 이미지트레이닝 한다.
- 연무선을 따라 걸으며 자세 잡기</td><td>일제형</td><td></td><td>태극1장 연무선을 이해한다.</td></tr>
<tr><td>태극
1장
구분
동작
익히기</td><td>10</td><td>구령에 맞춰 구분동작 지도
- 한 동작씩 지도
- 다섯 동작씩 지도
- 열 동작씩 지도
- 전체동작 지도</td><td>- 사범의 구령에 맞춰 구분동작으로 정확히 실시한다</td><td>일제형</td><td></td><td>- 태극1장 동작을 익힌다.
- 방향전환 시 동작의 정확성에 강조 한다,</td></tr>
<tr><td>정
착</td><td>태극
1장
연속
동작
익히기</td><td>15</td><td>- 앞굽이 아래막고, 몸통지리기 동작 지도
- 차기동작과 지르기동작의 연결지도
- 구령 없이 다섯 동작 연속지도
- 구령 없이 열 동작 연속지도
- 구령 없이 전체동작 지도</td><td>- 앞서기, 앞굽이 동작의 무릎 및 뒷발의 각도를 정확히 한다.
- 아래막기, 몸통막기, 얼굴막기, 몸통지르기 동작 각도를 정확히 한다.
- 리듬감을 가지고 동작을 실시한다.</td><td>일제형

분단
학습</td><td></td><td>- 태극1장을 정확한 동작으로 실시할 수 있다.</td></tr>
<tr><td>평
가</td><td></td><td rowspan="2">5</td><td>- 앞서기 자세의 정확성
- 앞굽이 자세의 정확성</td><td>- 앞굽이, 앞서기 자세의 구분과 좌우발의 폭, 앞뒤발의 거리를 정확히 한다.</td><td></td><td></td><td>- 개인적 평가와 집단적 평가를 병행한다.
- 특정인 위주의 평가를 지향한다.</td></tr>
<tr><td>차
시
예
고</td><td></td><td>- 다음시간에 배울 내용에 대해 학생들에게 설명</td><td>- 사범의 설명에 주의 집중한다.</td><td>강의식</td><td></td><td></td></tr>
</table>

2) 태극2장 교수 – 학습 전개

태극 2장은 팔괘의 태(兌)를 의미하며 태는 못을 나타내고 속으로 단단하고 겉으로는 부드럽다는 뜻이다. 태극 1장을 수련하여 품새에 대한 알찬 마음이 생겨 기초적인 막기와 차기를 할 수 있는 품새다. 새로운 동작은 얼굴막기이며 앞차기 동작을 많이 넣어 몸에 익히게 하였다. 태권도 7급이 수련하는 품새이다.

(1) 동작 및 종류

동 작	종 류
서기(20회)	기본준비서기 2회, 왼앞서기 7회, 오른앞서기 7회, 왼앞굽이 2회, 오른 앞굽이 2회
막기(11회)	아래막기 5회, 몸통안막기 4회, 얼굴막기 2회
지르기(7회)	몸통반대지르기 5회, 얼굴반대지르기 2회
차기(5회)	오른발앞차기 3회, 왼발앞차기 2회
계(43회)	시선 : 제자리 정면, 좌, 우, 정면, 우, 좌, 후, 제자리 정면 방향 : 제자리, 좌, 우, 전진, 우, 좌, 뒤돌아 전진, 제자리 특징 : 앞차기 동작이 많음

(2) 품새 요약

순서	시선	위치	서기	동작	품명
준비	전	후	나란히서기		기본준비서기
1	좌	좌	왼앞서기	내딛어	아래막기
2	좌	좌	오른앞굽이	내딛어	몸통반대지르기
3	우	우	오른앞서기	뒤돌아	아래막기
4	우	우	왼앞굽이	내딛어	몸통반대지르기
5	전	전	왼앞서기	돌아	몸통안막기
6	전	전	오른앞서기	내딛어	몸통안막기
7	좌	좌	왼앞서기	옮겨 딛어	아래막기
8	좌	좌	오른앞굽이	오른발 앞차고 내딛어	얼굴반대지르기

9	우	우	오른앞서기	뒤로 돌아	아래막기
10	우	우	왼앞굽이	왼발 앞차고 내딛어	얼굴반대지르기
11	전	전	왼앞서기	돌아	얼굴막기
12	전	전	오른앞서기	내딛어	얼굴막기
13	우	우	왼앞서기	돌아	몸통안막기
14	좌	좌	오른앞서기	두 다리 그 자리 방향바꿔	몸통안막기
15	후	후	왼 앞서기	옮겨 딛어	아래막기
16	후	후	오른앞서기	오른발 앞차고 내딛어	몸통반대지르기
17	후	후	왼앞서기	왼발 앞차고 내딛어	몸통반대지르기
18	후	후	오른앞서기	오른발 앞차고 내딛어	몸통반대지르기-기합-
그만	전	후	나란히서기	왼발 끌어 왼쪽으로 돌아	기본준비서기

(3) 본시 수업안

<table>
<tr><th colspan="9">본시 수업안 (○/○차시)</th></tr>
<tr><td colspan="2">단원</td><td colspan="2">품새</td><td>중단원</td><td colspan="4">태극2장</td></tr>
<tr><td colspan="2">대상</td><td colspan="2">7급 수련생</td><td>일시 및 장소</td><td colspan="2">○○○○년 ○○월 ○○일 ○교시
○ ○ ○</td><td>사범</td><td>○ ○ ○</td></tr>
<tr><td colspan="2">수업 목표</td><td colspan="7">• 태극2장의 동작을 설명 할 수 있다.(인지적)
• 태극2장을 할 수 있다.(심동적)</td></tr>
<tr><td colspan="2" rowspan="2">학습 매체 자료</td><td colspan="3">사 범</td><td colspan="4">수련생</td></tr>
<tr><td colspan="3">프리젠테이션 자료, 동영상 자료, 미트</td><td colspan="4">도복, 줄넘기</td></tr>
<tr><td rowspan="2">단계</td><td rowspan="2">수업 요항</td><td rowspan="2">시간</td><td colspan="2">교 수 - 학 습 활 동</td><td rowspan="2">수업 형태</td><td rowspan="2">수업 매체</td><td rowspan="2" colspan="2">도달점 유의점</td></tr>
<tr><td>교 사</td><td>학 생</td></tr>
<tr><td rowspan="2">도입</td><td>학생 실태 파악</td><td>3</td><td>- 집합
사범, 학생 상호간 경례
- 출석 및 학생건강상태 확인</td><td>- 사범과 상호 경례한다.
- 주의 집중한다.</td><td>강의식</td><td>출석부</td><td colspan="2">학생실태 파악 및 환자 확인</td></tr>
<tr><td>학습 주제 및 목표 확인</td><td>5</td><td>- 전시 학습내용 점검
• PPT제시
- 학습 주제 및 목표확인
• PPT제시(수업 목표)</td><td>- 제시된 PPT를 보고 기본 동작을 이해한다.
- 제시된 수업 목표를 읽고 확인한다.</td><td>강의식</td><td>PPT</td><td colspan="2">태극2장의 동작을 이해한다.</td></tr>
</table>

<table>
<tr><td></td><td>준비
운동</td><td>7</td><td>- 손목,발목,무릎관절 돌리기
- 스트레칭
- 보조보강운동
• 팔굽혀펴기(20회)
• 주먹단련(20회)
• 누워서 발차기(20회)
• 사이드스텝(10회)
- 쪼그려뛰기(12회)
- 팔 벌려 뛰기(10회)
- 줄넘기(100회)</td><td>- 사범의 구령에 맞춰 신속하고 정확한 동작으로 실시한다.
- 태권도 동작을 보조·보강운동을 통해 보다 정확한 동작을 익힌다.</td><td>일제형</td><td>PPT
줄넘기
매트
CD</td><td>- 개인의 능력을 고려한다.
- 본 운동을 위한 충분한 워밍업을 한다.</td></tr>
<tr><td rowspan="3">전
개</td><td>연무선
익히기</td><td>5</td><td>- 연무선을 그려보시오
- 이미지트레이닝 시키기
- 연무선 따라 걷기</td><td>- 사범의 지도에 따라 연무선을 그려본다.
- 태극2장을 이미지트레이닝 한다.
- 연무선을 따라 걸으며 자세 잡기</td><td>일제형</td><td></td><td>태극2장 연무선을 이해한다.</td></tr>
<tr><td>태극
2장
구분
동작
익히기</td><td>10</td><td>구령에 맞춰 구분동작 지도
- 한 동작씩 지도
- 다섯 동작씩 지도
- 열 동작씩 지도
- 전체동작 지도</td><td>- 사범의 구령에 맞춰 구분동작으로 정확히 실시한다.</td><td>일제형</td><td></td><td>- 태극2장 동작을 익힌다.
- 방향전환 시 동작의 정확성에 강조 한다.</td></tr>
<tr><td>태극
2장
연속
동작
익히기</td><td>15</td><td>- 앞차고 내딛어 몸통반대 지르기 동작지도
- 차기동작과 지르기동작의 연결지도
- 구령 없이 다섯 동작 연속 지도
- 구령 없이 열 동작 연속지도
- 구령 없이 전체동작 지도</td><td>- 몸통지르기, 얼굴지르기의 높이를 정확히 한다.
- 아래막기, 몸통막기, 얼굴막기, 몸통지르기 동작 각도를 정확히 한다.
- 리듬감을 가지고 동작을 실시한다.</td><td>일제형

분단
학습</td><td></td><td>- 태극2장을 정확한 동작으로 실시할 수 있다.</td></tr>
<tr><td>정
착</td><td></td><td></td><td></td><td></td><td></td><td></td><td></td></tr>
<tr><td>평
가</td><td></td><td rowspan="2">5</td><td>- 차기동작과 지르기동작의 연결
- 구령 없이 다섯 동작 연속해 정확히 실시</td><td>- 리듬감을 가지고 동작을 실시한다.</td><td></td><td></td><td>- 개인적 평가와 집단적 평가를 병행한다.
- 특정인 위주의 평가를 지향한다.</td></tr>
<tr><td>차
시
예
고</td><td></td><td>- 다음시간에 배울 내용에 대해 학생들에게 설명</td><td>- 사범의 설명에 주의 집중한다.</td><td>강의식</td><td></td><td></td></tr>
</table>

3) 태극3장 교수 – 학습 전개

태극 3장은 팔괘의 이(離)를 의미하며 이는 불을 나타내고 뜨겁고 밝음을 지닌다. 태권도 품새 수련을 통한 불같은 정의심과 수련의욕이 생겨나 파란띠로 승급할 수 있는 과정이다. 새로운 동작은 한손날목치기, 손날막기이고 새로운 서기는 뒷굽이이며 기술은 연속 막고 치기와 차고 연속 지르기가 특징이다. 빠른 속도로 상대로 부터의 치기를 막고 되치는 기술의 힘을 중요시한다. 태권도 6급이라야 수련할 수 있다.

(1) 동작 및 종류

동 작	종 류
서기(22회)	기본준비서기 2회, 왼앞서기 6회, 오른앞서기 6회, 왼앞굽이 3회, 오른앞굽이 3회, 왼뒷굽이 1회, 오른뒷굽이 1회
막기(12회)	아래막기 8회, 한손날몸통막기 2회, 몸통안막기 2회
지르기(10회)	몸통두번지르기 4회, 몸통바로지르기 6회
치기(2회)	제비품한손날목치기 2회
차기(6회)	오른발앞차기 3회, 왼발앞차기 3회
계(52회)	시선 : 제자리정면, 좌, 우, 정면, 우, 좌, 뒤돌아 후면, 제자리 정면 방향 : 제자리, 좌, 우, 전진, 우, 좌, 뒤돌아 후진, 제자리 특징 : 연속 막고 치기와 연속 지르기가 특징

(2) 품새 요약

순서	시선	위치	서기	동작	품명
준비	전	후	나란히서기		기본준비서기
1	좌	좌	왼앞서기	내딛어	아래막기
2	좌	좌	오른앞굽이	오른발 앞차고 내딛어	몸통두번지르기
3	우	우	오른앞서기	뒤로 돌아	아래막기
4	우	우	왼앞굽이	왼발 앞차고 내딛어	몸통두번지르기
5	전	전	오른앞서기	돌아	제비품한손날목치기

6	전	전	오른앞서기	내딛어	제비품한손날목치기
7	좌	좌	오른뒷굽이	왼발 옮겨딛어	한손날몸통옆막기
8	좌	좌	왼앞굽이	왼발 약간 밀고 나가	몸통바로지르기
9	우	우	왼뒷굽이	오른발 약간 끌어들여	한손날몸통옆막기
10	우	우	오른앞굽이	오른발 약간 밀고 나가	몸통바로지르기
11	전	전	왼앞서기	옮겨딛어	몸통안막기
12	전	전	오른앞서기	내딛어	몸통안막기
13	우	우	왼앞서기	돌아	아래막기
14	우	우	오른앞굽이	오른발 앞차고 내딛어	몸통두번지르기
15	좌	좌	우른앞서기	뒤로 돌아	아래막기
16	좌	좌	왼앞굽이	왼발 앞차고 내딛어	몸통두번지르기
17	후	후	왼앞서기	돌아 아래막기	몸통두번지르기
18	후	후	오른앞서기	내딛어 아래막기	몸통두번지르기
19	후	후	왼앞서기	왼발 앞차고 내딛어 아래막기	몸통두번지르기
20	후	후	오른앞서기	오른발 앞차고 내딛어 아래막기	몸통바로지르기-기합-
그만	전	후	나란히서기	왼발 왼쪽으로 돌아	기본준비서기

(3) 본시 수업안

<table>
<tr><th colspan="8">본시 수업안 (○/○차시)</th></tr>
<tr><td>단원</td><td colspan="3">품새</td><td colspan="2">중단원</td><td colspan="2">태극3장</td></tr>
<tr><td>대상</td><td colspan="2">6급 수련생</td><td>일시 및 장소</td><td colspan="2">○○○○년 ○○월 ○○일 ○교시
○ ○ ○</td><td>사범</td><td>○ ○ ○</td></tr>
<tr><td>수업 목표</td><td colspan="7">● 태극3장의 동작을 설명 할 수 있다.(인지적)
● 태극3장을 할 수 있다.(심동적)</td></tr>
<tr><td rowspan="2">학습 매체 자료</td><td colspan="3">사 범</td><td colspan="4">수련생</td></tr>
<tr><td colspan="3">프리젠테이션 자료, 동영상 자료, 미트</td><td colspan="4">도복, 줄넘기</td></tr>
<tr><td rowspan="2">단계</td><td rowspan="2">수업 요항</td><td rowspan="2">시간</td><td colspan="2">교 수 - 학 습 활 동</td><td rowspan="2">수업 형태</td><td rowspan="2">수업 매체</td><td rowspan="2">도달점 유의점</td></tr>
<tr><td>교 사</td><td>학 생</td></tr>
<tr><td>도입</td><td>학생 실태 파악</td><td>3</td><td>- 집합
사범, 학생 상호간 경례
- 출석 및 학생건강상태 확인</td><td>- 사범과 상호 경례한다.
- 주의 집중한다.</td><td>강의식</td><td>출석부</td><td>학생실태 파악 및 환자 확인</td></tr>
</table>

	학습 주제 및 목표 확인	5	- 전시 학습내용 점검 • PPT제시 - 학습 주제 및 목표확인 • PPT제시(수업 목표)	- 제시된 PPT를 보고 기본 동작을 이해한다. - 제시된 수업 목표를 읽고 확인한다.	강의식	PPT	태극2장의 동작을 이해한다.
	준비 운동	7	- 손목,발목,무릎관절 돌리기 - 스트레칭 - 보조보강운동 • 팔굽혀펴기(20회) • 주먹단련(20회) • 누워서 발차기(20회) • 사이드스텝(10회) - 쪼그려뛰기(12회) - 팔 벌려 뛰기(10회) - 줄넘기(100회)	- 사범의 구령에 맞춰 신속하고 정확한 동작으로 실시한다. - 태권도 동작을 보조·보강 운동을 통해 보다 정확한 동작을 익힌다.	일제형	PPT 줄넘기 매트 CD	- 개인의 능력을 고려한다. - 본 운동을 위한 충분한 워밍업을 한다.
전개	연무선 익히기	5	- 연무선을 그려보시오 - 이미지트레이닝 시키기 - 연무선 따라 걷기	- 사범의 지도에 따라 연무선을 그려본다. - 태극3장을 이미지트레이닝 한다. - 연무선을 따라 걸으며 자세 잡기	일제형		태극3장 연무선을 이해한다.
	태극 3장 구분 동작 익히기	10	구령에 맞춰 구분동작 지도 - 한 동작씩 지도 - 다섯 동작씩 지도 - 열 동작씩 지도 - 전체동작 지도	- 사범의 구령에 맞춰 구분 동작으로 정확히 실시한다.	일제형		- 태극3장 동작을 익힌다. - 방향전환 시 동작의 정확성에 강조 한다,
정착	태극 3장 연속 동작 익히기	15	- 앞차고 내딛어 아래 막고 몸통 두 번 지르기 동작 지도 - 제비품한손날목치기, 한손날 몸통옆막기 동작 지도 - 막기동작과 지르기동작의 연결지도 - 구령 없이 다섯 동작 연속 지도 - 구령 없이 열 동작 연속지도 - 구령 없이 전체동작 지도	- 몸통지르기, 얼굴지르기의 높이를 정확히 한다. - 아래막기, 몸통막기, 얼굴막기, 몸통지르기 동작 각도를 정확히 한다. - 앞서기, 앞굽이, 뒷굽이 동작을 정확히 한다. - 리듬감을 가지고 동작을 실시한다.	일제형 분단 학습		- 태극3장을 정확한 동작으로 실시할 수 있다.
평가		5	- 막기동작과 지르기동작의 연결지도 - 구령 없이 다섯 동작 연속해 정확히 실시	- 리듬감을 가지고 동작을 실시한다.			- 개인적 평가와 집단적 평가를 병행한다. - 특정인 위주의 평가를 지향한다.
차시예고			- 다음시간에 배울 내용에 대해 학생들에게 설명	- 사범의 설명에 주의 집중 한다.	강의식		

4) 태극4장 교수 – 학습 전개

태극 4장은 팔괘의 진(震)을 의미하며 진은 우뢰를 나타내고 큰 힘과 위엄있는 뜻을 지니고 있다. 파란띠의 품새답게 차원높은 기술과 동작이 많다. 새로운 동작은 손날몸통막기, 편손끝찌르기, 제비품목치기, 옆차기, 몸통바깥막기, 등주먹 얼굴앞치기이고 특수한 미끄럼발이 있다. 겨루기에 대비한 각종 동작과 뒷굽이 서기가 많다는 것이 특징이다. 태권도 5급의 과정이다.

(1) 동작 및 종류

동 작	종 류
서기(21회)	기본준비서기 2회, 오른뒷굽이 3회, 오른앞굽이 4회, 왼뒷굽이 4회, 왼앞굽이 4회, 왼앞서기 2회, 오른앞서기 2회
막기(11회)	손날몸통막기 3회, 몸통바깥막기 2회, 몸통안막기 2회, 몸통막기 4회
지르기(5회)	몸통바로지르기 3회, 몸통두번지르기 2회
치기(3회)	제비품목치기 2회, 등주먹얼굴앞치기 1회
찌르기(2회)	편손끝세워찌르기 2회
차기(6회)	오른발앞차기 3회, 왼발옆차기 1회, 오른발옆차기 1회, 왼발옆차기 1회
계(48회)	시선 : 제자리 정면, 좌, 우, 정면, 우, 좌, 뒤돌아 후면, 제자리 정면 방향 : 제자리, 좌, 우, 전진, 우, 좌, 뒤돌아 전진 특징 : 겨루기에 대비한 각종 동작과 뒷굽이 서기가 많다.

(2) 품새 요약

순서	시선	위치	서기	동작	품명
준비	전	후	나란히서기		기본준비서기
1	좌	좌	오른뒷굽이	내딛어	손날몸통막기
2	좌	좌	오른앞굽이	내딛어	편손끝세워찌르기
3	우	우	왼뒷굽이	뒤로 돌아	손날몸통막기
4	우	우	왼앞굽이	내딛어	편손끝세워찌르기
5	전	전	왼앞굽이	돌아	제비품목치기

6	전	전	오른앞굽이	오른발 앞차고 내딛어	몸통바로지르기
7	전	전		왼발옆차기하고	
8	전	전	왼뒷굽이	오른발 옆차고 내딛어	손날몸통막기
9	우	우	오른뒷굽이	돌아	몸통바깥막기
10	우	우	오른뒷굽이	오른발 앞차고 제자리 물려딛어	몸통안막기
11	좌	좌	왼뒷굽이	두다리 제자리 방향 바꾸어	몸통바깥막기
12	좌	좌	왼뒷굽이	왼발 앞차고 제자리 물려 딛어	몸통안막기
13	후	후	왼앞굽이	옮겨딛어	제비품목치기
14	후	후	오른앞굽이	오른발 앞차고 내딛어	등주먹얼굴앞치기
15	우	우	왼앞서기	옮겨딛어	몸통막기
16	우	우	왼앞서기	두다리 제자리 서기 그대로	몸통바로지르기
17	좌	좌	오른앞서기	두다리 제자리 방향 바꾸어	몸통막기
18	좌	좌	오른앞서기	두다리 제자리 서기 그대로	몸통바로지르기
19	후	후	왼앞굽이	옮겨딛어(몸통막기)	몸통두번지르기
20	후	후	오른앞굽이	내딛어(몸통막기)	몸통두번지르기-기합-
그만	전	후	나란히서기	왼발끌어 왼쪽으로 돌아	기본준비서기

(3) 본시 수업안

<table>
<tr><th colspan="8">본시 수업안 (○/○차시)</th></tr>
<tr><td colspan="2">단원</td><td colspan="2">품새</td><td colspan="2">중단원</td><td colspan="2">태극4장</td></tr>
<tr><td colspan="2">대상</td><td>5급 수련생</td><td>일시 및 장소</td><td colspan="2">○○○○년 ○○월 ○○일 ○교시
○ ○ ○</td><td>사범</td><td>○ ○ ○</td></tr>
<tr><td colspan="2">수업 목표</td><td colspan="6">• 태극4장의 동작을 설명 할 수 있다.(인지적)
• 태극4장을 할 수 있다.(심동적)</td></tr>
<tr><td colspan="2" rowspan="2">학습 매체 자료</td><td colspan="3">사 범</td><td colspan="3">수련생</td></tr>
<tr><td colspan="3">프리젠테이션 자료, 동영상 자료, 미트</td><td colspan="3">도복, 줄넘기</td></tr>
<tr><td rowspan="2">단계</td><td rowspan="2">수업 요항</td><td rowspan="2">시간</td><td colspan="2">교 수 - 학 습 활 동</td><td rowspan="2">수업 형태</td><td rowspan="2">수업 매체</td><td rowspan="2">도달점 유의점</td></tr>
<tr><td>교 사</td><td>학 생</td></tr>
<tr><td>도입</td><td>학생 실태 파악</td><td>3</td><td>- 집합
사범, 학생 상호간 경례
- 출석 및 학생건강상태 확인</td><td>- 사범과 상호 경례한다.
- 주의 집중한다.</td><td>강의식</td><td>출석부</td><td>학생실태 파악 및 환자 확인</td></tr>
</table>

	학습 주제 및 목표 확인	5	- 전시 학습내용 점검 • PPT제시 - 학습 주제 및 목표확인 • PPT제시(수업 목표)	- 제시된 PPT를 보고 기본 동작을 이해한다. - 제시된 수업 목표를 읽고 확인한다.	강의식	PPT	태극3장의 동작을 이해한다.
	준비 운동	7	- 손목,발목,무릎관절 돌리기 - 스트레칭 - 보조보강운동 • 팔굽혀펴기(20회) • 주먹단련(20회) • 누워서 발차기(20회) • 사이드스텝(10회) - 쪼그려뛰기(12회) - 팔 벌려 뛰기(10회) - 줄넘기(100회)	- 사범의 구령에 맞춰 신속하고 정확한 동작으로 실시한다. - 태권도 동작을 보조·보강 운동을 통해 보다 정확한 동작을 익힌다.	일제형	PPT 줄넘기 매트 CD	- 개인의 능력을 고려한다. - 본 운동을 위한 충분한 워밍업을 한다.
전 개	연무선 익히기	5	- 연무선을 그려보시오 - 이미지트레이닝 시키기 - 연무선 따라 걷기	- 사범의 지도에 따라 연무선을 그려본다. - 태극4장을 이미지트레이닝한다. - 연무선을 따라 걸으며 자세잡기	일제형		태극4장 연무선을 이해한다.
	태극 4장 구분동작 익히기	10	구령에 맞춰 구분동작 지도 - 한 동작씩 지도 - 다섯 동작씩 지도 - 열 동작씩 지도 - 전체동작 지도	- 사범의 구령에 맞춰 구분동작으로 정확히 실시한다.	일제형		- 태극4장 동작을 익힌다. - 방향전환 시 동작의 정확성에 강조 한다.
정 착	태극 4장 연속동작 익히기	15	- 왼발옆차기, 오른발옆차기, 손날 몸통막기 동작 지도 - 제비품한손날목치기, 한손날 몸통옆막기 동작 지도 - 막기동작과 지르기동작의 연결지도 - 구령 없이 다섯 동작 연속지도 - 구령 없이 열 동작 연속지도 - 구령 없이 전체동작 지도	- 옆차기의 자세 교정에 노력한다 - 몸통지르기, 얼굴지르기의 높이를 정확히 한다. - 아래막기, 몸통막기, 얼굴막기, 몸통지르기 동작 각도를 정확히 한다. - 리듬감을 가지고 동작을 실시한다.	일제형 분단학습		- 태극4장을 정확한 동작으로 실시할 수 있다.
평 가		5	- 막기동작과 지르기동작, 옆차기동작의 연결지도 - 구령 없이 다섯 동작 연속해 정확히 실시	- 리듬감을 가지고 왼발 옆차기, 오른발옆차기, 손날 몸통막기 동작을 실시한다.			- 개인적 평가와 집단적 평가를 병행한다. - 특정인 위주의 평가를 지향한다.
차시예고			- 다음시간에 배울 내용에 대해 학생들에게 설명	- 사범의 설명에 주의 집중한다.	강의식		

5) 태극5장 교수 – 학습 전개

태극 5장은 팔괘의 손(巽)을 의미하며 손은 바람을 나타내고 바람의 강약에 따라 위세와 고요의 뜻을 지닌다. 힘의 강약을 조절할 수 있는 수련단계라 할 수 있겠다. 새로운 동작은 메주먹내려치기, 팔굽돌려치기, 옆차며 옆지르기, 팔굽표적치기가 있고, 서기는 꼬아서기와 왼서기, 오른서기가 나온다. 특징으로는 차기 뒤에 아래막고 몸통막기가 막기만연속되는 동작과 뛰어 구르면서 치는 동작이 특수하고 표적치기 시에는 표적이 움직이지 않게 주의해야 한다. 태권도 4급의 과정이다.

(1) 동작 및 종류

동 작	종 류
서기(20회)	기본준비서기 2회, 왼앞굽이 8회, 오른앞굽이 7회, 왼서기 1회, 오른서기 1회, 뒤꼬아서기 1회
막기(16회)	아래막기 5회, 몸통안막기 6회, 한손날옆막기 2회, 얼굴막기 2회, 몸통막기 1회
치기(10회)	메주먹내려치기 2회, 팔굽돌려치기 2회, 등주먹앞치기 4회, 팔굽표적치기 2회
차기(6회)	오른발앞차기 3회, 왼발앞차기 1회, 오른발옆차기 1회, 왼발 옆차기 1회
계(52회)	힘의 강약을 조절할 수 있는 수련단계 시선 : 제자리 정면, 좌, 우, 좌, 후, 우, 정면, 후, 제자리 정면 방향 : 제자리, 좌, 우, 후진, 좌, 전진, 후진, 제자리

(2) 품새 요약

순서	시선	위치	서기	동작	품명
준비	전	후	나란히서기		기본준비서기
1	좌	좌	왼앞굽이	내딛어	아래막기
2	좌	좌	왼서기	끌어들여	메주먹 내려치기
3	우	우	오른앞굽이	방향바꾸어 내딛어	아래막기
4	우	우	오른서기	끌어들여	메주먹 내려치기
5	전	전	왼앞굽이	내딛어 몸통막기	몸통안막기
6	전	전	오른앞굽이	오른발 앞차고 내딛어 등주먹 앞치기	몸통안막기

7	전	전	왼앞굽이	왼발 앞차고 내딛어 등주먹 앞치기	몸통안막기
8	전	전	오른앞굽이	내딛어	등주먹앞치기
9	우	우	오른뒷굽이	돌아	한손날옆막기
10	우	우	오른앞굽이	내딛어	팔굽돌려치기
11	좌	좌	왼뒷굽이	뒤로 돌아	한손날옆막기
12	좌	좌	왼앞굽이	내딛어	팔굽돌려치기
13	후	후	왼앞굽이	돌아 아래막기	몸통안막기
14	후	후	오른앞굽이	오른발 앞차고 내딛어 아래막기	몸통안막기
15	우	우	왼앞굽이	옮겨딛어	얼굴막기
16	우	우	오른앞굽이	오른발 옆차고 내딛어	팔굽표적치기
17	좌	좌	오른앞굽이	뒤로 돌아	얼굴막기
18	좌	좌	왼앞굽이	왼발 옆차고 내딛어	팔굽표적치기
19	후	후	왼앞굽이	돌아 아래막기	몸통안막기
20	후	후	뒤꼬아서기	오른발 앞차고 내딛어	등주먹앞치기-기합-
그만	전	후	나란히서기	왼발끌어 왼쪽으로 돌아	기본준비서기

(3) 본시 수업안

<table>
<tr><th colspan="10">본시 수업안 (○/○차시)</th></tr>
<tr><td>단원</td><td colspan="4">품새</td><td colspan="2">중단원</td><td colspan="3">태극5장</td></tr>
<tr><td>대상</td><td colspan="2">4급 수련생</td><td>일시 및 장소</td><td colspan="2">○○○○년 ○○월 ○○일 ○교시
○ ○ ○</td><td>사범</td><td colspan="3">○ ○ ○</td></tr>
<tr><td>수업 목표</td><td colspan="9">• 태극5장의 동작을 설명 할 수 있다.(인지적)
• 태극5장을 할 수 있다.(심동적)</td></tr>
<tr><td rowspan="2">학습 매체 자료</td><td colspan="4">사 범</td><td colspan="5">수련생</td></tr>
<tr><td colspan="4">프리젠테이션 자료, 동영상 자료, 미트</td><td colspan="5">도복, 줄넘기</td></tr>
<tr><td rowspan="2">단계</td><td rowspan="2">수업 요항</td><td rowspan="2">시간</td><td colspan="4">교 수 - 학 습 활 동</td><td rowspan="2">수업 형태</td><td rowspan="2">수업 매체</td><td rowspan="2">도달점 유의점</td></tr>
<tr><td colspan="2">교 사</td><td colspan="2">학 생</td></tr>
<tr><td>도입</td><td>학생 실태 파악</td><td>3</td><td colspan="2">- 집합
사범, 학생 상호간 경례
- 출석 및 학생건강상태 확인</td><td colspan="2">- 사범과 상호 경례한다.
- 주의 집중한다.</td><td>강의식</td><td>출석부</td><td>학생실태 파악 및 환자 확인</td></tr>
</table>

<table>
<tr><td rowspan="2"></td><td>학습
주제
및
목표
확인</td><td>5</td><td>- 전시 학습내용 점검
• PPT제시
- 학습 주제 및 목표확인
• PPT제시(수업 목표)</td><td>- 제시된 PPT를 보고 기본 동작을 이해한다.
- 제시된 수업 목표를 읽고 확인한다.</td><td>강의식</td><td>PPT</td><td>태극4장의 동작을 이해한다.</td></tr>
<tr><td>준비
운동</td><td>7</td><td>- 손목,발목,무릎관절 돌리기
- 스트레칭
- 보조·보강운동
• 팔굽혀펴기(20회)
• 주먹단련(20회)
• 누워서 발차기(20회)
• 사이드스텝(10회)
- 쪼그려뛰기(12회)
- 팔 벌려 뛰기(10회)
- 줄넘기(100회)</td><td>- 사범의 구령에 맞춰 신속하고 정확한 동작으로 실시한다.
- 태권도 동작을 보조·보강 운동을 통해 보다 정확한 동작을 익힌다.</td><td>일제형</td><td>PPT
줄넘기
매트
CD</td><td>- 개인의 능력을 고려한다.
- 본 운동을 위한 충분한 워밍업을 한다.</td></tr>
<tr><td rowspan="3">전
개
·
정
착</td><td>연무선
익히기</td><td>5</td><td>- 연무선을 그려보시오
- 이미지트레이닝 시키기
- 연무선 따라 걷기</td><td>- 사범의 지도에 따라 연무선을 그려본다.
- 태극5장을 이미지트레이닝 한다.
- 연무선을 따라 걸으며 자세 잡기</td><td>일제형</td><td></td><td>태극5장 연무선을 이해한다.</td></tr>
<tr><td>태극
5장
구분
동작
익히기</td><td>10</td><td>구령에 맞춰 구분동작 지도
- 한 동작씩 지도
- 다섯 동작씩 지도
- 열 동작씩 지도
- 전체동작 지도</td><td>- 사범의 구령에 맞춰 구분 동작으로 정확히 실시한다.</td><td>일제형</td><td></td><td>- 태극5장 동작을 익힌다.
- 방향전환 시 동작의 정확성에 강조 한다,</td></tr>
<tr><td>태극
5장
연속
동작
익히기</td><td>15</td><td>- 끌어드려 메주먹 내려치기, 내딛어 몸통막기 동작 지도
- 오른발 앞차고 뒤꼬아서기 동작 지도
- 막기동작과 지르기동작의 연결지도
- 구령 없이 다섯 동작 연속 지도
- 구령 없이 열 동작 연속지도
- 구령 없이 전체동작 지도</td><td>- 몸통지르기, 얼굴지르기의 높이를 정확히 한다.
- 끌어드려 메주먹 내려치기, 내딛어 몸통막기를 정확히 한다.
- 아래막기, 몸통막기, 얼굴막기, 몸통지르기 동작 각도를 정확히 한다.
- 리듬감을 가지고 동작을 실시한다.</td><td>일제형
분단
학습</td><td></td><td>- 태극5장을 정확한 동작으로 실시할 수 있다.</td></tr>
<tr><td>평
가</td><td></td><td rowspan="2">5</td><td>- 막기동작과 지르기동작, 동작의 연결지도
- 구령 없이 다섯 동작 연속해 정확히 실시
- 끌어드려 메주먹 내려치기, 내딛어 몸통막기 동작</td><td>- 리듬감을 가지고 끌어드려 메주먹 내려치기, 손날 몸통막기 동작을 실시한다.</td><td></td><td></td><td>- 개인적 평가와 집단적 평가를 병행한다.
- 특정인 위주의 평가를 지향한다.</td></tr>
<tr><td>차
시
예
고</td><td></td><td>- 다음시간에 배울 내용에 대해 학생들에게 설명</td><td>- 사범의 설명에 주의 집중한다.</td><td>강의식</td><td></td><td></td></tr>
</table>

6) 태극6장 교수 – 학습 전개

태극 6장은 팔괘의 감(坎)을 의미하며 감은 물을 나타내고 끊임없는 흐름과 유연함을 뜻한다. 만물의 생명원인 물의 특성처럼 기술의 연결이 물 흐르듯 해야 한다. 새로운 동작은 한손날 얼굴 바깥막기, 돌려차기, 얼굴바깥막기, 바탕손몸통막기가 있고 품새의 중간에 나란히서기가 나온다, 수련상의 유의점은 돌쳐차고 난 다음 찬 발을 정확히 앞으로 내딛기와 바탕손몸통막기를 할 때는 막는 부위가 다르므로 팔목으로 막을 때보다 손바닥 길이만큼 낮추어야 한다. 태권도 3급의 과정이다.

(1) 동작 및 종류

동 작	종 류
서기(21회)	기본준비서기 2회, 왼앞굽이 6회, 오른앞굽이 6회, 오른뒷굽이 3회, 왼뒷굽이 3회, 나란히 서기 1회
막기(17회)	아래막기 5회, 몸통바깥막기 4회, 한손날비틀어막기 2회, 아래헤쳐막기 1회, 손날몸통막기 2회, 얼굴바깥막기 2회, 바탕손몸통막기 2회
지르기(6회)	몸통바로지르기 6회
차기(8회)	오른발앞차기 3회, 왼발앞차기 3회, 오른발돌려차기 1회, 왼발돌려차기 1회
계(52회)	시선 : 제자리 정면, 좌, 우, 정면, 좌, 우, 정면 좌, 우, 정면, 제자리 정면 방향 : 제자리, 좌, 우, 전진, 좌, 우, 전진, 좌, 우, 후진, 제자리 특징 : 품새의 중간에 나란히 서기가 나옴

(2) 품새 요약

순서	시선	위치	서기	동작	품명
준비	전	후	나란히서기		기본준비서기
1	좌	좌	왼앞굽이	내딛어	아래막기
2	좌	좌	오른뒷굽이	오른발 앞차고 물러딛어	몸통바깥막기
3	우	우	오른앞굽이	방향바꾸어 오른발 약간 내딛어	아래막기
4	우	우	왼뒷굽이	왼발 앞차고 물러딛어	몸통바깥막기
5	전	전	왼앞굽이	돌아	한손날비틀어막기

6	좌	좌	왼앞굽이	오른발 돌려차고 내딛고 이어 왼발 내딛어 얼굴 바깥막기	몸통바로지르기
7	좌	좌	오른앞굽이	오른발 앞차기 내딛어	몸통바로지르기
8	우	우	오른앞굽이	뒤로 돌아 얼굴바깥막기	몸통바로지르기
9	우	우	왼앞굽이	왼발 앞차고 내딛어	몸통바로지르기
10	전	전	나란히서기	왼발 옮겨딛어	아래헤쳐막기
11	전	전	오른앞굽이	내딛어	한손날비틀어막기
12	좌	좌	오른앞굽이	왼발돌려차고-기합- 내딛어 이어 오른발"좌"선상에 옮겨딛어 돌아	
13	좌	좌	왼뒷굽이	왼발 앞차기 차고 물려 딛어	몸통바깥막기
14	우	우	왼앞굽이	방향바꾸어 왼발 약간 내딛어	아래막기
15	우	우	오른뒷굽이	오른발 앞차고 물려딛어	몸통바깥막기
16	전	후	오른뒷굽이	오른발 옮겨딛어	손날몸통막기
17	전	후	왼뒷굽이	왼발 물려딛어	손날몸통막기
18	전	후	왼앞굽이	오른발 물려딛어 바탕손 몸통막기	몸통바로지르기
19	전	후	오른앞굽이	왼발 물려딛어 바탕손몸통막기	몸통바로지르기
그만	전	후	나란히서기	오른발 끌어들여	기본준비서기

(3) 본시 수업안

<table>
<tr><th colspan="9">본시 수업안 (○/○차시)</th></tr>
<tr><td>단원</td><td colspan="4">품새</td><td>중단원</td><td colspan="3">태극6장</td></tr>
<tr><td>대상</td><td colspan="2">3급 수련생</td><td>일시 및 장소</td><td colspan="2">○○○○년 ○○월 ○○일 ○교시
○ ○ ○</td><td>사범</td><td colspan="2">○ ○ ○</td></tr>
<tr><td>수업 목표</td><td colspan="8">• 태극6장의 동작을 설명 할 수 있다.(인지적)
• 태극6장을 할 수 있다.(심동적)</td></tr>
<tr><td rowspan="2">학습 매체 자료</td><td colspan="4">사 범</td><td colspan="4">수련생</td></tr>
<tr><td colspan="4">프리젠테이션 자료, 동영상 자료, 미트</td><td colspan="4">도복, 줄넘기</td></tr>
<tr><td rowspan="2">단계</td><td rowspan="2">수업 요항</td><td rowspan="2">시간</td><td colspan="3">교 수 - 학 습 활 동</td><td rowspan="2">수업 형태</td><td rowspan="2">수업 매체</td><td rowspan="2">도달점 유의점</td></tr>
<tr><td colspan="2">교 사</td><td>학 생</td></tr>
<tr><td>도입</td><td>학생 실태 파악</td><td>3</td><td colspan="2">- 집합
사범, 학생 상호간 경례
출석 및 학생긴장상태 확인</td><td>- 사범과 상호 경례한다.
- 주의 집중한다.</td><td>강의식</td><td>출석부</td><td>학생실태 파악 및 환자 확인</td></tr>
</table>

	학습 주제 및 목표 확인	5	- 전시 학습내용 점검 • PPT제시 - 학습 주제 및 목표확인 • PPT제시(수업 목표)	- 제시된 PPT를 보고 기본 동작을 이해한다. - 제시된 수업 목표를 읽고 확인한다.	강의식	PPT	태극5장의 동작을 이해한다.
	준비 운동	7	- 손목,발목,무릎관절 돌리기 - 스트레칭 - 보조보강운동 • 팔굽혀펴기(20회) • 주먹단련(20회) • 누워서 발차기(20회) • 사이드스텝(10회) - 쪼그려뛰기(12회) - 팔 벌려 뛰기(10회) - 줄넘기(100회)	- 사범의 구령에 맞춰 신속하고 정확한 동작으로 실시한다. - 태권도 동작을 보조·보강 운동을 통해 보다 정확한 동작을 익힌다.	일제형	PPT 줄넘기 매트 CD	- 개인의 능력을 고려한다. - 본 운동을 위한 충분한 워밍업을 한다.
전개	연무선 익히기	5	- 연무선을 그려보시오 - 이미지트레이닝 시키기 - 연무선 따라 걷기	- 사범의 지도에 따라 연무선을 그려본다. - 태극6장을 이미지트레이닝한다. - 연무선을 따라 걸으며 자세잡기	일제형		태극6장 연무선을 이해한다.
	태극 6장 구분 동작 익히기	10	구령에 맞춰 구분동작 지도 - 한 동작씩 지도 - 다섯 동작씩 지도 - 열 동작씩 지도 - 전체동작 지도	- 사범의 구령에 맞춰 구분동작으로 정확히 실시한다.	일제형		- 태극6장 동작을 익힌다. - 방향전환 시 동작의 정확성에 강조 한다.
정착	태극 6장 연속 동작 익히기	15	- 한손날비틀어막기, 오른발 돌려차고 내딛고 이어 왼발 내딛어 얼굴 바깥막기 동작 지도 - 왼발 옮겨딛어 아래헤쳐막기 동작 지도 - 막기동작과 지르기동작의 연결지도 - 구령 없이 다섯 동작 연속 지도 - 구령 없이 열 동작 연속지도 - 구령 없이 전체동작 지도	- 몸통지르기, 얼굴지르기의 높이를 정확히 한다. - 한손날비틀어막기, 오른발 돌려차고 내딛고 이어 왼발 내딛어 얼굴 바깥막기를 정확히 한다. - 아래막기, 몸통막기, 얼굴막기, 몸통지르기 동작 각도를 정확히 한다. - 리듬감을 가지고 동작을 실시한다.	일제형 분단 학습		- 태극6장을 정확한 동작으로 실시할 수 있다.
평가		5	- 한손날비틀어막기, 오른발 돌려차고 내딛고 이어 왼발 내딛어 얼굴 바깥막기 동작	- 리듬감을 가지고 끌어드려 메주먹 내려치기, 손날 몸통막기 동작을 실시한다.			- 개인적 평가와 집단적 평가를 병행한다. - 특정인 위주의 평가를 지향한다.
차시 예고			- 다음시간에 배울 내용에 대해 학생들에게 설명	- 사범의 설명에 주의 집중한다.	강의식		

7) 태극7장 교수 – 학습 전개

태극7장은 팔괘의 간(艮)을 의미하며 산을 나타내고 육중함과 굳건하다는 뜻을 지닌다. 태권도의 빨간띠가 되면 흔들리지 않는 수련의식과 기술습득으로 인한 힘의 무게를 지닐 수 있다. 새로운 동작이 많이 나오는 품새이므로 많은 노력이 필요하다. 새로운 동작은 손날아래막기, 바탕손거들어막기, 보주먹, 가위막기, 무릎치기, 몸통헤쳐막기, 제친두주먹몸통지르기, 엇걸어 아래막기, 표적치기, 옆지르기가 있고 서기에서는 범서기와 주춤서기가 나온다. 동작이 다양하므로 연결성에 중점을 두어 수련해야 한다. 태권도의 2급 과정이다.

(1) 동작 및 종류

동 작	종 류
서기(27회)	기본준비서기 2회, 왼범서기 4회, 오른범서기 4회, 오른뒷굽이 1회, 왼뒷굽이 1회, 모아서기 1회, 왼앞굽이 4회, 오른앞굽이 3회, 뒤꼬아서기 2회, 오른 앞서기 1회, 주춤서기 4회
막기(17회)	바탕손몸통안막기 2회, 몸통막기 2회, 손날아래막기 2회, 엇걸어아래막기2회, 바탕손거들어몸통안막기 2회, 가위막기 4회, 몸통헤쳐막기 2회, 한손날 옆막기 1회
지르기(3회)	제쳐지르기 2회, 몸통옆지르기 1회
치기(4회)	등주먹얼굴앞치기 2회, 등주먹바깥치기 2회, 팔굽표적치기 2회, 무릎치기 2회
차기(4회)	오른발앞차기 1회, 왼발앞차기 1회, 오른발표적차기 1회, 왼발표적차기 1회
특수동작(1회)	보주먹 1회
계(60회)	시선 : 제자리 정면, 좌, 우, 정면, 좌, 우, 정면 우, 좌, 후면, 제자리 정면 방향 : 제자리, 좌, 우, 전진, 좌, 우, 전진, 우, 좌, 뒤돌아 후진, 제자리 특징 : 다양한 동작으로 연결성에 중점을 두어야 함

(2) 품새 요약

순서	시선	위치	서기	동작	품명
준비	전	후	나란히서기		기본준비서기
1	좌	좌	왼범서기	왼발내딛고	바탕손몸통안막기
2	좌	좌	왼범서기	오른발 앞차고 제자리 물려딛어	몸통막기
3	우	우	오른범서기	두다리 제자리 방향 바꾸어	바탕손몸통안막기
4	우	우	오른범서기	두다리 제자리 방향 바꾸어	바탕손몸통안막기
5	전	전	오른뒷굽이	돌아	손날아래막기
6	전	전	왼뒷굽이	내딛어	손날아래막기
7	좌	좌	왼범서기	옮겨딛어	바탕손거들어몸통 안막기
8	좌	좌	왼범서기	두다리 제자리 서기 그대로	등주먹 얼굴 앞치기
9	우	우	오른범서기	방향바꾸어	바탕손거들어몸통안막기
10	우	우	오른범서기	두다리 제자리 서기 그대로	등주먹얼굴앞치기
11	전	전	모아서기	왼발끌어 모듬발로	보 주먹
12	전	전	왼앞굽이	내딛어 반대가위막기하고	가위막기
13	전	전	오른앞굽이	내딛어 반대가위막기하고	가위막기
14	우	우	왼앞굽이	돌아	몸통헤쳐막기
15	우	우	뒤꼬아서기	무릎치기하고 오른발 뛰어나가	제쳐지르기
16	우	우	오른앞굽이	왼발 물려딛어	엇걸어아래막기
17	좌	좌	오른앞굽이	뒤로 돌아	몸통헤쳐막기
18	좌	좌	뒤꼬아서기	무릎치기하고 왼발뛰어 나가	제쳐지르기
19	좌	좌	왼앞굽이	오른발 물려딛어	엇걸어아래막기
20	후	후	왼앞서기	돌아	등주먹바깥치기
21	후	후	주춤서기	오른발 표적차기 내딛어	팔굽표적치기
22	후	후	오른앞서기	몸일으키며 왼발을 약간 끌어	등주먹바깥치기
23	후	후	주춤서기	왼발 표적차기하고 내딛어	팔굽표적치기
24	후	후	주춤서기	두다리 제자리	한손날옆막기
25	후	후	주춤서기	오른발 내딛어	몸통옆지르기-기합-
그만	전	후	나란히서기	왼발끌어 왼쪽으로 돌아	기본준비서기

(3) 본시 수업안

<table>
<tr><th colspan="9">본시 수업안 (○/○차시)</th></tr>
<tr><td>단원</td><td colspan="3">품새</td><td colspan="2">중단원</td><td colspan="3">태극7장</td></tr>
<tr><td>대상</td><td colspan="2">2급 수련생</td><td>일시 및 장소</td><td colspan="2">○○○○년 ○○월 ○○일 ○교시 ○ ○ ○</td><td>사범</td><td colspan="2">○ ○ ○</td></tr>
<tr><td>수업 목표</td><td colspan="8">• 태극7장의 동작을 설명 할 수 있다.(인지적)
• 태극7장을 할 수 있다.(심동적)</td></tr>
<tr><td rowspan="2">학습 매체 자료</td><td colspan="4">사 범</td><td colspan="4">수련생</td></tr>
<tr><td colspan="4">프리젠테이션 자료, 동영상 자료, 미트</td><td colspan="4">도복, 줄넘기</td></tr>
<tr><td rowspan="2">단계</td><td rowspan="2">수업 요항</td><td rowspan="2">시간</td><td colspan="2">교 수 - 학 습 활 동</td><td rowspan="2">수업 형태</td><td rowspan="2">수업 매체</td><td colspan="2" rowspan="2">도달점 유의점</td></tr>
<tr><td>교 사</td><td>학 생</td></tr>
<tr><td rowspan="3">도입</td><td>학생 실태 파악</td><td>3</td><td>- 집합
사범, 학생 상호간 경례
- 출석 및 학생건강상태 확인</td><td>- 사범과 상호 경례한다.
- 주의 집중한다.</td><td>강의식</td><td>출석부</td><td colspan="2">학생실태 파악 및 환자 확인</td></tr>
<tr><td>학습 주제 및 목표 확인</td><td>5</td><td>- 전시 학습내용 점검
• PPT제시
- 학습 주제 및 목표확인
• PPT제시(수업 목표)</td><td>- 제시된 PPT를 보고 기본 동작을 이해한다.
- 제시된 수업 목표를 읽고 확인한다.</td><td>강의식</td><td>PPT</td><td colspan="2">태극6장의 동작을 이해한다.</td></tr>
<tr><td>준비 운동</td><td>7</td><td>- 손목,발목,무릎관절 돌리기
- 스트레칭
- 보조보강운동
• 팔굽혀펴기(20회)
• 주먹단련(20회)
• 누워서 발차기(20회)
• 사이드스텝(10회)
- 쪼그려뛰기(12회)
- 팔 벌려 뛰기(10회)
- 줄넘기(100회)</td><td>- 사범의 구령에 맞춰 신속하고 정확한 동작으로 실시한다.
- 태권도 동작을 보조·보강 운동을 통해 보다 정확한 동작을 익힌다.</td><td>일제형</td><td>PPT
줄넘기
매트
CD</td><td colspan="2">- 개인의 능력을 고려한다.
- 본 운동을 위한 충분한 웜밍업을 한다.</td></tr>
<tr><td>전개</td><td>연무선 익히기</td><td>5</td><td>- 연무선을 그려보시오
- 이미지트레이닝 시키기
- 연무선 따라 걷기</td><td>- 사범의 지도에 따라 연무선을 그려본다.
- 태극7장을 이미지트레이닝 한다.
- 연무선을 따라 걸으며 자세 잡기</td><td>일제형</td><td></td><td colspan="2">태극7장 연무선을 이해한다.</td></tr>
</table>

	태극 7장 구분 동작 익히기	10	구령에 맞춰 구분동작 지도 - 한 동작씩 지도 - 다섯 동작씩 지도 - 열 동작씩 지도 - 전체동작 지도	- 사범의 구령에 맞춰 구분동작으로 정확히 실시한다.	일제형		- 태극7장 동작을 익힌다. - 방향전환 시 동작의 정확성에 강조 한다.
정 착	태극 7장 연속 동작 익히기	15	- 왼범서기, 오른발앞차고 물러디뎌 몸통막기, 오른범서기, 왼발앞차고물러디뎌 몸통막기 동작 지도 - 왼범서기 방향 바꾸어 바탕손거들어몸통안막기 동작 지도 - 막기동작과 지르기동작의 연결지도 - 구령 없이 다섯 동작 연속 지도 - 구령 없이 열 동작 연속지도 - 구령 없이 전체동작 지도	- 몸통지르기, 얼굴지르기의 높이를 정확히 한다. - 몸통헤쳐막기, 무릎치기 하고 왼발뛰어나가 젖혀지르기를 정확히 한다. - 아래막기, 몸통막기, 얼굴막기, 몸통지르기 동작 각도를 정확히 한다. - 리듬감을 가지고 동작을 실시한다.	일제형 분단 학습		- 태극7장을 정확한 동작으로 실시할 수 있다.
평 가		5	- 왼범서기, 오른발앞차고물러디뎌 몸통막기, 오른범서기, 왼발앞차고물러디뎌 몸통막기 동작의 연결 - 구령 없이 다섯 동작 연속해 정확히 실시	- 리듬감을 가지고 왼범서기, 오른발앞차고물러디뎌 몸통막기, 오른범서기, 왼발앞차고물러디뎌 몸통막기 동작의왼발옆차기, 오른발옆차기, 손날 몸통막기 동작을 실시한다.			- 개인적 평가와 집단적 평가를 병행한다. - 특정인 위주의 평가를 지향한다.
차 시 예 고			- 다음시간에 배울 내용에 대해 학생들에게 설명	- 사범의 설명에 주의 집중한다.	강의식		

8) 태극8장 교수 – 학습 전개

태극8장은 곤(坤)을 의미하며 곤은 음과 땅을 나타내고 뿌리와 안정 그리고 시작과 끝의 뜻을 지닌다. 유급자의 마지막 품새로서 연성이 끝나면 1장에서 8장까지 총연습 기간을 거쳐 국기원 승단(품)심사에 나갈 수 있는 자격이 부여된다. 새로운 동작은 두발당성 바깥팔목몸통거들어바깥막기, 외산틀막기, 턱지르기, 거들어 아래막기, 뛰어차기, 팔굽돌려치기가 있다. 수련시 유의할 것은 발차고 뒤로 두걸음 물러나는 보법동작의 정확성과 두발당성과 뛰어차기 동작의 차이점 및 습득요령이다. 태권도 1급과정이다.

(1) 동작 및 종류

동 작	종 류
서기(30회)	기본준비서기 2회, 오른뒷굽이 3회, 왼뒷굽이 2회, 오른앞굽이 8회, 왼앞굽이 9회, 오른 범서기 3회, 왼범서기 2회, 왼발앞꼬아서기 1회
막기(14회)	거들어바깥막기 1회, 외산틀막기 2회, 손날몸통막기 3회, 바탕손몸통막기 3회, 거들어 아래막기 1회, 몸통막기 2회, 한손날몸통옆막기 2회
지르기(11회)	몸통바로지르기 4회, 몸통두번지르기 2회, 몸통반대지르기 3회, 당겨 턱 지르기 2회
치기(4회)	오른팔굽돌려치기 1회, 왼팔굽돌려치기 1회, 등주먹앞치기 2회
차기(6회)	두발당성앞차기 1회, 오른발앞차기 2회, 왼발앞차기 2회, 오른발 뛰어 앞차기 1회
계(65회)	시선 : 제자리 정면, 정면, 우, 좌, 정면, 좌, 우, 뒤돌아 후면, 좌, 우, 제자리 정면 방향 : 제자리, 전진, 우, 좌, 후진, 좌, 우, 뒤돌아 후진, 좌, 우, 제자리 특징 : 발차고 뒤로 두 걸음 물러나는 보법동작의 정확성과 두발당상과 뛰어 차기의 동작의 차이점

(2) 품새 요약

순서	시선	위치	서기	동작	품명
준비	전	후	나란히서기		기본준비서기
1	전	전	오른뒷굽이	왼발 내딛어	거들어 바깥막기
2	전	전	왼앞굽이	그자리에서	몸통바로지르기
3	전	전	왼앞굽이	두발 당성앞차기차고 -기합-내딛고 몸통막기	몸통두번지르기
4	전	전	오른앞굽이	오른발 내딛어	몸통 반대지르기
5	우	우	오른앞굽이	돌아 왼발 옮겨딛고	외산틀막기
6	우	우	왼앞굽이	두다리제자리 중심만 바꿈	당겨턱지르기
7	좌	좌	왼앞굽이	왼발 앞꼬아서기자세에서 다시 오른발 내딛어	외산틀막기
8	좌	좌	오른앞굽이	두다리 제자리 중심만 바꿈	당겨턱지르기
9	전	후	오른뒷굽이	오른발 옮겨딛어	손날몸통막기
10	전	후	왼앞굽이	두다리 제자리	몸통바로지르기
11	전	후	오른범서기	오른발 앞차고 제자리 물러딛고 이어 왼발 한걸음 물려딛어	바탕손몸통막기
12	좌	좌	왼범서기	왼발 옮겨 딛어	손날몸통막기

13	좌	좌	왼앞굽이	왼발 앞차고 내딛어	몸통바로지르기
14	좌	좌	왼범서기	왼발끌어	바탕손몸통막기
15	좌	우	오른범서기	방향바꾸어	손날몸통막기
16	우	우	오른앞굽이	오른발 앞차고 내딛어	몸통바로지르기
17	우	우	오른범서기	오른발 끌어	바탕손몸통막기
18	후	후	왼뒷굽이	돌아	거들어 아래막기
19	후	후	오른앞굽이	왼발 앞차기차고 이어 오른발 뛰어 앞차기차고 -기합-내딛어	몸통두번지르기
20	좌	좌	오른뒷굽이	돌아	한손날몸통옆막기
21	좌	좌	왼앞굽이	오른발 제자리 왼발 밀어딛어	오른팔굽돌려치기
22	좌	좌	왼앞굽이	두다리 제자리 서기 그대로	등주먹앞치기
23	좌	좌	왼앞굽이	두다리 제자리 서기 그대로	몸통반대지르기
24	우	우	왼뒷굽이	방향 바꾸어	한손날몸통옆막기
25	우	우	오른앞굽이	왼발 제자리 오른발 밀어딛어	왼팔굽돌려치기
26	우	우	오른앞굽이	두다리 제자리 서기 그대로	등주먹앞치기
27	우	우	오른앞굽이	두다리 제자리 서기 그대로	몸통반대지르기
그만	전	후	나란히서기	왼발끌어	기본준비서기

(3) 본시 수업안

본시 수업안 (○/○차시)					
단원	품새		중단원	태극8장	
대상	1급 수련생	일시 및 장소	○○○○년 ○○월 ○○일 ○교시 ○ ○ ○	사범	○ ○ ○
수업 목표	• 태극8장의 동작을 설명 할 수 있다.(인지적) • 태극8장을 할 수 있다.(심동적)				
학습 매체 자료	사 범			수련생	
	프리젠테이션 자료, 동영상 자료, 미트			도복, 줄넘기	

단계	수업 요항	시간	교수 - 학습 활동		수업 형태	수업 매체	도달점 유의점
			교 사	학 생			
도입	학생 실태 파악	3	- 집합 사범, 학생 상호간 경례 - 출석 및 학생건강상태 확인	- 사범과 상호 경례한다. - 주의 집중한다.	강의식	출석부	학생실태 파악 및 환자 확인

	학습 주제 및 목표 확인	5	- 전시 학습내용 점검 • PPT제시 - 학습 주제 및 목표확인 • PPT제시(수업 목표)	- 제시된 PPT를 보고 기본 동작을 이해한다. - 제시된 수업 목표를 읽고 확인한다.	강의식	PPT	태극7장의 동작을 이해한다.
	준비 운동	7	- 손목,발목,무릎관절 돌리기 - 스트레칭 - 보조보강운동 • 팔굽혀펴기(20회) • 주먹단련(20회) • 누워서 발차기(20회) • 사이드스텝(10회) - 쪼그려뛰기(12회) - 팔 벌려 뛰기(10회) - 줄넘기(100회)	- 사범의 구령에 맞춰 신속하고 정확한 동작으로 실시한다. - 태권도 동작을 보조·보강 운동을 통해 보다 정확한 동작을 익힌다.	일제형	PPT 줄넘기 매트 CD	- 개인의 능력을 고려한다. - 본 운동을 위한 충분한 워밍업을 한다.
전개	연무선 익히기	5	- 연무선을 그려보시오 - 이미지트레이닝 시키기 - 연무선 따라 걷기	- 사범의 지도에 따라 연무선을 그려본다. - 태극8장을 이미지트레이닝 한다. - 연무선을 따라 걸으며 자세 잡기	일제형		태극8장 연무선을 이해한다.
	태극 8장 구분 동작 익히기	10	구령에 맞춰 구분동작 지도 - 한 동작씩 지도 - 다섯 동작씩 지도 - 열 동작씩 지도 - 전체동작 지도	- 사범의 구령에 맞춰 구분동작으로 정확히 실시한다.	일제형		- 태극8장 동작을 익힌다. - 방향전환 시 동작의 정확성에 강조 한다,
정착	태극 8장 연속 동작 익히기	15	- 두발 당성앞차기차고 몸통막고 몸통지르기 동작 지도 - 외산틀막기, 당겨턱지르기 동작 지도 - 거들어아래막기, 왼발 앞차기 이어 오른발뛰어앞차기 동작 지도 - 막기동작과 지르기동작의 연결지도 - 구령 없이 다섯 동작 연속 지도 - 구령 없이 열 동작 연속지도 - 구령 없이 전체동작 지도	- 몸통지르기, 얼굴지르기의 높이를 정확히 한다. - 두발 당성앞차기차고 몸통막고 몸통지르기를 정확히 한다. - 외산틀막기, 당겨턱지르기를 정확히 한다. - 아래막기, 몸통막기, 얼굴막기, 몸통지르기 동작 각도를 정확히 한다. - 리듬감을 가지고 동작을 실시한다.	일제형 분단 학습		- 태극8장을 정확한 동작으로 실시할 수 있다.
평가		5	- 두발 당성앞차기차고 몸통막고 몸통지르기 동작 을평가 - 외산틀막기, 당겨턱지르기 동작 평가	- 리듬감을 가지고 두발 당성앞차기차고 몸통막고 몸통지르기 동작 , 외산틀막기, 당겨턱지르기 동작을 실시한다.			- 개인의 능력을 고려한다. - 개인적 평가와 집단적 평가를 병행한다. - 특정인 위주의 평가를 지향한다.
차시예고			- 다음시간에 배울 내용에 대해 학생들에게 설명	- 사범의 설명에 주의 집중한다.	강의식		

9) 고려품새 교수 – 학습 전개

고려품새는 선배를 의미하며 선배는 강력한 상무정신과 곧은 선비정신을 나타내고 고구래-발해-고려로 이어지는 선배의 얼을 바탕으로 품색 엮어졌다. 새로운 동작은 거듭차기, 엎은손날바깥치기, 손날아래막기, 칼잽이 무릎눌러꺽기, 몸통헤쳐막기, 주먹표적지르기. 편손끝제쳐찌르기, 바탕손눌러막기. 팔굽옆치기, 메주먹아래표적치기, 등으로 태극 품새와는 달리 유단자 품새다운 기술이 많이 나온다. 준비서기는 통밀기이며 손의 위치가 상단전과 중단전 사이로 신(神)과 정(精)이 합쳐지는 지점이므로 정신통일을 중요하게 생각하는 서기이다. 품새선은 士자로 고려품새의 의미인 선배(선비)의 표상이다.

(1) 동작 및 종류

동 작	종 류
서기(32회)	통밀기준비서기 2회, 모아서기 1회, 뒷굽이 4회, 앞굽이 16회, 앞서기 3회, 주춤서기 6회
막기(18회)	손날몸통막기 2회, 몸통막기 2회, 한손날아래막기 6회, 안팔목몸통헤쳐막기 2회, 한손날 몸통옆막기 2회, 아래막기 2회, 바탕손눌러막기 2회
지르기(4회)	몸통바로지르기 2회, 주먹표적지르기 2회
치기(8회)	한손날바깥치기 3회, 손날목치기 2회, 팔굽혀옆치기 2회, 메주먹아래표적치기 1회
찌르기(2회)	편손끝아래제쳐찌르기 2회
차기(8회)	거듭옆차기 2회, 앞차기 5회, 옆차기 1회
응용동작(6회)	무릎꺽기 2회, 칼재비 4회
계(78회)	품새선 : 士, 선비의 표상 시 선 : 제자리 정면, 좌, 우, 정면, 후면, 좌, 우, 후면, 제자리 정면 방 향 : 제자리, 좌, 우, 앞, 뒤, 좌, 우, 앞, 뒤, 제자리 특 징 : 통밀기 준비서기의 경우 손의 위치가 상단전과 중단전 사이로 神과 精이 합쳐지는 지점이므로 정신통일을 중요하게 생각하는 서기

(2) 품새 요약

순서	시선	위치	서기	동작	품명
준비	전	후	나란히서기		통밀기준비서기
1	좌	좌	오른뒷굽이	내딛어	손날몸통막기
2	좌	좌	오른앞굽이	오른발 거듭옆차기차고 내딛어	손날바깥치기
3	좌	좌	오른앞굽이	두다리 제자리 서기 그대로	몸통바로지르기
4	좌	좌	왼뒷굽이	왼발 제자리 오른발 약간 끌어	몸통막기
5	우	우	왼뒷굽이	오른발 옮겨 뒤로 돌아	손날몸통막기
6	우	우	왼앞굽이	왼발 거듭옆차기차고 내딛어	손날바깥치기
7	우	우	왼앞굽이	두다리 제자리 서기 그대로	몸통바로지르기
8	우	우	오른뒷굽이	오른발 제자리 왼발 약간 끌어	몸통막기
9	전	전	왼앞굽이	돌아 왼한손날 아래막기	칼재비
10	전	전	오른앞굽이	오른발 앞차고 내딛어 오른한손날 아래막기	칼재비
11	전	전	왼앞굽이	왼발 앞차고 내딛어 왼한손날 아래막기	칼재비-기합-
12	전	전	오른앞굽이	오른발 앞차고 내딛어	무릎꺾기
13	후	후	오른앞굽이	왼발 내딛고 오른쪽으로 돌아	안팔목몸통헤쳐막기
14	후	후	왼앞굽이	왼발 앞차기 차고 내딛어	무릎꺾기
15	후	후	왼앞서기	왼발 약간 끌어	안팔목몸통헤쳐막기
16	좌	우	주춤서기	왼발축 몸오른쪽으로 돌려딛어	왼한손날몸통옆막기
17	좌	우	주춤서기	서기그대로	오른주먹표적지르기
18	우	좌	오른앞굽이	오른발 앞꼬아서기로 옮겨딛고 왼발옆차기차고 "좌"에 내려딛고 "우" 방향 바꾸어 서며	편손끝아래제쳐찌르기
19	우	좌	오른앞서기	왼발 제자리 오른발 약간 끌어 당겨	아래막기
20	우	우	주춤서기	왼발 한걸음 내딛고 바탕손 눌러 막기 이어 오른발 내딛고	오른팔굽옆치기
21	우	우	주춤서기	두다리 제자리주춤서기 그대로	오른한손날몸통옆막기
22	우	우	주춤서기	서기 그대로	왼주먹표적지르기
23	좌	우	왼앞굽이	왼발앞 꼬아서기로 옮겨 딛고 오른발 옆차기차고 "우"에 내려딛고 "좌" 방향바꾸어서며	편손끝아래제쳐찌르기
24	좌	우	왼앞서기	오른발 제자리 왼발 약간 끌어	아래막기
25	좌	우	주춤서기	오른발 한걸음내딛고오른바탕손 눌러막기 이어 왼발 내딛고	왼팔굽옆치기
26	전	전	모아서기	왼발 제자리 오른발 모듬발로	왼메주먹아래표적치기
27	후	후	왼앞굽이	오른발 제자리 왼쪽으로 돌아 한 손날 바깥치기 이어	한손날아래막기
28	후	후	오른앞굽이	오른발 내딛어 오른손날 목치기	한손날아래막기
29	후	후	왼앞굽이	왼발 내딛어 왼손날목 치기	한손날아래막기
30	후	후	오른앞굽이	오른발 내딛어	칼재비-기합-
그만	전	후	나란히서기	왼발끝이 몸왼쪽으로 돌려	통밀기준비서기

(3) 본시 수업안

본시 수업안 (○/○차시)					
단원	품새		중단원	고려	
대상	1단 수련생	일시 및 장소	○○○○년 ○○월 ○○일 ○교시 ○ ○ ○	사범	○ ○ ○
수업 목표	• 고려의 동작을 설명 할 수 있다.(인지적) • 고려를 할 수 있다.(심동적)				
학습 매체 자료	사 범			수련생	
	프리젠테이션 자료, 동영상 자료, 미트			도복, 줄넘기	

단계	수업 요항	시간	교수 - 학습 활동: 교 사	교수 - 학습 활동: 학 생	수업 형태	수업 매체	도달점 유의점
도입	학생 실태 파악	3	- 집합 사범, 학생 상호간 경례 - 출석 및 학생건강상태 확인	- 사범과 상호 경례한다. - 주의 집중한다.	강의식	출석부	학생실태 파악 및 환자 확인
	학습 주제 및 목표 확인	5	- 전시 학습내용 점검 • PPT제시 - 학습 주제 및 목표확인 • PPT제시(수업 목표)	- 제시된 PPT를 보고 기본 동작을 이해한다. - 제시된 수업 목표를 읽고 확인한다.	강의식	PPT	태극8장의 동작을 이해한다.
	준비 운동	7	- 손목,발목,무릎관절 돌리기 - 스트레칭 - 보조.보강운동 • 팔굽혀펴기(20회) • 주먹단련(20회) • 누워서 발차기(20회) • 사이드스텝(10회) - 쪼그려뛰기(12회) - 팔 벌려 뛰기(10회) - 줄넘기(100회)	- 사범의 구령에 맞춰 신속하고 정확한 동작으로 실시한다. - 태권도 동작을 보조·보강 운동을 통해 보다 정확한 동작을 익힌다.	일제형	PPT 줄넘기 매트 CD	- 개인의 능력을 고려한다. - 본 운동을 위한 충분한 워밍업을 한다.
전개	연무선 익히기	5	- 연무선을 그려보시오 - 이미지트레이닝 시키기 - 연무선 따라 걷기	- 사범의 지도에 따라 연무선을 그려본다. - 고려를 이미지트레이닝 한다. - 연무선을 따라 걸으며 자세잡기	일제형		고려 연무선을 이해한다.
	고려 구분 동작 익히기	10	구령에 맞춰 구분동작 지도 - 한 동작씩 지도 - 다섯 동작씩 지도 - 열 동작씩 지도 - 전체동작 지도	- 사범의 구령에 맞춰 구분 동작으로 정확히 실시한다.	일제형		- 고려 동작을 익힌다. - 방향전환 시 동작의 정확성에 강조 한다.

정착	고려 연속 동작 익히기	15	- 통밀기준비서기, 거듭옆차기 동작 지도 - 한손날 아래막기, 칼재비 동작 지도 - 오른한손날몸통옆막기, 편손끝아래젖혀찌르기, 왼메주먹아래표적치기 동작 지도 - 막기동작과 지르기동작의 연결지도 - 구령 없이 다섯 동작 연속 지도 - 구령 없이 열 동작 연속지도 - 구령 없이 전체동작 지도	- 몸통지르기, 얼굴지르기의 높이를 정확히 한다. - 통밀기준비서기, 거듭옆차기를 정확히 한다. - 오른한손날몸통옆막기, 편손끝아래젖혀찌르기, 왼메주먹아래표적치기를 정확히 한다. - 아래막기, 몸통막기, 얼굴막기, 몸통지르기 동작 각도를 정확히 한다. - 리듬감을 가지고 동작을 실시한다.	일제형 분단학습		- 고려를 정확한 동작으로 실시할 수 있다.
평가		5	- 통밀기준비서기, 거듭옆차기 동작 지도 - 한손날 아래막기, 칼재비 동작 지도	- 리듬감을 가지고 통밀기 준비서기, 거듭옆차기 한손날 아래막기, 칼재비 동작 지도동작을 실시한다.			- 개인의 능력을 고려한다. - 개인적 평가와 집단적 평가를 병행한다. - 특정인 위주의 평가를 지향한다.
차시예고			- 다음시간에 배울 내용에 대해 학생들에게 설명	- 사범의 설명에 주의 집중한다.	강의식		

10) 금강품새 교수 – 학습 전개

금강이란 더할 수 없이 강함과 무거움을 의미하며 강함과 무거움은 한반도의 정기가 모인 영산인 금강산과 부처의 호법으로 음양의 두 신장(神將)이며 무술이 가장 세다는 금강역사 가운데 더욱 강맹하고 파괴되지 않으며 남성을 상징하는 금강을 나타내고 이 두가지 요소가 한데 어울려 품새가 되었다. 새로운 동작은 바탕손턱치기, 한손날 몸통안막기, 금강막기, 산틀막기, 큰돌쩌귀 등이고 서기로는 학다리서기가 있다. 품새선은 山자로 되어 있으며 뜻은 웅장함과 안정성이므로 품새의 수련시 동작은 힘있고 강하게 중심을 안정시켜 천천히 행하여 힘을 길러야 하며 유단자의 위용이 나타나야 한다.

(1) 동작 및 종류

동 작	종 류
서기(27회)	준비서기 1회, 뒷굽이 2회, 주춤서기 14회, 앞굽이 4회, 학다리서기 4회, 나란히 서기 2회
막기(16회)	안팔목몸통헤쳐막기 3회, 아래헤쳐막기 2회, 한손날몸통막기 3회, 금강막기 4회, 산틀막기 4회
치기(3회)	바탕손턱치기 3회
응용동작(8회)	큰돌쩌귀 8회
계(54회)	품새선 : 山, 웅장함, 안정성 시 선 : 제자리 정면, 정면, 좌, 정면, 우, 좌, 우, 정면, 우, 좌, 우, 좌, 정면 제자리 방 향 : 제자리, 전진, 후진, 좌, 측면전진, 측면후진, 우, 측면전진, 측면후진, 좌, 제자리 특 징 : 동작이 힘있고 강하며 안정된 중심으로 천천히 행하여진다.

(2) 품새 요약

순서	시선	위치	서기	동작	품명
준비	전	후	나란히서기		기본준비서기
1	전	전	왼앞굽이	내딛어	안팔목몸통헤쳐막기
2	전	전	오른앞굽이	내딛어	오른바탕손턱치기
3	전	전	왼앞굽이	내딛어	왼바탕손턱치기
4	전	전	오른앞굽이	내딛어	오른바탕손턱치기
5	전	후	오른뒷굽이	물려딛어	왼한손날몸통막기
6	전	후	왼뒷굽이	물려딛어	오른한손날몸통막기
7	전	후	오른뒷굽이	물려딛어	왼한손날몸통막기
8	좌	후	오른학다리	왼발 끌어올려	금강막기
9	좌	좌	주춤서기	왼발 내려딛어	큰돌쩌귀
10	전	좌	주춤서기	몸왼쪽으로 돌며 오른발 옮겨 딛고 이어 왼발 옮겨딛어(360° 회전)	큰돌쩌귀
11	전	전	주춤서기	오른발 들어 내려 짓찌	산틀막기-기합-
12	우	전	주춤서기	몸오른쪽으로 돌아 왼발옮겨 딛어(180° 회전)	안팔목몸통헤쳐막기
13	우	전	나란히서기	왼발 약간 끌어 몸을 일으키며	아래헤쳐막기
14	좌	좌	주춤서기	몸오른쪽으로 돌아 왼발 들어 내려 짓찌(180° 회전)	산틀막기

15	우	좌	왼학다리서기	몸오른쪽으로 돌아 오른 발 끌어	금강막기
16	우	후	주춤서기	오른발 내려딛어	큰돌쩌귀
17	우	후	주춤서기	몸오른쪽으로 돌려 왼발 옮겨딛고 이어 오른발 옮겨딛어(360° 회전)	큰돌쩌귀
18	우	후	왼학다리서기	오른발 끌어올려	금강막기
19	우	우	주춤서기	오른발 내려딛어	큰돌쩌귀
20	전	우	주춤서기	오른발 내려딛어 몸오른쪽으로 돌아 왼발 옮겨딛고 이어 오른발 옮겨딛어(360° 회전)	큰돌쩌귀
21	전	전	주춤서기	왼발들어 내려 짓찌	산틀막기-기합-
22	좌	전	주춤서기	몸왼쪽으로 돌아 오른발 옮겨딛어 (180° 회전)	안팔목몸통헤쳐막기
23	좌	전	나란히서기	오른발 약간 끌어 몸 일으켜	아래헤쳐막기
24	우	우	주춤서기	몸왼쪽으로 돌아 오른발 들어 내려 짓찌(180° 회전)	산틀막기
25	후	우	오른학다리서기	몸왼쪽으로 돌려 왼발 끌어올려	금강막기
26	후	후	주춤서기	왼발내려딛어	큰돌쩌귀
27	전	후	주춤서기	몸왼쪽으로 돌아 오른발 옮겨 딛고 이어 왼발 옮겨딛어(360° 회전)	큰돌쩌귀
그만	전	후	나란히서기	왼발 끌어들여	기본준비서기

(3) 본시 수업안

<table>
<tr><th colspan="7">본시 수업안 (○/○차시)</th></tr>
<tr><td>단원</td><td colspan="3">품새</td><td>중단원</td><td colspan="2">금강</td></tr>
<tr><td>대상</td><td>2단 수련생</td><td>일시 및 장소</td><td colspan="2">○○○○년 ○○월 ○○일 ○교시
○ ○ ○</td><td>사범</td><td>○ ○ ○</td></tr>
<tr><td>수업 목표</td><td colspan="6">• 금강의 동작을 설명 할 수 있다.(인지적)
• 금강을 할 수 있다.(심동적)</td></tr>
<tr><td rowspan="2">학습 매체 자료</td><td colspan="3">사 범</td><td colspan="3">수련생</td></tr>
<tr><td colspan="3">프리젠테이션 자료, 동영상 자료, 미트</td><td colspan="3">도복, 줄넘기</td></tr>
</table>

단계	수업요항	시간	교수-학습 활동 교사	교수-학습 활동 학생	수업형태	수업매체	도달점 유의점
도입	학생실태파악	3	- 집합 사범, 학생 상호간 경례 - 출석 및 학생건강상태 확인	- 사범과 상호 경례한다. - 주의 집중한다.	강의식	출석부	학생실태 파악 및 환자 확인
	학습주제 및 목표확인	5	- 전시 학습내용 점검 • PPT제시 - 학습 주제 및 목표확인 • PPT제시(수업 목표)	- 제시된 PPT를 보고 기본 동작을 이해한다. - 제시된 수업 목표를 읽고 확인한다.	강의식	PPT	고려의 동작을 이해한다.
	준비운동	7	- 손목,발목,무릎관절 돌리기 - 스트레칭 - 보조보강운동 • 팔굽혀펴기(20회) • 주먹단련(20회) • 누워서 발차기(20회) • 사이드스텝(10회) - 쪼그려뛰기(12회) - 팔 벌려 뛰기(10회) - 줄넘기(100회)	- 사범의 구령에 맞춰 신속하고 정확한 동작으로 실시한다. - 태권도 동작을 보조·보강 운동을 통해 보다 정확한 동작을 익힌다.	일제형	PPT 줄넘기 매트 CD	- 개인의 능력을 고려한다. - 본 운동을 위한 충분한 워밍업을 한다.
전개	연무선 익히기	5	- 연무선을 그려보시오 - 이미지트레이닝 시키기 - 연무선 따라 걷기	- 사범의 지도에 따라 연무선을 그려본다. - 금강을 이미지트레이닝 한다. - 연무선을 따라 걸으며 자세 잡기	일제형		금강 연무선을 이해한다.
	금강 구분동작 익히기	10	구령에 맞춰 구분동작 지도 - 한 동작씩 지도 - 다섯 동작씩 지도 - 열 동작씩 지도 - 전체동작 지도	- 사범의 구령에 맞춰 구분동작으로 정확히 실시한다.	일제형		- 금강 동작을 익힌다. - 방향전환 시 동작의 정확성에 강조 한다,
정착	금강 연속동작 익히기	15	- 안팔목몸통헤쳐막기, 바탕손턱치기, 한손날몸통막기 동작 지도 - 학다리서기, 금강막기, 큰돌쩌귀 동작 지도 - 오른발·왼발 들어 내려 짓찧으며 산틀막기 동작 지도 - 막기동작과 지르기동작의 연결지도 - 구령 없이 다섯 동작 연속 지도 - 구령 없이 열 동작 연속지도 - 구령 없이 전체동작 지도	- 몸통지르기, 얼굴지르기의 높이를 정확히 한다. - 안팔목몸통헤쳐막기, 바탕손턱치기, 한손날몸통막기를 정확히 한다. - 학다리서기, 금강막기, 큰돌쩌귀를 정확히 한다. - 아래막기, 몸통막기, 얼굴막기, 몸통지르기 동작 각도를 정확히 한다. - 리듬감을 가지고 동작을 실시한다.	일제형 분단학습		- 금강을 정확한 동작으로 실시할 수 있다.

평가		5	- 안팔목몸통헤쳐막기, 바탕손턱치기, 한손날몸통막기 동작 - 학다리서기, 금강막기, 큰돌쩌귀 동작	- 리듬감을 가지고 안팔목몸통헤쳐막기, 바탕손턱치기, 한손날몸통막기 학다리서기, 금강막기, 큰돌쩌귀 동작 동작을 실시한다.			- 개인의 능력을 고려한다. - 개인적 평가와 집단적 평가를 병행한다. - 특정인 위주의 평가를 지향한다.
차시예고			- 다음시간에 배울 내용에 대해 학생들에게 설명	- 사범의 설명에 주의 집중한다.	강의식		

11) 태백품새 교수 – 학습 전개

태백은 한민족의 고대국인 단군조선이 개국한 아사달(아씨당)의 성산인 붉매(밝산)를 의미하며 밝은산과 얼과 전통의 근원 신성함을 그리고 홍익인간의 사상을 나타낸다. 태백은 수없이 다른 위치와 말로 나타나 있지만 그 가운데 대표적인 것이 민족의 태반이고 상징인 백두산이며 단군의 높은 이상을 바탕으로 품새가 생겨났다. 새로운 동작은 손날아래헤쳐먹기, 손날엎어잡기, 잡힌손목빼기, 금강몸통막기, 등주먹얼굴바깥치기, 돌쩌귀 등이다. 품새선은 工자로 열린 하늘과 땅 사이를 사람이 올바로 이어주는 개천과 개국을 뜻하며 품새의 동작은 몸통의 막기와 치기고 주로 구성되어 하늘과 땅 사이에 바로 선 사람을 나타냈다.

(1) 동작 및 종류

동 작	종 류
서기(28회)	준비서기 2회, 점서기 2회, 앞굽이 14회, 뒷굽이 8회, 학다리서기 2회
막기(8회)	손날아래헤쳐막기 2회, 금강몸통막기 2회, 손날몸통막기 1회, 왼손눌러막기 1회, 가위막기 2회
지르기(12회)	몸통바로지르기 7회, 당겨턱지르기 2회, 옆지르기 2회, 몸통반대지르기 1회
치기(4회)	제비품목치기 1회, 팔굽표적치기 2회, 등주먹바깥치기 1회
찌르기(1회)	편손끝아래세워찌르기 1회

차기(3회)	앞차기 1회, 옆차기 2회
응용동작(2회)	작은돌쩌귀 2회
계(58회)	품새선 : 工, 열린 하늘과 땅 사이를 사람이 올바로 이어주는 개천과 개국을 의미 시 선 : 제자리 정면, 좌, 우, 정면, 우, 좌, 후, 좌, 우, 제자리 정면 방 향 : 제자리, 좌, 우, 전진, 좌, 우, 되돌아 후진, 좌, 우, 제자리 특 징 : 몸통막기와 치기로 주로 구성되었음.

(2) 품새 요약

순서	시선	위치	서기	동작	품명
준비	전	후	나란히서기		기본준비서기
1	좌	좌	왼범서기	왼발 내딛어	손날아래헤쳐막기
2	좌	좌	오른앞굽이	오른발 앞차기차고내딛어	몸통 두번지르기
3	우	우	오른범서기	뒤로 돌아 오른발내딛어	손날아래헤쳐막기
4	우	우	왼앞굽이	왼발 앞차기차고 내딛어	몸통두번지르기
5	전	전	왼앞굽이	돌아 왼발 옮겨딛어	제비품목치기
6	전	전	오른앞굽이	오른손목 제켜내며 오른발 내딛어	몸통바로지르기
7	전	전	왼앞굽이	왼손목 제켜내며, 왼발 내딛어	몸통바로지르기
8	전	전	오른앞굽이	오른손목 제켜내며 오른발 내딛어	몸통바로지르기-기합-
9	우	우	오른뒷굽이	돌아 왼발 옮겨 딛고	금강몸통막기
10	우	우	오른뒷굽이	두다리 제자리 서기 그대로	당겨턱지르기
11	우	우	오른뒷굽이	두다리 제자리 서기 그대로	옆지르기
12	우	우	오른학다리서기	왼발 끌어올려	작은돌쩌귀
13	우	우	왼앞굽이	왼발 옆차기차고 내딛어	팔굽표적치기
14	좌	좌	왼뒷굽이	왼발 끌어모듬발 이어 오른발 내딛어	금강몸통막기
15	좌	좌	왼뒷굽이	두다리 제자리 서기 그대로	당겨턱지르기
16	좌	좌	왼뒷굽이	두다리 제자리 서기 그대로	옆지르기
17	좌	전	왼학다리서기	오른발 끌어올려	작은돌쩌귀
18	좌	좌	오른앞굽이	오른발 옆차기차고 내딛어	팔굽표적치기
19	후	전	오른뒷굽이	오른발 끌어모듬발이어 왼발 내딛어	손날몸통막기
20	후	후	오른앞굽이	왼손 눌러막기하며 오른발 내딛어	편손끝세워찌르기
21	후	후	오른뒷굽이	몸왼쪽으로 돌아 밑으로 빼기 하고 왼발 내딛어	등주먹바깥치기
22	후	후	오른앞굽이	오른발 내딛어	몸통반대지르기-기합-

23	좌	좌	왼앞굽이	돌아 왼발 옮겨 딛어	가위막기
24	좌	좌	오른앞굽이	오른발 앞차기차고 내딛어	몸통두번지르기
25	우	우	오른앞굽이	뒤로돌아 오른발옮겨딛어	가위막기
26	우	우	왼앞굽이	왼발 앞차기차고 내딛어	몸통두번지르기
그만	전	후	나란히서기	왼발 끌어들여	기본준비서기

(3) 본시 수업안

<table>
<tr><th colspan="9">본시 수업안 (○/○차시)</th></tr>
<tr><td>단원</td><td colspan="3">품새</td><td colspan="2">중단원</td><td colspan="3">태백</td></tr>
<tr><td>대상</td><td colspan="2">3단 수련생</td><td>일시 및 장소</td><td colspan="2">○○○○년 ○○월 ○○일 ○교시
○ ○ ○</td><td>사범</td><td colspan="2">○ ○ ○</td></tr>
<tr><td>수업 목표</td><td colspan="8">● 태백의 동작을 설명 할 수 있다.(인지적)
● 태백를 할 수 있다.(심동적)</td></tr>
<tr><td rowspan="2">학습 매체 자료</td><td colspan="4">사 범</td><td colspan="4">수련생</td></tr>
<tr><td colspan="4">프리젠테이션 자료, 동영상 자료, 미트</td><td colspan="4">도복, 줄넘기</td></tr>
<tr><td rowspan="2">단계</td><td rowspan="2">수업 요항</td><td rowspan="2">시간</td><td colspan="3">교 수 - 학 습 활 동</td><td rowspan="2">수업 형태</td><td rowspan="2">수업 매체</td><td rowspan="2">도달점 유의점</td></tr>
<tr><td>교 사</td><td colspan="2">학 생</td></tr>
<tr><td rowspan="3">도입</td><td>학생 실태 파악</td><td>3</td><td>- 집합
사범, 학생 상호간 경례
- 출석 및 학생건강상태 확인</td><td colspan="2">- 사범과 상호 경례한다.
- 주의 집중한다.</td><td>강의식</td><td>출석부</td><td>학생실태 파악 및 환자 확인</td></tr>
<tr><td>학습 주제 및 목표 확인</td><td>5</td><td>- 전시 학습내용 점검
• PPT제시
- 학습 주제 및 목표확인
• PPT제시(수업 목표)</td><td colspan="2">- 제시된 PPT를 보고 기본 동작을 이해한다.
- 제시된 수업 목표를 읽고 확인한다.</td><td>강의식</td><td>PPT</td><td>금강의 동작을 이해한다.</td></tr>
<tr><td>준비 운동</td><td>7</td><td>- 손목,발목,무릎관절 돌리기
- 스트레칭
- 보조.보강운동
• 팔굽혀펴기(20회)
• 주먹단련(20회)
• 누워서 발차기(20회)
• 사이드스텝(10회)
- 쪼그려뛰기(12회)
- 팔 벌려 뛰기(10회)
- 줄넘기(100회)</td><td colspan="2">- 사범의 구령에 맞춰 신속하고 정확한 동작으로 실시한다.
- 태권도 동작을 보조·보강 운동을 통해 보다 정확한 동작을 익힌다.</td><td>일제형</td><td>PPT
줄넘기
매트
CD</td><td>- 개인의 능력을 고려한다.
- 본 운동을 위한 충분한 워밍업을 한다.</td></tr>
</table>

전	연무선 익히기	5	- 연무선을 그려보시오 - 이미지트레이닝 시키기 - 연무선 따라 걷기	- 사범의 지도에 따라 연무선을 그려본다. - 태백을 이미지트레이닝 한다. - 연무선을 따라 걸으며 자세 잡기	일제형		태백 연무선을 이해한다.
개	태백 구분 동작 익히기	10	구령에 맞춰 구분동작 지도 - 한 동작씩 지도 - 다섯 동작씩 지도 - 열 동작씩 지도 - 전체동작 지도	- 사범의 구령에 맞춰 구분동작으로 정확히 실시한다.	일제형		- 태백 동작을 익힌다. - 방향전환 시 동작의 정확성에 강조 한다,
정 착	태백 연속 동작 익히기	15	- 손날아래헤쳐막기, 오른발 앞차기차고 내디뎌 몸통두번 지르기 동작 지도 - 제비품목치기, 오른손목 젖혀내며, 오른발내디뎌 몸통바로지르기 동작 지도 - 금강몸통막기, 당겨턱지르기, 작은돌쩌귀, 팔꿉표적치기 동작 지도 - 막기동작과 지르기동작의 연결지도 - 구령 없이 다섯 동작 연속 지도 - 구령 없이 열 동작 연속지도 - 구령 없이 전체동작 지도	- 몸통지르기, 얼굴지르기의 높이를 정확히 한다. - 제비품목치기, 오른손목 젖혀내며, 오른발내디뎌 몸통바로지르기를 정확히 한다. - 금강몸통막기, 당겨턱 지르기, 작은돌쩌귀, 팔꿉 표적치기를 정확히 한다. - 아래막기, 몸통막기, 얼굴 막기, 몸통지르기 동작 각도를 정확히 한다. - 리듬감을 가지고 동작을 실시한다.	일제형 분단 학습		- 태백을 정확한 동작으로 실시할 수 있다.
평 가		5	- 손날아래헤쳐막기, 오른발 앞차기차고 내디뎌 몸통 두번지르기 동작 - 제비품목치기, 오른손목 젖혀내며, 오른발내디뎌 몸통바로지르기 동작	- 리듬감을 가지고 - - 손날아래 헤쳐막기, 오른발 앞차기 차고 내디뎌 몸통 두번 지르기 동작 - 제비품목치기, 오른손목 젖혀내며, 오른발내디뎌 몸통바로지르기 동작을 실시한다.			- 개인의 능력을 고려한다. - 본 운동을 위한 충분한 워밍업을 한다.
차시예고			- 다음시간에 배울 내용에 대해 학생들에게 설명	- 사범의 설명에 주의 집중한다.	강의식		

12) 평원품새 교수 – 학습 전개

평원은 아득한 사방으로 넓게 펼쳐진 큰 땅을 의미하며 큰 땅은 생물의 모체로서 생명의 보존과 만물의 영장인 사람으로 인한 삶의 터전을 나타내고 본디와 쓰임에 따른 평화와 투쟁을 바탕으로 품새가 이루어졌다. 새로운 동작은 팔굽올려치기, 거들어 얼굴옆막기, 당겨턱치기, 멍에치기, 헤쳐산틀막기 등이다. 준비서기, 모아서기윈겹손은 땅이 삶의 시작과 근본인 것같이 인체의 힘이 근원인 하단전의 기운을 모으고 얻어서 행동하기 위한 서기이다. 품새선 ㅡ은 평원의 본디와 바뀜을 뜻한다.

(1) 품새 요약

순서	시선	위치	서기	동작	품명
준비	전	후	모아서기		겹손준비서기
1	전	좌	나란히서기	왼발 내딛어	손날아래헤쳐막기
2	전	좌	나란히서기	두발 제자리 서기그대로	통밀기
3	우	우	왼뒷굽이	오른발 내딛어	한손날아래막기
4	좌	우	오른뒷굽이	두발 제자리 서기그대로 방향바꾸어	한손날몸통바깥막기
5	좌	좌	왼앞굽이	왼발 약간 밀어딛어	오른팔굽올려치기
6	좌	좌	왼뒷굽이	오른발 앞차기차고 내딛고 이어 왼발몸돌며 옆차기차고 "좌"에 내려딛어	손날몸통막기
7	우	우	왼뒷굽이	두발 제자리 서기그대로	손날아래막기
8	우	우	주춤서기	두발 제자리	거들어얼굴막기
9	전	후	주춤서기	오른발 들어 짓찌굴러	오른등주먹당겨턱치기이어 왼등주먹당겨턱치기 -기합-
10	우	후	왼앞꼬아서기	왼발 옮겨딛어	멍에치기
11	우	우	주춤서기	오른발 옮겨딛어	헤쳐산틀막기
12	우	후	왼학다리서기	오른발 끌어 올려	금강막기
13	우	우	오른앞굽이	오른발 옆차기차고 내딛어	왼팔굽올려치기
14	우	우	오른뒷굽이	왼발 앞차기차고 내딛고 이어 오른발몸돌며 옆차기차고 "우"에 내려딛어	손날몸통막기
15	좌	후	오른뒷굽이	두발 제자리 서기그대로	손날아래막기
16	좌	후	주춤서기	두발 제자리	거들어 얼굴막기

17	전	후	주춤서기	왼발들어 짓찧굴러	왼등주먹당겨턱치기 이어 오른등주먹당겨턱치기 -기합-
18	좌	후	오른앞꼬아서기	오른발 옮겨딛어	멍에치기
19	좌	후	주춤서기	왼발 옮겨딛어	헤쳐산틀막기
20	좌	후	오른학다리서기	왼발 끌어올려	금강막기
21	좌	후	왼앞굽이	왼발 옆차기차고 내려딛어	오른팔굽표적치기
그만	전	후	모아서기	왼발 끌어들여	겹손준비서기

(2) 본시 수업안

<table>
<tr><th colspan="8">본시 수업안 (○/○차시)</th></tr>
<tr><td colspan="2">단원</td><td colspan="2">품새</td><td>중단원</td><td colspan="3">평원</td></tr>
<tr><td colspan="2">대상</td><td>4단 수련생</td><td>일시 및 장소</td><td colspan="2">○○○○년 ○○월 ○○일 ○교시
○ ○ ○</td><td>사범</td><td>○ ○ ○</td></tr>
<tr><td colspan="2">수업 목표</td><td colspan="6">● 평원의 동작을 설명 할 수 있다.(인지적)
● 평원을 할 수 있다.(심동적)</td></tr>
<tr><td colspan="2" rowspan="2">학습 매체 자료</td><td colspan="2">사 범</td><td colspan="4">수련생</td></tr>
<tr><td colspan="2">프리젠테이션 자료, 동영상 자료, 미트</td><td colspan="4">도복, 줄넘기</td></tr>
<tr><td rowspan="2">단계</td><td rowspan="2">수업 요항</td><td rowspan="2">시간</td><td colspan="2">교 수 - 학 습 활 동</td><td rowspan="2">수업 형태</td><td rowspan="2">수업 매체</td><td rowspan="2">도달점 유의점</td></tr>
<tr><td>교 사</td><td>학 생</td></tr>
<tr><td rowspan="3">도입</td><td>학생 실태 파악</td><td>3</td><td>- 집합
사범, 학생 상호간 경례
- 출석 및 학생건강상태 확인</td><td>- 사범과 상호 경례한다.
- 주의 집중한다.</td><td>강의식</td><td>출석부</td><td>학생실태 파악 및 환자 확인</td></tr>
<tr><td>학습 주제 및 목표 확인</td><td>5</td><td>- 전시 학습내용 점검
• PPT제시
- 학습 주제 및 목표확인
• PPT제시(수업 목표)</td><td>- 제시된 PPT를 보고 기본 동작을 이해한다.
- 제시된 수업 목표를 읽고 확인한다.</td><td>강의식</td><td>PPT</td><td>태백의 동작을 이해한다.</td></tr>
<tr><td>준비 운동</td><td>7</td><td>- 손목,발목,무릎관절 돌리기
- 스트레칭
- 보조보강운동
• 팔굽혀펴기(20회)
• 주먹단련(20회)
• 누워서 발차기(20회)</td><td>- 사범의 구령에 맞춰 신속하고 정확한 동작으로 실시한다.
- 태권도 동작을 보조·보강 운동을 통해 보다 정확한 동작을 익힌다.</td><td>일제형</td><td>PPT
줄넘기
매트
CD</td><td>- 개인의 능력을 고려한다.
- 본 운동을 위한 충분한 워밍업을 한다.</td></tr>
</table>

			• 사이드스텝(10회) - 쪼그려뛰기(12회) - 팔 벌려 뛰기(10회) - 줄넘기(100회)				
전개	연무선 익히기	5	- 연무선을 그려보시오 - 이미지트레이닝 시키기 - 연무선 따라 걷기	- 사범의 지도에 따라 연무선을 그려본다. - 평원을 이미지트레이닝 한다. - 연무선을 따라 걸으며 자세 잡기	일제형		평원 연무선을 이해한다.
	평원 구분 동작 익히기	10	구령에 맞춰 구분동작 지도 - 한 동작씩 지도 - 다섯 동작씩 지도 - 열 동작씩 지도 - 전체동작 지도	- 사범의 구령에 맞춰 구분 동작으로 정확히 실시한다.	일제형		- 평원 동작을 익힌다. - 방향전환 시 동작의 정확성에 강조 한다,
정착	평원 연속 동작 익히기	15	- 겹손준비서기, 팔굽올려치기, 거들어얼굴막기 동작 지도 - 오른등주먹당겨턱치기이어 왼등주먹당겨척치기, 멍에치기 동작 지도 - 헤쳐산틀막기, 팔굽표적치기 동작 지도 - 막기동작과 지르기동작의 연결지도 - 구령 없이 다섯 동작 연속 지도 - 구령 없이 열 동작 연속지도 - 구령 없이 전체동작 지도	- 몸통지르기, 얼굴지르기의 높이를 정확히 한다. - 겹손준비서기, 팔굽올려치기, 거들어얼굴막기를 정확히 한다. - 오른등주먹당겨턱치기 이어 왼등주먹당겨척치기, 멍에치기를 정확히 한다. - 아래막기, 몸통막기, 얼굴막기, 몸통지르기 동작 각도를 정확히 한다. - 리듬감을 가지고 동작을 실시한다.	일제형 분단 학습		- 평원을 정확한 동작으로 실시할 수 있다.
평가		5	- 오른등주먹당겨턱치기 이어 왼등주먹당겨척치기, 멍에치기 동작 - 헤쳐산틀막기, 팔굽표적치기 동작	- 리듬감을 가지고 - - 오른등 주먹당겨턱치기 이어 왼등 주먹당겨척치기, 멍에 치기 동작 - 헤쳐산틀막기, 팔굽표적치기 동작 동작을 실시한다.			-개인의 능력을 고려한다. -개인적 평가와 집단적 평가를 병행한다. -특정인 위주의 평가를 지향한다.
차시예고			- 다음시간에 배울 내용에 대해 학생들에게 설명	- 사범의 설명에 주의 집중한다.	강의식		

13) 십진품새 교수 – 학습 전개

십진은 십장사상에서의 십장생을 의미하며 십장생은 해, 그름, 산, 물, 돌, 소나무, 불로초, 거북, 사슴, 학을 일컫는 것으로 이러한 한 개의 천체와 네 개의 자연, 두개의 식물과 세 개의 동물은 사람의 믿음과 바램과 사랑을 나타내므로 이를 상징하고 변화하는 품새가 십진이다.

새로운 동작은 십장생의 수에 다른 열가지로 황소막기, 손바다거들어막기, 손끝엎어찌르기, 바위밀기, 손날등몸통헤쳐막기, 끌어올리기, 쳇다리지르기, 손날엇걸어아래막기, 손날등몸통막기이다. 품새선은 十자로 십장생의 사상근본과 십진법에 의한 무한대의 숫자 형성 그리고 무궁한 발전을 뜻한다.

(1) 동작 및 종류

동 작	종 류
서기(31회)	준비서기 2회, 나란히 서기 2회, 뒷굽이 7회, 앞굽이 9회, 주춤서기 9회, 뒤꼬아서기 1회, 범서기 1회
막기(11회)	황소막기 1회, 손바닥거들어몸통바깥막기 3회, 헤쳐산틀막기 2회, 손날아래막기 1회, 손날등몸통헤쳐막기 1회, 손날아래헤쳐막기 1회, 손날엇갈려아래막기 1회, 손날등몸통막기 1회
지르기(9회)	몸통지르기 3회, 옆지르기 2회, 쳇다리지르기 4회
치기(3회)	멍에치기 2회, 등주먹거들어앞치기 1회
찌르기(2회)	편손끝엎어찌르기 2회
차기(3회)	앞차기 3회
응용동작(3회)	바위밀기 3회
계(62회)	품새선 : 十, 십장생의 사상근본과 십진번에 의한 무한대의 숫자형성, 무궁한 발전 의미 시 선 : 제자리 정면, 좌, 우, 좌, 후, 우, 정면, 후, 제자리 정면 방 향 : 제자리, 좌, 우, 후진, 좌, 전진, 후진, 제자리

(2) 품새 요약

순서	시선	위치	서기	동작	품명
준비	전	후	나란히서기		기본준비서기
1	전	후	나란히서기	두주먹 끌어올려	황소막기
2	좌	좌	오른뒷굽이	두주먹 벌리면서 왼발 내딛어	손바닥거들어몸통바깥막기
3	좌	좌	왼앞굽이	왼발 약간 밀어 내딛어 오른편손끝엎어찌르기	몸통두번지르기
4	좌	좌	주춤서기	오른발 내딛어(몸정면 "마"방향)	헤쳐산틀막기
5	좌	좌	주춤서기	왼발을 앞꼬아서기로 옮겨 딛고 이어서 오른발 옮겨딛어	옆지르기-기합-
6	우	후	주춤서기	왼발 제자리 오른발 내딛어 (몸정면"전"방향)	멍에치기
7	우	후	왼뒷굽이	오른발 제자리 왼발끌어 모듬발로 서자마자 오른발을 다시 내딛어	손바닥거들어몸통바깥막기
8	우	우	오른앞굽이	오른발 약간 밀어딛고 왼편손끝엎어찌르기	몸통두번지르기
9	우	우	주춤서기	왼발내딛어(몸정면"마" 방향)	헤쳐산틀막기
10	우	우	주춤서기	오른발 앞꼬아서기로 옮겨 딛고 이어 왼발 옮겨딛어	옆지르기-기합-
11	좌	후	주춤서기	오른발 제자리 왼발 내딛어 (몸정면"전"방향)	멍에치기
12	마	후	왼뒷굽이	왼발 제자리 돌아 오른발 옮겨 딛어	손바닥거들어몸통바깥막기
13	마	마	오른앞굽이	오른발 약간 밀어 딛어 왼편손끝 엎어찌르기	몸통두번지르기
14	마	마	오른뒷굽이	왼발 내딛어	손날아래막기
15	마	마	오른앞굽이	오른발 앞으로 내딛어	바위밀기
16	우	마	주춤서기	오른발 제자리 왼발 약간 끌어들여	손날등몸통헤쳐막기
17	우	마	주춤서기	두다리 제자리	손날아래헤쳐막기
18	우	마	주춤서기	두다리 제자리	아래헤쳐막기
19	전	후	왼앞굽이	오른발 제자리 왼발 약간 밀어딛어	끌어올리기
20	전	후	왼앞굽이	두다리 제자리 서기 그대로	바위밀기
21	전	후	오른앞굽이	오른발 앞차기차고 내딛어	췟다리지르기
22	전	전	왼앞굽이	왼발 앞차기차고 내딛어	췟다리지르기
23	전	전	왼뒤꼬아서기	오른발 앞차기차고 내딛어	등주먹거들어얼굴앞치기-기합-
24	후	후	왼앞굽이	오른발 제자리 왼발 끌어들여	바위밀기
25	후	후	왼범서기	오른발 제자리 왼발 끌어들여	손날엇걸러아래막기
26	후	후	왼뒷굽이	오른발 앞으로 내딛어	손날등몸통막기
27	후	후	오른뒷굽이	왼발 앞으로 내딛어	췟다리지르기
28	마	마	왼뒷굽이	오른발 내딛어	췟다리지르기
그만	전	후	나란히서기	몸왼쪽으로 돌려 오른발 끌어들여	기본준비서기

(3) 본시 수업안

본시 수업안 (○/○차시)					
단원	품새	중단원	십진		
대상	5단 수련생	일시 및 장소	○○○○년 ○○월 ○○일 ○교시 ○ ○ ○	사범	○ ○ ○
수업 목표	• 십진의 동작을 설명 할 수 있다.(인지적) • 십진을 할 수 있다.(심동적)				
학습 매체 자료	사 범		수련생		
	프리젠테이션 자료, 동영상 자료, 미트		도복, 줄넘기		

단계	수업요항	시간	교수 - 학습 활동: 교사	교수 - 학습 활동: 학생	수업형태	수업매체	도달점 유의점
도입	학생 실태 파악	3	- 집합 사범, 학생 상호간 경례 - 출석 및 학생건강상태 확인	- 사범과 상호 경례한다. - 주의 집중한다.	강의식	출석부	학생실태 파악 및 환자 확인
	학습 주제 및 목표 확인	5	- 전시 학습내용 점검 • PPT제시 - 학습 주제 및 목표확인 • PPT제시(수업 목표)	- 제시된 PPT를 보고 기본 동작을 이해한다. - 제시된 수업 목표를 읽고 확인한다.	강의식	PPT	평원의 동작을 이해한다.
	준비 운동	7	- 손목,발목,무릎관절 돌리기 - 스트레칭 - 보조.보강운동 • 팔굽혀펴기(20회) • 주먹단련(20회) • 누워서 발차기(20회) • 사이드스텝(10회) - 쪼그려뛰기(12회) - 팔 벌려 뛰기(10회) - 줄넘기(100회)	- 사범의 구령에 맞춰 신속하고 정확한 동작으로 실시한다. - 태권도 동작을 보조·보강 운동을 통해 보다 정확한 동작을 익힌다.	일제형	PPT 줄넘기 매트 CD	- 개인의 능력을 고려한다. - 본 운동을 위한 충분한 워밍업을 한다.
전개	연무선 익히기	5	- 연무선을 그려보시오 - 이미지트레이닝 시키기 - 연무선 따라 걷기	- 사범의 지도에 따라 연무선을 그려본다. - 십진을 이미지트레이닝 한다. - 연무선을 따라 걸으며 자세잡기	일제형		십진 연무선을 이해한다.
	십진 구분 동작 익히기	10	구령에 맞춰 구분동작 지도 - 한 동작씩 지도 - 다섯 동작씩 지도 - 열 동작씩 지도 - 전체동작 지도	- 사범의 구령에 맞춰 구분동작으로 정확히 실시한다.	일제형		- 십진 동작을 익힌다. - 방향전환 시 동작의 정확성에 강조 한다.

정 착	십진 연속 동작 익히기	15	- 황소막기, 손바닥거들어몸통바깥막기 동작 지도 - 왼발약간밀어 내디뎌 오른편손끝엎어찌르기, 몸통두번지르기 동작 지도 - 바위밀기, 손날등몸통헤쳐막기, 끌어올리기, 옆차기 지도 - 등주먹거들어얼굴앞치기, 손날엇걸어아래막기, 손날등몸통막기 동작 지도 - 막기동작과 지르기동작의 연결지도 - 구령 없이 다섯 동작 연속 지도 - 구령 없이 열 동작 연속지도 - 구령 없이 전체동작 지도	- 몸통지르기, 얼굴지르기의 높이를 정확히 한다. - 황소막기, 손바닥거들어몸통바깥막기를 정확히 한다. - 등주먹거들어얼굴앞치기, 손날엇걸어아래막기, 손날등몸통막기를 정확히 한다. - 왼발약간 밀어내 디뎌 오른편손끝엎어찌르기, 몸통두번지르기를 정확히 한다. - 아래막기, 몸통막기, 얼굴막기, 몸통지르기 동작 각도를 정확히 한다. - 리듬감을 가지고 동작을 실시한다.	일제형 분단 학습		- 십진을 정확한 동작으로 실시할 수 있다.
평 가		5	- 황소막기, 손바닥거들어몸통바깥막기 동작 - 왼발약간밀어내디뎌오른편손끝엎어찌르기, 몸통두번지르기 동작	- 리듬감을 가지고 - - 황소막기, 손바닥거들어몸통바깥막기 동작 - 왼발약간밀어내디뎌오른편손끝엎어찌르기, 몸통두번지르기 동작을 실시한다.			- 개인의 능력을 고려한다. - 개인적 평가와 집단적 평가를 병행한다. - 특정인 위주의 평가를 지향한다.
차 시 예 고			- 다음시간에 배울 내용에 대해 학생들에게 설명	- 사범의 설명에 주의 집중한다.	강의식		

14) 지태품새 교수 – 학습 전개

지태는 땅위의 사람이 하늘을 향해 두 발을 딛고 선 지상인(地上人)을 의미하며 지상인은 사람이 삶의 터전인 땅위에서 두 발로 차고 밟고 뛰는 삶과 싸움을 나타내고 사람의 생존경쟁 속에서 나타나는 갖가지 양상을 동작으로 엮은 것이 지태품새이다.

새로운 동작은 한손날 얼굴막기, 금강몸통지르기, 메주먹 옆표적 치기 뿐으로 대단히 적은 편이며 품새선 ㅗ는 땅위에서 선 사람과 땅위에서 하늘을 향해 솟구치는 사람의 모양으로 땅에서 나고 자라며 죽는 사람과 그 땅을 뜻한다.

(1) 동작 및 종류

동 작	종 류
서기(30회)	준비서기 2회, 뒷굽이 11회, 앞굽이 9회, 주춤서기 4회, 학다리서기 4회
막기(22회)	몸통옆막기 2회, 얼굴막기 3회, 아래막기 1회, 한손날얼굴막기 1회, 손날아래막기 5회, 몸통바깥막기 1회, 몸통막기 1회, 몸통안막기 1회, 황소막기 1회, 팔목아래옆막기 2회, 손날몸통막기 3회, 아래옆막기 1회
지르기(6회)	몸통바로지르기 3회, 금강앞지르기 1회, 몸통지르기 1회, 몸통반대지르기 1회
치기(1회)	메주먹표적치기 1회
차기(5회)	앞차기 3회, 옆차기 2회
응용동작(2회)	돌쩌귀 2회
계(66회)	품새선 : ㅗ, 땅에서 나고 자라며 죽는 사람과 그 땅을 의미 시 선 : 제자리, 정면, 좌, 우, 정면, 후, 정면, 후, 좌, 우, 제자리 정면 방 향 : 제자리, 좌, 우, 전진, 후진, 좌, 우, 제자리 특 징 : 삶의 터전인 땅위에서 두발로 차고 밟고 뛰는 삶과 싸움을 나타내고 사람의 생존 경쟁 속에서 나타나는 갖가지 양상을 동작으로 엮음.

(2) 품새 요약

순서	시선	위치	서기	동작	품명
준비	전	후	나란히서기		기본준비서기
1	좌	좌	오른뒷굽이	왼발 내딛어	몸통옆막기
2	좌	좌	오른앞굽이	오른발 내딛어 얼굴막기 이어서	몸통바로지르기
3	우	우	왼뒷굽이	오른발 옮겨딛어 뒤로 돌아	몸통옆막기
4	우	우	왼앞굽이	왼발 내딛어 얼굴막기 이어서	몸통바로지르기
5	전	전	왼앞굽이	왼발 옮겨돌아	아래막기
6	전	전	오른뒷굽이	왼발 약간 끌어들여	왼한손날얼굴막기
7	전	전	왼뒷굽이	오른발 앞차기차고 내딛어	손날아래막기
8	전	전	왼뒷굽이	서기 그대로	몸통바깥막기
9	전	전	오른뒷굽이	왼발 앞차기차고 내딛어	손날아래막기
10	전	전	왼앞굽이	왼발 약간 밀어딛어	얼굴막기
11	전	전	오른앞굽이	오른발 내딛어	금강앞지르기
12	전	전	오른앞굽이	제자리 서기 그대로 몸통안막기	몸통막기
13	전	후	오른뒷굽이	오른발 뒤로 물러딛어	왼한손날아래막기
14	전	후	왼앞굽이	오른발 앞차기차고 물러 딛어	몸통두번지르기
15	좌	후	주춤서기	왼발 물러딛어	황소막기
16	후	후	주춤서기	두 발 제자리 서기 그대로	왼팔목아래옆막기
17	전	후	주춤서기	서기 그대로	오른한손날몸통막기

18	전	후	주춤서기	서기그대로	왼메주먹표적치기-기합-
19	전	후	왼학다리서기	왼발제자리 오른발 끌어 들여	아래옆막기
20	전	후	왼학다리서기	서기그래로 왼허리에	작은 돌쩌귀
21	후	후	오른학다리	오른발 옆차기하고 왼발 위치에 바꾸어 딛어	왼팔목 아래옆막기
22	후	후	오른학다리	서기그대로 오른허리에	작은돌쩌귀
23	후	후	왼앞굽이	왼발 옆차기차고 내딛어	몸통바로지르기
24	후	후	오른앞굽이	오른발 내딛어	몸통반대지르기기합
25	좌	좌	오른뒷굽이	왼발 옮겨돌아	손날아래막기
26	좌	좌	왼뒷굽이	오른발 내딛어	손날몸통막기
27	우	우	왼뒷굽이	오른발 옮겨돌아	손날아래막기
28	우	우	오른뒷굽이	왼발 내딛어	손날몸통막기
그만	전	후	나란히서기	오른발 제자리 왼발옮겨 돌아	기본준비서기

(3) 본시 수업안

<table>
<tr><th colspan="8">본시 수업안 (○/○차시)</th></tr>
<tr><td>단원</td><td colspan="3">품새</td><td>중단원</td><td colspan="3">지태</td></tr>
<tr><td>대상</td><td colspan="2">6단 수련생</td><td>일시 및 장소</td><td>○○○○년 ○○월 ○○일 ○교시
○ ○ ○</td><td>사범</td><td colspan="2">○ ○ ○</td></tr>
<tr><td>수업 목표</td><td colspan="7">• 지태의 동작을 설명 할 수 있다.(인지적)
• 지태를 할 수 있다.(심동적)</td></tr>
<tr><td rowspan="2">학습 매체 자료</td><td colspan="3">사 범</td><td colspan="4">수련생</td></tr>
<tr><td colspan="3">프리젠테이션 자료, 동영상 자료, 미트</td><td colspan="4">도복, 줄넘기</td></tr>
<tr><td rowspan="2">단계</td><td rowspan="2">수업 요항</td><td rowspan="2">시간</td><td colspan="2">교 수 - 학 습 활 동</td><td rowspan="2">수업 형태</td><td rowspan="2">수업 매체</td><td rowspan="2">도달점 유의점</td></tr>
<tr><td>교 사</td><td>학 생</td></tr>
<tr><td rowspan="2">도입</td><td>학생 실태 파악</td><td>3</td><td>- 집합
사범, 학생 상호간 경례
- 출석 및 학생건강상태 확인</td><td>- 사범과 상호 경례한다.
- 주의 집중한다.</td><td>강의식</td><td>출석부</td><td>학생실태 파악 및 환자 확인</td></tr>
<tr><td>학습 주제 및 목표 확인</td><td>5</td><td>- 전시 학습내용 점검
• PPT제시
- 학습 주제 및 목표확인
• PPT제시(수업 목표)</td><td>- 제시된 PPT를 보고 기본 동작을 이해한다.
- 제시된 수업 목표를 읽고 확인한다.</td><td>강의식</td><td>PPT</td><td>십진의 동작을 이해한다.</td></tr>
</table>

	준비운동	7	- 손목,발목,무릎관절 돌리기 - 스트레칭 - 보조보강운동 • 팔굽혀펴기(20회) • 주먹단련(20회) • 누워서 발차기(20회) • 사이드스텝(10회) - 쪼그려뛰기(12회) - 팔 벌려 뛰기(10회) - 줄넘기(100회)	- 사범의 구령에 맞춰 신속하고 정확한 동작으로 실시한다. - 태권도 동작을 보조·보강 운동을 통해 보다 정확한 동작을 익힌다.	일제형	PPT 줄넘기 매트 CD	- 개인의 능력을 고려한다. - 본 운동을 위한 충분한 워밍업을 한다.
전개	연무선 익히기	5	- 연무선을 그려보시오 - 이미지트레이닝 시키기 - 연무선 따라 걷기	- 사범의 지도에 따라 연무선을 그려본다. - 지태를 이미지트레이닝 한다. - 연무선을 따라 걸으며 자세잡기	일제형		지태 연무선을 이해한다.
	지태 구분 동작 익히기	10	구령에 맞춰 구분동작 지도 - 한 동작씩 지도 - 다섯 동작씩 지도 - 열 동작씩 지도 - 전체동작 지도	- 사범의 구령에 맞춰 구분 동작으로 정확히 실시한다.	일제형		- 지태 동작을 익힌다. - 방향전환 시 동작의 정확성에 강조 한다.
정착	지태 연속 동작 익히기	15	- 안팔목몸통바깥막기, 왼한 손날얼굴막기, 금강앞지르기 동작 지도 - 오른발 앞차기 차고 물러디뎌 몸통두번지르기 동작 지도 - 왼팔목아래옆막기, 오른한 손날몸통옆막기, 왼메주먹 쵸적치기 동작 지도 - 막기동작과 지르기동작의 연결지도 - 구령 없이 다섯 동작 연속 지도 - 구령 없이 열 동작 연속지도 - 구령 없이 전체동작 지도	- 몸통지르기, 얼굴지르기의 높이를 정확히 한다. - 안팔목몸통바깥막기, 왼한 손날얼굴막기, 금강 앞지르기를 정확히 한다. - 왼팔목아래옆막기, 오른한 손날몸통옆막기, 왼메주먹 쵸적치기를 정확히 한다. - 아래막기, 몸통막기, 얼굴 막기, 몸통지르기 동작 각도를 정확히 한다. - 리듬감을 가지고 동작을 실시한다.	일제형 분단 학습		- 지태를 정확한 동작으로 실시할 수 있다.
평가		5	- 안팔목몸통바깥막기, 왼한손 날얼굴막기, 금강앞지르기 동작 - 오른발 앞차기 차고 물러디뎌 몸통두번지르기 동작	- 리듬감을 가지고 - - 안팔목몸통바깥막기, 왼한 손날얼굴막기, 금강앞 지르기 동작 - 오른발 앞차기 차고 물러디뎌 몸통두번지르기동작을 실시한다.			- 개인의 능력을 고려한다. - 개인적 평가와 집단적 평가를 병행한다. - 특정인 위주의 평가를 지향한다.
차시예고			- 다음시간에 배울 내용에 대해 학생들에게 설명	- 사범의 설명에 주의 집중한다.	강의식		

15) 천권품새 교수 – 학습 전개

천권은 만물의 근본이며 우주 그 자체이기도 한 하늘이 가진 대능력을 의미하며 그 무한한 능력은 창조와 변화와 완성을 나타내므로 사람의 대능력을 무서워하고 경외하는 마음이 생겨서 으뜸가는 지상의 모양이나 뜻에는 하늘의 이름을 붙였다.

9천년도 더된 아득한 옛날에 한민족의 시조이신 환인 임금님은 하늘나라 임금이라 불리우시면서 하늘바다와 하늘산 근처에 하늘도읍을 정하셨고 하늘민족인 한민족의 사상과 행동에서 태권도가 생겨났다. 이런 웅대무비한 역사와 사상의 바탕위에 천권품새는 제정되었다. 새로운 동작은 날개펴기, 밤주먹솟음치기, 휘둘러막기, 휘둘러잡아당기기, 금강옆지르기, 태산밀기 등이고 보법으로는 자진발이 나타나며 동작의 특징은 움직임이 큰 동작과 팔 동작이 완만한 곡선을 이루어 천권 큰 사상을 담았다. 품새선 ㅜ는 하늘에서 내리는 사람과 하늘의 뜻에 의한 사람 그리고 하늘로부터 힘을 받은 사람과 하늘을 받드는 사람인 하늘 사람이란 뜻과 하늘과 사람이란 뜻을 함께 지니고 있다.

(1) 동작 및 종류

동 작	종 류
서기(27회)	겹손준비서기 2회, 뒷굽이 11회, 앞굽이 10회, 주춤서기 2회, 범서기 2회
막기(11회)	한손날비틀어막기 3회, 아래막기 2회, 몸통바깥막기 2회, 안팔목몸통비틀어막기 1회, 손날아래막기 1회, 손날외산틀막기 2회
지르기(12회)	소습지르기 1회, 몸통바로지르기 2회, 몸통반대지르기 3회, 몸통옆지르기 4회, 금강옆지르기 2회
차기(3회)	옆차기 1회, 앞차기 1회, 표적치기 1회 (360도)
응용동작(3회)	날개펴기 1회, 태산밀기 2회
계(56회)	품새선 : ㅜ 시 선 : 제자리 정면, 우, 좌, 후, 정면, 후, 정면, 제자리 정면 방 향 : 제자리, 전진, 우, 좌, 뒤돌아 후진, 정면, 제자리 특 징 : 움직임이 큰 동작과 팔 동작이 완만한 곡선을 이루고 있음.

(2) 품새 요약

순서	시선	위치	서기	동작	품명
준비	전	후	모아서기		겹손준비서기
1	전	후	모아서기 서기그대로	제자리에서 두손을 가슴앞까지 끌어올려	날개펴기
2	전	후	왼뒷굽이	두팔을 크게 휘둘러	소슴지르기
3	전	후	오른앞굽이	두다리 제자리	한손날 비틀어 막기
4	전	전	왼앞굽이	오른손 잡아끌면서 왼발 내딛어	몸통 바로지르기
5	전	전	왼앞굽이	두다리 제자리	한손날 비틀어막기
6	전	전	오른앞굽이	왼손 잡아끌며 오른발 내딛어	몸통바로지르기
7	전	전	오른앞굽이	두다리 제자리	한손날 비틀어막기
8	전	전	왼앞굽이	왼발 옆차기 내딛고 기합	아래막기
9	전	전	오른앞굽이	오른발 내딛어	몸통반대지르기
10	우	우	오른뒷굽이	왼발 옮겨딛어 돌아	안팔목거들어 몸통 바깥막기
11	우	우	오른뒷굽이	두발 제자리 왼팔목제쳐 내고	몸통옆지르기
12	우	우	왼뒷굽이	오른발 내딛고 왼팔 다시 제쳐내고	오른주먹몸통옆지르기
13	좌	좌	왼뒷굽이	오른발 옮겨 뒤로 돌아	안팔목거들어 몸통 바깥막기
14	좌	좌	왼뒷굽이	서기그대로 오른팔돌려 제쳐내고	몸통옆지르기
15	좌	좌	오른뒷굽이	왼발 내딛고 오른팔 돌려제쳐내고	몸통옆지르기
16	후	후	왼앞굽이	왼발옮겨돌아	안팔목몸통비트러막기
17	후	후	왼앞굽이	서기그대로	몸통반대지르기
18	후	후	오른앞굽이	오른발 앞차기차고 내딛어	몸통반대지르기
19	후	후	왼뒷굽이	오른발 약간 끌어	손날아래막기
20	후	후	왼뒷굽이	두발 약간 밀고 나가며	아래막기
21	후	후	주춤서기	두발 약간 밀고 나가며	금강옆지르기
22	후	후	주춤서기	뛰어 360°회전하면서 표적차기	금강옆지르기
23	전	후	오른뒷굽이	두발 제자리 방향바꾸어	손날외산틀막기
24	후	후	왼뒷굽이	두발 제자리 방향바꾸어	손날외산틀막기
25	전	후	오른범서기	방향바꾸어 오른발 끌어 몸일으키며 모아서기 서다가 다시 앉으면서	태산밀기
26	전	후	왼범서기	오른발 끌어 몸일으키며 모아서기 서다가 다시 앉으면서	태산밀기
그만	전	후	모아서기	왼발 끌어 몸일으키며	겹손준비서기

(3) 본시 수업안

본시 수업안 (○/○차시)					
단원	품새		중단원	천권	
대상	7단 수련생	일시 및 장소	○○○○년 ○○월 ○○일 ○교시 ○ ○ ○	사범	○ ○ ○
수업 목표	• 천권의 동작을 설명 할 수 있다.(인지적) • 천권을 할 수 있다.(심동적)				
학습 매체 자료	사 범			수련생	
	프리젠테이션 자료, 동영상 자료, 미트			도복, 줄넘기	

단계	수업 요항	시간	교수 - 학습 활동: 교 사	교수 - 학습 활동: 학 생	수업 형태	수업 매체	도달점 유의점
도입	학생 실태 파악	3	- 집합 사범, 학생 상호간 경례 - 출석 및 학생건강상태 확인	- 사범과 상호 경례한다. - 주의 집중한다.	강의식	출석부	학생실태 파악 및 환자 확인
	학습 주제 및 목표 확인	5	- 전시 학습내용 점검 • PPT제시 - 학습 주제 및 목표확인 • PPT제시(수업 목표)	- 제시된 PPT를 보고 기본 동작을 이해한다. - 제시된 수업 목표를 읽고 확인한다.	강의식	PPT	지태의 동작을 이해한다.
	준비 운동	7	- 손목,발목,무릎관절 돌리기 - 스트레칭 - 보조·보강운동 • 팔굽혀펴기(20회) • 주먹단련(20회) • 누워서 발차기(20회) • 사이드스텝(10회) - 쪼그려뛰기(12회) - 팔 벌려 뛰기(10회) - 줄넘기(100회)	- 사범의 구령에 맞춰 신속하고 정확한 동작으로 실시한다. - 태권도 동작을 보조·보강 운동을 통해 보다 정확한 동작을 익힌다.	일제형	PPT 줄넘기 매트 CD	- 개인의 능력을 고려한다. - 본 운동을 위한 충분한 워밍업을 한다.
전개	연무선 익히기	5	- 연무선을 그려보시오 - 이미지트레이닝 시키기 - 연무선 따라 걷기	- 사범의 지도에 따라 연무선을 그려본다. - 천권을 이미지트레이닝 한다. - 연무선을 따라 걸으며 자세잡기	일제형		천권 연무선을 이해한다.
	천권 구분 동작 익히기	10	구령에 맞춰 구분동작 지도 - 한 동작씩 지도 - 다섯 동작씩 지도 - 열 동작씩 지도 - 전체동작 시도	- 사범의 구령에 맞춰 구분 동작으로 정확히 실시한다.	일제형		- 천권 동작을 익힌다. - 방향전환 시 동작의 정확성에 강조 한다.

정착	천권 연속 동작 익히기	15	- 날개펴기, 솟음지르기, 안팔목거들어몸통바깥막기 동작 지도 - 금강옆지르기, 뛰어 360° 회전하면서 표적차기, 손날외산틀막기, 태산밀기 동작 지도 - 막기동작과 지르기동작의 연결지도 - 구령 없이 다섯 동작 연속 지도 - 구령 없이 열 동작 연속지도 - 구령 없이 전체동작 지도	- 몸통지르기, 얼굴지르기의 높이를 정확히 한다. - 날개펴기, 솟음지르기, 안팔목거들어몸통바깥막기를 정확히 한다. - 금강옆지르기, 뛰어 360° 회전하면서 표적차기, 손날외산틀막기, 태산밀기를 정확히 한다. - 아래막기, 몸통막기, 얼굴막기, 몸통지르기 동작 각도를 정확히 한다. - 리듬감을 가지고 동작을 실시한다.	일제형 분단 학습		- 천권을 정확한 동작으로 실시할 수 있다.
평가		5	- 날개펴기, 솟음지르기, 안팔목거들어몸통바깥막기 동작 - 금강옆지르기, 뛰어 360° 회전하면서 표적차기, 손날외산틀막기, 태산밀기 동작	- 리듬감을 가지고- - 날개펴기, 솟음지르기, 안팔목거들어몸통바깥막기 동작 - 금강옆지르기, 뛰어 360° 회전하면서 표적차기, 손날외산틀막기, 태산밀기 동작을 실시한다.			- 개인의 능력을 고려한다. - 개인적 평가와 집단적 평가를 병행한다. - 특정인 위주의 평가를 지향한다.
차시예고			- 다음시간에 배울 내용에 대해 학생들에게 설명	- 사범의 설명에 주의 집중 한다.	강의식		

16) 한수품새 교수 – 학습 전개

한수는 만물의 생명을 키워주는 근원이 되는 한물을 의미하며 한물은 생명의 탄생과 성장 강함과 약함 큰 포용력과 융화력 그리고 적응력을 나타낸다. 한은 하나라는 뜻과 많다, 크다, 가운데, 같다, 가득하다, 함께, 포인다, 잠간, 오래 등 여러 가지 많은 뜻을 가지고 있으며 하늘이라는 뜻과 모든 것의 뿌리라는 뜻도 담겨져 있다. 이런 의미와 부술 수도 끊을 수도 없는 물의 특성을 기술에 적용하여 한수가 꾸며 졌다. 새로운 동작은 메주먹양옆구리치기, 거들어칼잽이, 안팔목아래표적막기, 손날금강막기, 등이며 서기에서 모둠발이 있고 동작은 연습은 물처럼 유연하게 하되 한발울의 물이 큰 바다를 이루는 것처럼 꾸준히 해야한다. 품새선 水는 물과 민족의 핏줄인 한가람 그리고 커짐을 뜻한다.

(1) 동작 및 종류

동 작	종 류
서기(29회)	겹손준비서기 2회, 앞굽이 13회, 곁다리서기 2회, 주춤서기 6회, 뒷굽이 2회, 학다리서기 2회, 뒤꼬아서기 2회
막기(9회)	손날등몸통헤쳐막기 2회, 외산틀막기 3회, 표적아래막기 2회, 손날금강막기 2회
지르기(5회)	몸통바로지르기 3회, 주먹제쳐지르기 2회
치기(9회)	메주먹옆구리 치기 1회, 제비품목치기 1회, 등주먹앞치기 1회, 손날몸통옆치기 2회, 제비품손날목치기 1회, 등주먹얼굴앞치기 1회, 팔굽표적치기 2회
차기(6회)	옆차기 2회, 앞차기 2회, 표적차기 2회
응용동작(4회)	칼재비 2회, 돌쩌귀 2회
계(62회)	품새선 : 水 시 선 : 제자리 정면, 정면, 좌상대각선, 좌후대각선, 우상대각선, 우하대각선, 좌상대각선 방 향 : 제자리, 전진, 후진, 좌상전진, 우하후진, 좌하전진, 우상전진, 좌하전진, 우하전진, 좌상전진, 제자리 특 징 : 품새의 의미처럼 물의 특성에 따라 유연하게 이루어진다.

(2) 품새 요약

순서	시선	위치	서기	동작	품명
준비	전	후	모아서기		겹손준비서기
1	전	전	왼앞굽이	왼발 내딛어	손날등몸통헤쳐막기
2	전	전	오른앞굽이	오른발 내딛어	두메주먹옆구리치기
3	전	후	오른앞굽이	오른발 물러딛고	외산틀막기
4	전	전	왼앞굽이	두다리 제자리 방향 바꾸어	몸통바로지르기
5	전	마	왼앞굽이	왼발 물러딛고	외산틀막기
6	전	후	오른앞굽이	두다리 제자리 방향 바꾸어	몸통바로지르기
7	전	마	오른앞굽이	오른발 물러 딛고	외산틀막기
8	전	후	왼앞굽이	두다리 제자리 방향 바꾸어	몸통바로지르기
9	전	후	오른앞굽이	오른발 내딛어	손날등몸통헤쳐막기
10	좌	좌	왼앞굽이	왼발 내딛어	칼재비(왼아귀손)
11	좌	좌	오른곁다리서기	오른발 뛰어나가며	두주먹제쳐지르기
12	좌	후	주춤서기	왼발 뒤로 물러딛어	표적아래막기
13	좌	후	오른뒷굽이	오른발 뒤로 물리딛어	손날금강막기

14	좌	후	오른학다리	오른발 제자리 왼발 끌어올려	작은돌쩌귀
15	좌	좌	왼앞굽이	왼발 옆차기차고 내딛어	제비품목치기
16	좌	좌	뒤꼬아서기	오른발 앞차기차고 내려 딛어	등주먹앞치기-기합-
17	후	후	주춤서기	왼발 물러딛어	왼손날몸통옆치기
18	후	후	주춤서기	오른발표적차기차고 내려딛어	오른팔굽표적차기
19	우	우	오른앞굽이	왼발 끌어 모듬발로 모아서기 이어 오른발 내딛어	오른손칼재비
20	우	우	왼곁다리서기	왼발 뛰어나가 내딛으며	두주먹제쳐지르기
21	우	후	주춤서기	오른발 뒤로 물러 딛어	표적아래막기
22	우	후	왼뒷굽이	왼발 물러딛어	손날금강막기
23	우	후	왼학다리서기	오른발 끌어올려	작은 돌쩌귀
24	우	우	오른앞굽이	오른발 옆차기하고 내려 딛어	제비품손날목치기-기합-
25	우	우	뒤꼬아서기	왼발 앞차기차고 내딛어	등주먹얼굴앞치기
26	후	후	주춤서기	오른발 뒤로 물러딛어	한손날몸통옆차기
27	후	후	주춤서기	왼발 표적차기차고 내딛어	팔굽표적치기
그만	전	후	모아서기	오른발 끌어들이면서	겹손준비서기

(3) 본시 수업안

본시 수업안 (○/○차시)

단원	품새			중단원	한수
대상	8단 수련생	일시 및 장소	○○○○년 ○○월 ○○일 ○교시 ○ ○ ○	사범	○ ○ ○
수업 목표	• 한수의 동작을 설명 할 수 있다.(인지적) • 한수를 할 수 있다.(심동적)				
학습 매체 자료	사 범			수련생	
	프리젠테이션 자료, 동영상 자료, 미트			도복, 줄넘기	

단계	수업요항	시간	교수-학습 활동: 교사	교수-학습 활동: 학생	수업형태	수업매체	도달점 유의점
도입	학생 실태 파악	3	- 집합 사범, 학생 상호간 경례 - 출석 및 학생건강상태 확인	- 사범과 상호 경례한다. - 주의 집중한다.	강의식	출석부	학생실태 파악 및 환자 확인

	학습 주제 및 목표 확인	5	- 전시 학습내용 점검 • PPT제시 - 학습 주제 및 목표확인 • PPT제시(수업 목표)	- 제시된 PPT를 보고 기본 동작을 이해한다. - 제시된 수업 목표를 읽고 확인한다.	강의식	PPT	천권의 동작을 이해한다.
	준비 운동	7	- 손목,발목,무릎관절 돌리기 - 스트레칭 - 보조보강운동 • 팔굽혀펴기(20회) • 주먹단련(20회) • 누워서 발차기(20회) • 사이드스텝(10회) - 쪼그려뛰기(12회) - 팔 벌려 뛰기(10회) - 줄넘기(100회)	- 사범의 구령에 맞춰 신속하고 정확한 동작으로 실시한다. - 태권도 동작을 보조·보강 운동을 통해 보다 정확한 동작을 익힌다.	일제형	PPT 줄넘기 매트 CD	- 개인의 능력을 고려한다. - 본 운동을 위한 충분한 워밍업을 한다.
전	연무선 익히기	5	- 연무선을 그려보시오 - 이미지트레이닝 시키기 - 연무선 따라 걷기	- 사범의 지도에 따라 연무선을 그려본다. - 한수를 이미지트레이닝 한다. - 연무선을 따라 걸으며 자세잡기	일제형		한수 연무선을 이해한다.
개	한수 구분 동작 익히기	10	구령에 맞춰 구분동작 지도 - 한 동작씩 지도 - 다섯 동작씩 지도 - 열 동작씩 지도 - 전체동작 지도	- 사범의 구령에 맞춰 구분 동작으로 정확히 실시한다.	일제형		- 한수 동작을 익힌다. - 방향전환 시 동작의 정확성에 강조 한다,
정 착	한수 연속 동작 익히기	15	- 손날등몸통헤쳐막기, 두메주먹옆구리치기 동작 지도 - 거들어칼재비, 두주먹젖혀지르기 동작 지도 - 막기동작과 지르기동작의 연결지도 - 구령 없이 다섯 동작 연속 지도 - 구령 없이 열 동작 연속지도 - 구령 없이 전체동작 지도	- 몸통지르기, 얼굴지르기의 높이를 정확히 한다. - 손날등몸통헤쳐막기, 두메주먹옆구리치기를 정확히 한다. - 거들어칼재비, 두주먹젖혀지르기를 정확히 한다. - 아래막기, 몸통막기, 얼굴막기, 몸통지르기 동작 각도를 정확히 한다. - 리듬감을 가지고 동작을 실시한다.	일제형 분단 학습		- 한수를 정확한 동작으로 실시할 수 있다.
평 가		5	- 손날등몸통헤쳐막기, 두메주먹옆구리치기 동작 - 거들어칼재비, 두주먹젖혀지르기 동작 지도 - 막기동작과 지르기동작의 연결	- 리듬감을 가지고 - - 손날등몸통헤쳐막기, 두메주먹옆구리치기 동작 - 거들어칼재비, 두주먹젖혀지르기 동작 지도 - 막기동작과 지르기동작의 연결동작을 실시한다.			- 개인의 능력을 고려한다. - 개인적 평가와 집단적 평가를 병행한다. - 특정인 위주의 평가를 지향한다.
차시 예고			- 다음시간에 배울 내용에 대해 학생들에게 설명	- 사범의 설명에 주의 집중한다.	강의식		

17) 일여품새 교수 - 학습 전개

일여는 신라의 위대한 승려, 원효대사의 사상 정수를 의미하며 원효사상은 마음(정신)과 몸(물질)이 하나이면서 원리는 오직 하나뿐이라는 높은 천리를 말하고 이것은 점이나 선이나 원이 하나가 된다는 뜻을 나타낸다. 태권도 수련의 완성은 모든 기법과 동작이 모양이나 운용을 다르게 배우고 행하지만 궁극에서는 합쳐지며 나아가 정신과 동작이 일체가 되는 깊은 무예의 진리가 바탕에 깔려져 있는 품새가 일여이다. 새로운 동작은 손날(얼굴)막기, 외산틀옆차기, 두손펴비틀어 잡아당기기, 뛰어옆차기가 있고 서기로는 오금서기와 두주먹허리서기가 처음 나온다. 준비서기는 보주먹 모아서기이며 태권도의 마지막 품새이므로 통이로가 중용의 의미가 있는 턱앞에 준비손을 두고 두손이 맞붙고 감싸져서 기가 인체와 두손으로 막힘없이 흐르게 하는 서기이다. 품새선 만은 원효대사를 기리기 위해 일여사상을 나타내는데 부족함이 없는 불교의 상징으로 했으며 본(本), 체(體), 용(用)이 일치하는 무아의 경지를 뜻한다.

(1) 동작 및 종류

동 작	종 류
서기(25회)	보주먹준비서기 2회, 뒷굽이 13회, 앞굽이 4회, 오금서기 2회, 외다리서기 2회, 두주먹허리서기 2회
막기(14회)	손날몸통막기 4회, 금강막기 4회, 외산틀막기 2회, 엇걸어얼굴막기 4회
지르기(6회)	몸통지르기 6회
찌르기(2회)	편손끝몸통세워찌르기 2회
차기(6회)	옆차기 4회, 앞차기 2회
응용동작(3회)	팔목비틀어잡아끌기 3회
계(56회)	품새선 : 卍, 불교의 상징, 무아의 경지를 의미 시 선 : 제자리 정면, 후, 우, 정면, 좌, 후, 우, 정면, 좌, 제자리 정면 방 향 : 제자리, 전진, 뒤돌아 후진, 우, 전진, 좌, 후, 우, 전방, 좌, 제자리

(2) 품새 요약

순서	시선	위치	서기	동작	품명
준비	전	후	모아서기	오른 주먹을 왼손으로 감아짐	보주먹준비서기
1	전	전	오른뒷굽이	왼발 내딛어	손날몸통막기
2	전	전	오른앞굽이	오른발 내딛어	몸통반대지르기
3	좌	좌	오른뒷굽이	왼발 옮겨딛어	금강막기
4	마	후	오른뒷굽이	왼발 옮겨돌아	손날몸통막기
5	마	후	오른뒷굽이	두발 제자리에서 서기 그대로	몸통바로지르기-기합-
6	마	후	오른오금서기	오른발 뛰어 나가딛고	편손끝몸통세워찌르기
7	마	후	오른발외다리서기	왼발로 옆차기	외산틀막기
8	마	마	오른뒷굽이	왼발 내려딛어	엇걸어 얼굴막기
9	마	마	오른앞굽이	오른발 내딛어 지른팔목 비틀어 잡아끌며	몸통반대지르기
10	우	우	오른뒷굽이	왼발 옮겨딛어	금강막기
11	전	후	오른뒷굽이	왼발 옮겨돌아	손날몸통막기
12	전	후	오른뒷굽이	두발 제자리	몸통바로지르기
13	전	후	오른오금서기	오른발 뛰어나가딛고	편손끝몸통세워지르기 -기합-
14	좌	후	오른외다리서기	왼발 옆차기	외산틀막기
15	좌	좌	오른뒷굽이	왼발 내려딛어	엇걸어얼굴막기
16	좌	좌	오른앞굽이	엇걸은팔목비틀어잡어 끌며 오른발 내딛어	몸통반대지르기
17	마	마	오른뒷굽이	왼발 옮겨딛어	금강막기
18	우	좌	모아서기	오른발 제자리 몸왼쪽으로 돌려 왼발 끌어들여	두주먹허리서기
19	우	우	오른뒷굽이	오른발 앞차기차고 한걸음 내딛어 왼발 뛰어옆차기 차고 내딛어	엇걸어 얼굴막기
20	우	우	오른앞굽이	팔목비틀어잡아끌면서 오른발 내딛어	몸통반대지르기
21	전	전	오른뒷굽이	왼발 옮겨딛어	금강막기
22	좌	우	모아서기	오른발 제자리 몸왼쪽으로 돌려 왼발 끌어들여	두주먹허리서기
23	좌	후	왼뒷굽이	왼발 앞차기차고 한걸음 내딛고 오른발 뛰어 옆차기차고 내딛어	엇걸어얼굴막기
그만	전	후	모아서기	왼발 제자리 몸오른쪽으로 돌려 오른발 끌어 들여	보주먹준비서기

(3) 본시 수업안

<table>
<tr><th colspan="6">본시 수업안 (○/○차시)</th></tr>
<tr><td>단원</td><td colspan="2">품새</td><td>중단원</td><td colspan="2">일여</td></tr>
<tr><td>대상</td><td>9단 수련생</td><td>일시
및
장소</td><td>○○○○년 ○○월 ○○일 ○교시
○ ○ ○</td><td>사범</td><td>○ ○ ○</td></tr>
<tr><td>수업
목표</td><td colspan="5">• 일여의 동작을 설명 할 수 있다.(인지적)
• 일여를 할 수 있다.(심동적)</td></tr>
<tr><td rowspan="2">학습
매체
자료</td><td colspan="2">사 범</td><td colspan="3">수련생</td></tr>
<tr><td colspan="2">프리젠테이션 자료, 동영상 자료, 미트</td><td colspan="3">도복, 줄넘기</td></tr>
</table>

<table>
<tr><th rowspan="2">단계</th><th rowspan="2">수업
요항</th><th rowspan="2">시간</th><th colspan="2">교 수 - 학 습 활 동</th><th rowspan="2">수업
형태</th><th rowspan="2">수업
매체</th><th rowspan="2">도달점
유의점</th></tr>
<tr><th>교 사</th><th>학 생</th></tr>
<tr><td rowspan="3">도
입</td><td>학생
실태
파악</td><td>3</td><td>- 집합
사범, 학생 상호간 경례
- 출석 및 학생건강상태 확인</td><td>- 사범과 상호 경례한다.
- 주의 집중한다.</td><td>강의식</td><td>출석부</td><td>학생실태 파악 및 환자 확인</td></tr>
<tr><td>학습
주제
및
목표
확인</td><td>5</td><td>- 전시 학습내용 점검
• PPT제시
- 학습 주제 및 목표확인
• PPT제시(수업 목표)</td><td>- 제시된 PPT를 보고 기본 동작을 이해한다.
- 제시된 수업 목표를 읽고 확인한다.</td><td>강의식</td><td>PPT</td><td>한수의 동작을 이해한다.</td></tr>
<tr><td>준비
운동</td><td>7</td><td>- 손목,발목,무릎관절 돌리기
- 스트레칭
- 보조보강운동
• 팔굽혀펴기(20회)
• 주먹단련(20회)
• 누워서 발차기(20회)
• 사이드스텝(10회)
- 쪼그려뛰기(12회)
- 팔 벌려 뛰기(10회)
- 줄넘기(100회)</td><td>- 사범의 구령에 맞춰 신속하고 정확한 동작으로 실시한다.
- 태권도 동작을 보조·보강 운동을 통해 보다 정확한 동작을 익힌다.</td><td>일제형</td><td>PPT
줄넘기
매트
CD</td><td>- 개인의 능력을 고려한다.
- 본 운동을 위한 충분한 워밍업을 한다.</td></tr>
<tr><td rowspan="2">전

개</td><td>연무선
익히기</td><td>5</td><td>- 연무선을 그려보시오
- 이미지트레이닝 시키기
- 연무선 따라 걷기</td><td>- 사범의 지도에 따라 연무선을 그려본다.
- 일여를 이미지트레이닝 한다.
- 연무선을 따라 걸으며 자세 잡기</td><td>일제형</td><td></td><td>일여 연무선을 이해한다.</td></tr>
<tr><td>일여
구분
동작
익히기</td><td>10</td><td>구령에 맞춰 구분동작 지도
- 한 동작씩 지도
- 다섯 동작씩 지도
- 열 동작씩 지도
- 전체동작 지도</td><td>- 사범의 구령에 맞춰 구분 동작으로 정확히 실시한다.</td><td>일제형</td><td></td><td>- 일여 동작을 익힌다.
- 방향전환 시 동작의 정확성에 강조 한다.</td></tr>
</table>

정착	일여 연속 동작 익히기	15	- 오른오금서기, 왼편손끝몸통세워찌르기엇걸어얼굴막기 동작 지도 - 두주먹허리서기, 오른발 앞차기차고 한걸음 내디뎌 왼발 뛰어 옆차기 동작 지도 - 막기동작과 지르기동작의 연결지도 - 구령 없이 다섯 동작 연속 지도 - 구령 없이 열 동작 연속지도 - 구령 없이 전체동작 지도	- 몸통지르기, 얼굴지르기의 높이를 정확히 한다. - 오른오금서기, 왼편손끝 몸통세워찌르기엇걸어얼굴 막기를 정확히 한다. - 두주먹허리서기, 오른발 앞차기차고 한걸음 내디뎌 왼발 뛰어 옆차기를 정확히 한다. - 아래막기, 몸통막기, 얼굴 막기, 몸통지르기 동작 각도를 정확히 한다. - 리듬감을 가지고 동작을 실시한다.	일제형 분단 학습		- 일여를 정확한 동작으로 실시할 수 있다.
평가		5	- 오른오금서기, 왼편손끝몸통세워찌르기엇걸어얼굴막기 동작 지도 - 두주먹허리서기, 오른발앞차기차고 한걸음 내디뎌왼발 뛰어 옆차기 동작 지도	- 리듬감을 가지고 - - 오른오금서기, 왼편손끝 몸통세워찌르기엇걸어얼굴 막기 동작 지도 - 두주먹허리서기, 오른발 앞차기차고 한걸음 내디뎌 왼발 뛰어 옆차기 동작 지도 동작을 실시한다.			- 개인의 능력을 고려한다. - 개인적 평가와 집단적 평가를 병행한다. - 특정인 위주의 평가를 지향한다.
차시예고			- 다음시간에 배울 내용에 대해 학생들에게 설명	- 사범의 설명에 주의 집중 한다.	강의식		

7. 겨루기 본시 수업안

겨루기의 어원은 "겨루다"의 명사형으로서 "서로 버티어 힘과 기를 견주어 본다"라는 뜻이다. 옛 말에 용호상박이란 말이 있다. 이 의미는 "강자끼리 서로간의 힘과 기술을 겨루어 본다"는 뜻이다. 태권도는 원래 기본자세와 품세는 혼자서도 연습이 가능하지만 겨루기는 혼자서 연습이 불가능하다. 겨루기는 태권도 기술의 총체이다.

그래서 겨루기라 함은 태권도 정신에 입각하여 기본자세와 품새에 토대를 두어 상대방과 너불어 공방의 기술을 수련하고, 기술의 우열을 가리는 것이다. 다시 말하면 겨루기는 상대와 근접하여 손과 발로 상대방을 공격하고 방어하는 운동으로써 상대의 움직이는 동작 여하에 따라 자신의 기술을 결정하는 극히 순간적인 운동이므로 민첩성, 순발력을 요구함은 물론 주어진 시간과 공간에서 많은 방향전환과 고도의 기술변화를 필요로 하는 운동이다.

인간은 각자 뜻하는 것을 마음먹은 대로 행할 수 있는 능력을 성취하는 것이 자기완성이요 자기실현이라 고 볼 때 신체활동(겨루기)을 통한 수련은 궁극적으로 심신합일의 경지를 목표로 삼기 때문에 이것은 부단한 연마를 요구한다. 따라서 신체의 조화적 발달은 물론 유능하고 강인한 인간을 육성하여 사회에 이바지 하는데 그 의의가 있다.

<table>
<tr><th colspan="6">본시 수업안 (○/○차시)</th></tr>
<tr><td>단원</td><td colspan="2">겨루기</td><td>중단원</td><td colspan="2">세 번겨루기(몸통)</td></tr>
<tr><td>대상</td><td>○급 수련생</td><td>일시 및 장소</td><td>○○○○년 ○○월 ○○일 ○교시
○ ○ ○</td><td>사범</td><td>○ ○ ○</td></tr>
<tr><td>수업 목표</td><td colspan="5">• 세번겨루기를 할 수 있다.
• 세번겨루기의 공방의 자세와 손동작 이어주는 방법을 안다.
• 질서를 지키며 다른 사람과 사이좋게 운동한다.</td></tr>
<tr><td rowspan="2">학습 매체 자료</td><td colspan="2">사 범</td><td colspan="3">수련생</td></tr>
<tr><td colspan="2">프리젠테이션 자료, 동영상 자료, 미트</td><td colspan="3">호구, 미트, 도복, 줄넘기</td></tr>
</table>

<table>
<tr><th rowspan="2">단계</th><th rowspan="2">수업 요항</th><th rowspan="2">시간</th><th colspan="2">교 수 - 학 습 활 동</th><th rowspan="2">수업 형태</th><th rowspan="2">수업 매체</th><th rowspan="2">도달점 유의점</th></tr>
<tr><th>교 사</th><th>학 생</th></tr>
<tr><td rowspan="3">도입</td><td>학생 실태 파악</td><td>3</td><td>- 집합
사범, 학생 상호간 경례
- 출석 및 학생건강상태 확인</td><td>- 사범과 상호 경례한다.
- 주의 집중한다.</td><td>강의식</td><td>출석부</td><td>학생실태 파악 및 환자 확인</td></tr>
<tr><td>학습 주제 및 목표 확인</td><td>5</td><td>- 전시 학습내용 점검
• PPT제시
- 학습 주제 및 목표확인
• PPT제시(수업 목표)</td><td>- 제시된 PPT를 보고 기본 동작을 이해한다.
- 제시된 수업 목표를 읽고 확인한다.</td><td>강의식</td><td>PPT</td><td>기본 동작을 이해한다.</td></tr>
<tr><td>준비 운동</td><td>7</td><td>- 손목,발목,무릎관절 돌리기
- 스트레칭
- 보조보강운동
• 팔굽혀펴기(20회)
• 주먹단련(20회)
• 누워서 발차기(20회)</td><td>- 사범의 구령에 맞춰 신속하고 정확한 동작으로 실시한다.
- 태권도 동작을 보조·보강 운동을 통해 보다 정확한 동작을 익힌다.</td><td>일제형</td><td>PPT
줄넘기
매트
CD</td><td>- 개인의 능력을 고려한다.
- 본 운동을 위한 충분한 워밍업을 한다.</td></tr>
</table>

<table>
<tr><td></td><td></td><td></td><td>• 사이드스텝(10회)
- 쪼그려뛰기(12회)
- 팔 벌려 뛰기(10회)
- 줄넘기(100회)</td><td></td><td></td><td></td><td></td></tr>
<tr><td rowspan="2">전
개</td><td>연무선 익히기</td><td>5</td><td>- 연무선을 그려보시오
- 이미지트레이닝 시키기
- 연무선 따라 걷기</td><td>- 사범의 지도에 따라 연무선을 그려본다.
- 태극1장을 이미지트레이닝 한다.
- 연무선을 따라 걸으며 자세 잡기</td><td>일제형</td><td></td><td>태극1장 연무선을 이해한다.</td></tr>
<tr><td>태극 1장 구분 동작 익히기</td><td>10</td><td>구령에 맞춰 구분동작 지도
- 한 동작씩 지도
- 다섯 동작씩 지도
- 열 동작씩 지도
- 전체동작 지도</td><td>- 사범의 구령에 맞춰 구분동작으로 정확히 실시한다.</td><td>일제형</td><td></td><td>- 태극1장 동작을 익힌다.
- 방향전환 시 동작의 정확성에 강조 한다,</td></tr>
<tr><td>정
착</td><td>태극 1장 연속 동작 익히기</td><td>15</td><td>- 앞굽이 아래막고, 몸통지리기 동작 지도
- 차기동작과 지르기동작의 연결지도
- 구령 없이 다섯 동작 연속 지도
- 구령 없이 열 동작 연속지도
- 구령 없이 전체동작 지도</td><td>- 앞서기, 앞굽이 동작의 무릎 및 뒷발의 각도를 정확히 한다.
- 아래막기, 몸통막기, 얼굴막기, 몸통지르기 동작 각도를 정확히 한다.
- 리듬감을 가지고 동작을 실시한다.</td><td>일제형

분단 학습</td><td></td><td>- 태극1장을 정확한 동작으로 실시할 수 있다.</td></tr>
<tr><td>평
가</td><td></td><td rowspan="2">5</td><td></td><td></td><td></td><td></td><td></td></tr>
<tr><td>차
시
예
고</td><td></td><td>- 다음시간에 배울 내용에 대해 학생들에게 설명</td><td>- 사범의 설명에 주의 집중 한다.</td><td>강의식</td><td></td><td></td></tr>
</table>

본시 수업안 (○/○차시)

단원	겨루기		중단원	세 번겨루기(얼굴)	
대상	○급 수련생	일시 및 장소	○○○○년 ○○월 ○○일 ○교시 ○ ○ ○	사범	○ ○ ○
수업 목표	• 세번겨루기를 할 수 있다. • 세번겨루기의 공방의 자세와 손동작 이어주는 방법을 안다. • 질서를 지키며 다른 사람과 사이좋게 운동한다.				

학습 매체 자료	사 범	수련생
	프리젠테이션 자료, 동영상 자료, 미트	호구, 미트, 도복, 줄넘기

단계	수업 요항	시간	교 수 - 학 습 활 동 교 사	학 생	수업 형태	수업 매체	도달점 유의점
도입	학생 실태 파악	3	- 집합 사범, 학생 상호간 경례 - 출석 및 학생건강상태 확인	- 사범과 상호 경례한다. - 주의 집중한다.	강의식	출석부	학생실태 파악 및 환자 확인
	학습 주제 및 목표 확인	5	- 전시 학습내용 점검 • PPT제시 - 학습 주제 및 목표확인 • PPT제시(수업 목표)	- 제시된 PPT를 보고 기본 동작을 이해한다. - 제시된 수업 목표를 읽고 확인한다.	강의식	PPT	기본 동작을 이해한다.
	준비 운동	7	- 손목,발목,무릎관절 돌리기 - 스트레칭 - 보조.보강운동 • 팔굽혀펴기(20회) • 주먹단련(20회) • 누워서 발차기(20회) • 사이드스텝(10회) - 쪼그려뛰기(12회) - 팔 벌려 뛰기(10회) - 줄넘기(100회)	- 사범의 구령에 맞춰 신속하고 정확한 동작으로 실시한다. - 태권도 동작을 보조·보강 운동을 통해 보다 정확한 동작을 익힌다.	일제형	PPT 줄넘기 매트 CD	- 개인의 능력을 고려한다. - 본 운동을 위한 충분한 워밍업을 한다.
전개	세 번 겨루기 영상물 보기	5	- 세 번겨루기 영상물 보면서 이미지트레이닝 시킨다 - 스텝 따라하기	- 사범의 지도에 따라 세 번겨루기 영상물 보면서 이미지트레이닝 한다. - 스텝 따라 하며 자세잡기	일제형		스텝을 이해한다.
	세 번 겨루기 구분 동작 익히기	10	구령에 맞춰 구분동작 지도 - 한 동작씩 지도 - 셋 동작씩 지도 - 전체동작 지도	- 사범의 구령에 맞춰 구분 동작으로 정확히 실시한다.	일제형		- 얼굴 공격, 방어 동작을 익힌다. - 방향전환 시 동작의 정확성에 강조한다,

정착	세 번 겨루기 연속 동작 익히기	15	- 앞굽이 아래막고, 몸통지리기 동작 지도 - 차기동작과 지르기동작의 연결지도 - 구령 없이 셋 동작 연속지도 - 구령 없이 전체동작 지도	- 앞서기, 앞굽이 동작의 무릎 및 뒷발의 각도를 정확히 한다. - 아래막기, 몸통막기, 얼굴막기, 몸통지르기 동작 각도를 정확히 한다. - 리듬감을 가지고 동작을 실시한다.	일제형 분단 학습		- 태극1장을 정확한 동작으로 실시할 수 있다.
평가		5					
차시예고			- 다음시간에 배울 내용에 대해 학생들에게 설명	- 사범의 설명에 주의 집중한다.	강의식		

본시 수업안 (○/○차시)

단원	겨루기		중단원	자유겨루기
대상	○급 수련생	일시 및 장소	○○○○년 ○○월 ○○일 ○교시 ○ ○ ○	사범 ○ ○ ○
수업 목표	• 자유겨루기를 할 수 있다. • 공격과 방어 기술의 방법을 안다. • 질서를 지키며 다른 사람과 사이좋게 운동한다.			
학습 매체 자료	사 범		수련생	
	프리젠테이션 자료, 동영상 자료, 미트		호구, 도복, 줄넘기	

단계	수업 요항	시간	교수 - 학습 활동		수업 형태	수업 매체	도달점 유의점
			교 사	학 생			
도입	학생 실태 파악	3	- 집합 사범, 학생 상호간 경례 - 출석 및 학생건강상태 확인	- 사범과 상호 경례한다. - 주의 집중한다.	강의식	출석부	학생실태 파악 및 환자 확인

	학습 주제 및 목표 확인	5	- 전시 학습내용 점검 • PPT제시 - 학습 주제 및 목표확인 • PPT제시(수업 목표)	- 제시된 PPT를 보고 기본 동작을 이해한다. - 제시된 수업 목표를 읽고 확인한다.	강의식	PPT	기본 동작을 이해한다.
	준비 운동	7	- 손목,발목,무릎관절 돌리기 - 스트레칭 - 보조·보강운동 • 팔굽혀펴기(20회) • 주먹단련(20회) • 누워서 발차기(20회) • 사이드스텝(10회) - 쪼그려뛰기(12회) - 팔 벌려 뛰기(10회) - 줄넘기(100회)	- 사범의 구령에 맞춰 신속하고 정확한 동작으로 실시한다. - 태권도 동작을 보조·보강 운동을 통해 보다 정확한 동작을 익힌다.	일제형	PPT 줄넘기 매트 CD	- 개인의 능력을 고려한다. - 본 운동을 위한 충분한 워밍업을 한다.
전개	연무선 익히기	5	- 연무선을 그려보시오 - 이미지트레이닝 시키기 - 연무선 따라걷기	- 사범의 지도에 따라 연무선을 그려본다. - 태극1장을 이미지트레이닝한다. - 연무선을 따라 걸으며 자세잡기	일제형		태극1장 연무선을 이해한다.
	태극 1장 구분 동작 익히기	10	구령에 맞춰 구분동작 지도 - 한 동작씩 지도 - 다섯 동작씩 지도 - 열 동작씩 지도 - 전체동작 지도	- 사범의 구령에 맞춰 구분동작으로 정확히 실시한다.	일제형		- 태극1장 동작을 익힌다. - 방향전환 시 동작의 정확성에 강조한다,
정착	태극 1장 연속 동작 익히기	15	- 앞굽이 아래막고, 몸통지리기 동작 지도 - 차기동작과 지르기동작의 연결지도 - 구령 없이 다섯 동작 연속 지도 - 구령 없이 열 동작 연속지도 - 구령 없이 전체동작 지도	- 앞서기, 앞굽이 동작의 무릎 및 뒷발의 각도를 정확히 한다. - 아래막기, 몸통막기, 얼굴막기, 몸통지르기 동작 각도를 정확히 한다. - 리듬감을 가지고 동작을 실시한다.	일제형 분단학습		- 태극1장을 정확한 동작으로 실시할 수 있다.
평가		5					
차시예고			- 다음시간에 배울 내용에 대해 학생들에게 설명	- 사범의 설명에 주의 집중한다.	강의식		

제5장

교수 - 학습의 전개

1. 도입단계

2. 전개단계

3. 정착단계

4. 평가단계

제5장

교수 - 학습의 전개

1. 도입단계

태권도수업에서의 도입활동은 수련자들을 알맞게 구성하는 반 편성, 특히 대형을 갖추는 것이고 학습자가 충분한 학습의욕을 갖도록 하는 동기유발이 필요하고 과제의 설명과 준비운동을 해야 할 것이다.

1) 수업 대형

지도자는 의도된 활동으로 수련생들의 학습 경험을 이끌기 위해서는 알맞은 학습 대형이나 배열을 해야 한다. 수련생의 활동내용에 따라 다른 형태의 수업 대형이 필요하게 된다.

(1) 집단 혹은 흩어진 대형

전 지역을 배회하는 방법으로 어린이들을 흩어지게 할 수 있고, 각자 자신의 개인 공간을 확보할 수도 있다. 이 대형은 곳곳에 다니는 활동에 좋고 각자가 모든 방향으로 움직이는 것이 필요할 때 좋으므로 막대운동, 후프운동, 줄넘기, 각자 공 다루기 등의 운동에 알맞다.

(2) 늘린 분대 대형

이 대형은 분대조직에 근거한 것으로 각자 약 3보정도 떨어져서 선다. 종대일 경우에는 간격을 더 떨어지게 한다.

(3) 짝지은 대형

이 대형은 공던지기, 받기, 공차기 등에 좋다. 짝마다 한 개의 공이나 물체가 필요하고, 충분한 공간이 있는 운동장에서 간격을 벌릴 수 있다.

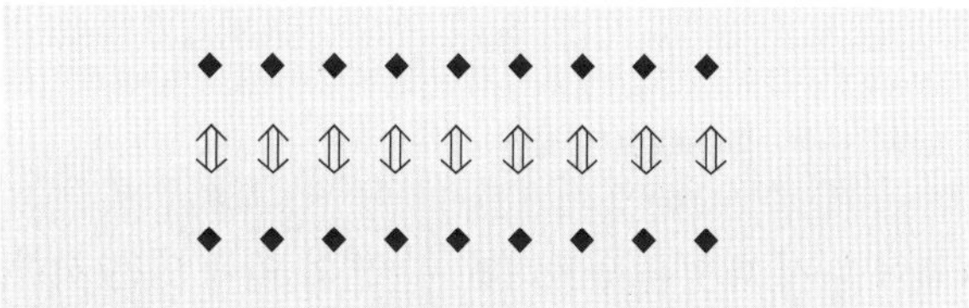

짝지은 대형

(4) 소집단(둘, 셋, 혹은 넷이 만든 집단)

이 대형은 짝지은 대형과 비슷하나 2~3명의 수련생들이 추가된 형이다. 기본적인 움직임이나 공 다루는 기술을 함께 할 때 쓴다.

(5) 종 대

릴레이 대형으로 앞에 있는 사람이 지시대로 움직이면, 그대로 하고 열의 맨 뒤로 가는 활동적인 활동에 사용된다.

(6) 리더가 있는 분대 대형

이 대형은 기술연습을 하는 데 약간의 응용을 하는 것으로 릴레이 형이다. 던지고 받는 기술에 유용하며 각 리더들은 열의 앞에 약간 떨어져서 선다.

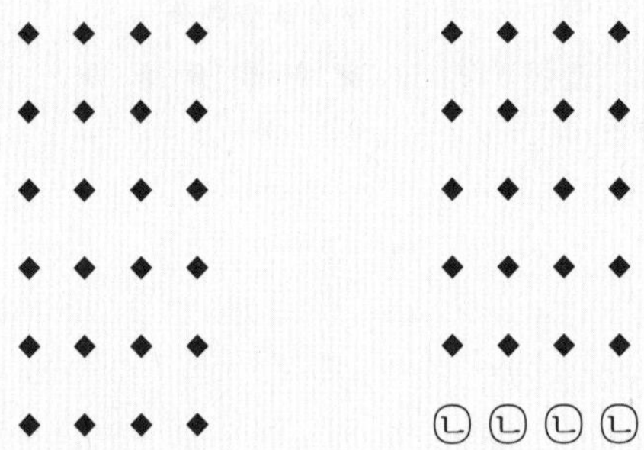

종 대 리더가 있는 분대 대형

(7) 다른 쪽 끝에 다시 만든 분대대형

열의 다른 쪽 공간에 다시 대형을 만들려면, 각 열의 앞에 있는 사람은 운동장을 지나서 건너가기 시작한다. 그 사람이 반쯤 왔을 때 다음 사람이 나간다. 다 건너가서 열을 다시 만들게 되면 다른 움직임을 준비한다.

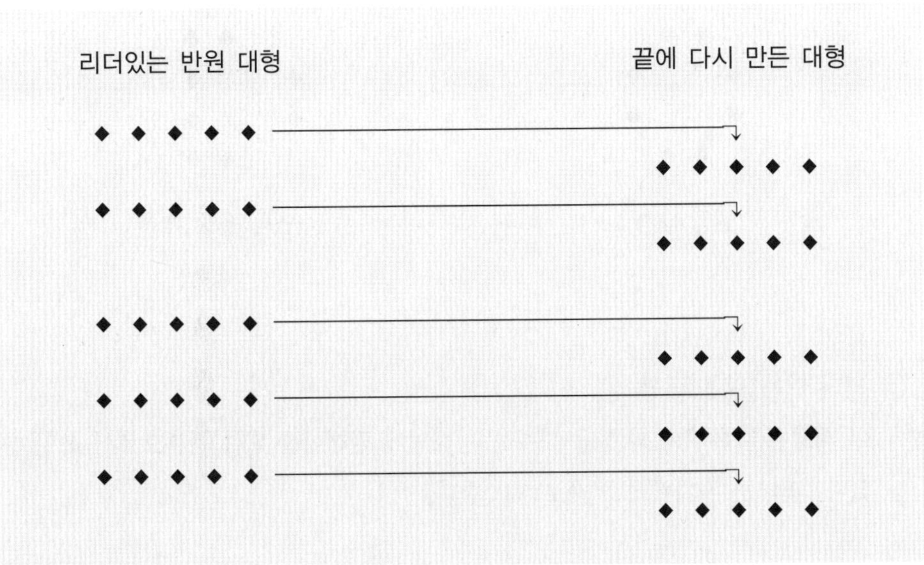

(8) 열과 리더 대형

이 대형은 물체를 던지고 받는 기술에 가끔 사용되며, 리더는 차례로 열에 있는 사람에게 주고받는 패스를 한다.

(9) 원형 대형

이 대형은 개별 발차기 기술 지도에 유용하며 차고, 패스하고, 배구하는 것과 같은 기술에 쓰인다. 이 대형은 (이)번 대형의 변형이다.

원형 대형　　　　　　　　　　리더있는 원형 대형

① 리더 있는 원형 대형

이 대형은 다른 형태의 볼을 다루는 형태인데 릴레이를 위한 기본으로서 쓰일 수 있다. 리더는 각자에게 차례로 패스한다.

② 이중 열대형

이 대형은 패스와 킥하기에 좋다. 아래 대형은 서로 주고받는 사람들이 등지고 서 있는 것보다는 훨씬 효과적임을 보여주는 지그재그 대형이다. 볼은 한 개의 열에서 다음 열로 패스된다.

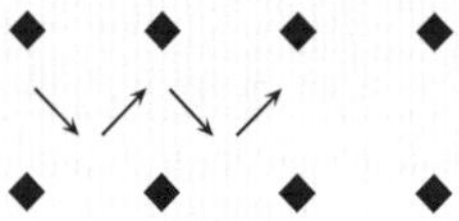

이중 열대형

(10) 일반적인 순환 대형

순환 대형에 있어서 경기자의 움직임은 베틀순환과 비슷하여 3명이나 그 이상의 사람들이 사용하는 대형이다. 하키나 축구의 패싱과 드리블링, 농구, 미식축구의 공 패스하며 나아가기 등에 쓰이며, 릴레이 대형으로도 쓰인다. 앞쪽에 있는 사람이 앞으로 드리블해 나가서 다른 열의 앞사람에게 패스하는 것이다. 각 사람은 앞으로 나가서 열의 뒤에 가서 선다.

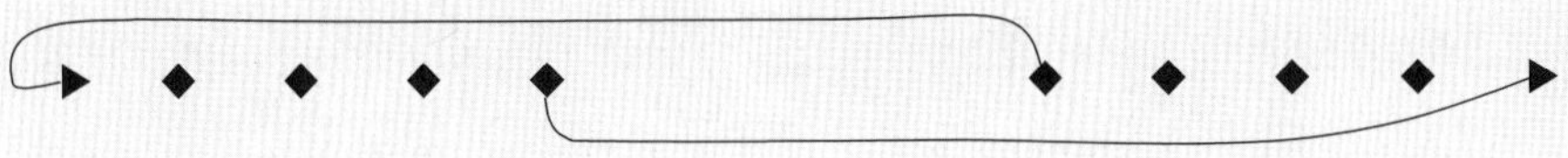

일반적인 순환 대형

(11) 뒤로 돌아가는 순환 대형

이 대형은 한번 겨루기 등에 사용된다. 한쪽 순환열의 앞에 있는 사람은 다른 쪽에 있는 사람에게 패스하고 자기열의 뒤로 가서 선다.

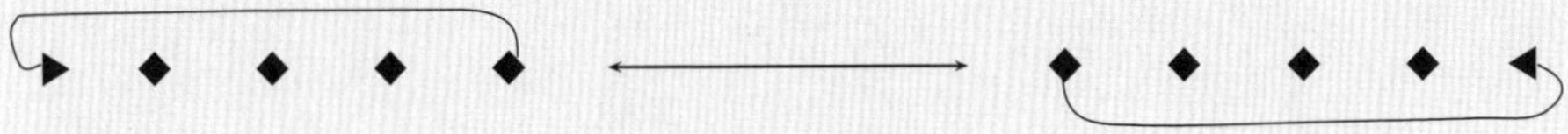

뒤로 돌아가는 순환 대형

(12) 특수 대형

다음 특수 대형들은 공간지역을 돌거나 앞뒤로 움직이는 활동을 하는 활발한 움직임에 유용하다.

① 순회형식으로 지역을 도는 대형

이 대형은 순회방식으로 지역을 도는 것이다. 경쟁을 시키고 조화를 만들어 내는 데 목적이 있으며, 지도자는 수련생들을 보다 효과적으로 관찰 할 수 있다.

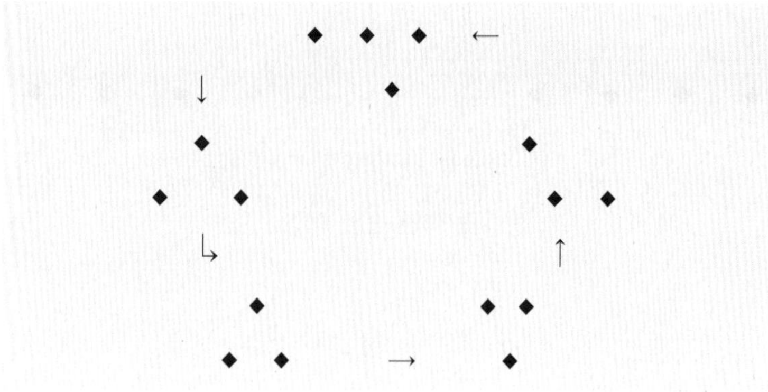

② 반대편으로 자리 바꾸기

수련생들은 체육관의 반대편으로 서서 자리를 바꿀 수 있으며, 선호에 의해서 상대방과 접촉 없이 빠져나가 반대쪽으로 건너간다.

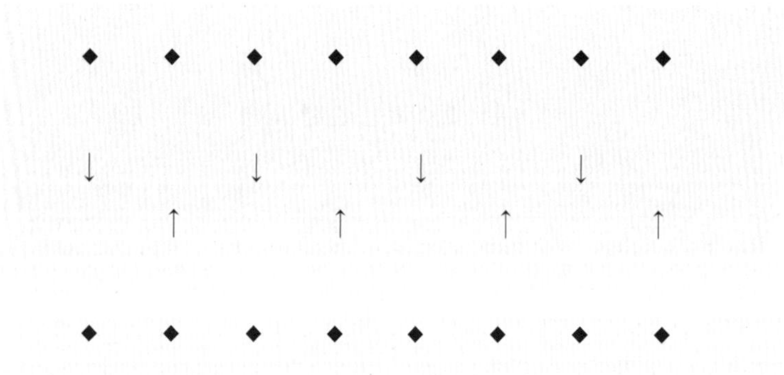

③ 반대편에서 중앙까지 갔다가 되돌아오기

반대편에서 출발하여 중앙까지 갔다가 되돌아온다. 중앙의 선은 막대나 줄 등으로 만들 수 있다.

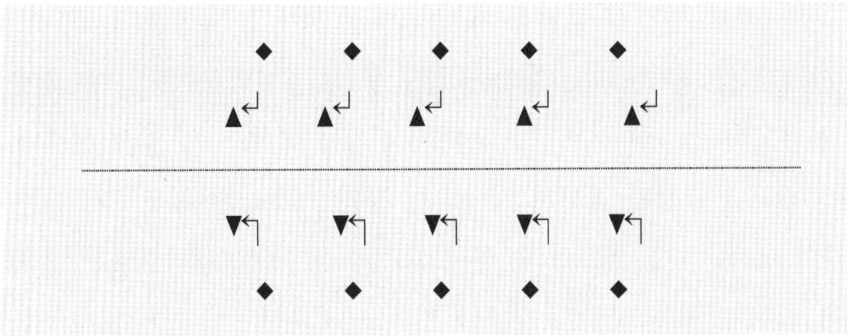

④ 반대쪽에서, 한쪽이 가로질러 건너간 후 되돌아가기

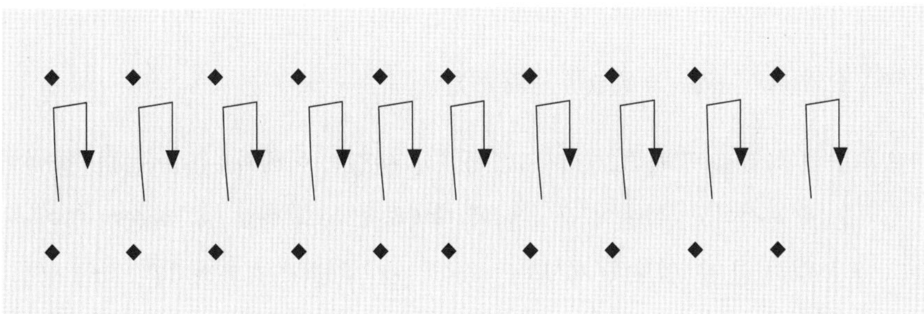

2) 동기 유발

무엇이 사람들로 하여금 특정 행동을 선택하여 지속하고 열심히 하도록 하게 하는가? 우리는 일상생활에서 자신이 하고 싶어하는 행동은 어려움이 있거나 누가 말려도 계속 하려고 하고, 반대로 자신이 하고 싶어하지 않는 일은 보상을 해주어도 또는 부탁을 해도 잘 하지 않는 것을 볼 수 있다.

특히 운동 기능을 익히는 태권도 학습에서 수련생 스스로가 하려고 하지 않으면 그 소정의 목표는 달성하기 어렵다. 반대로 수련생 스스로가 익히려는 마음을 가지고 적극적으로 임한다면 그 운동 기능의 습득은 이미 절반은 달성하였다고 해도 과언이 아니다.

동기란 일반적으로 인간의 행동을 제가(initiate)시키고, 활성화(energize)시키며, 지속(sustain)시키거나, 제지(inhibit)시키는 힘을 뜻한다. 보다 전문적으로 진술하면 동기란 결과와 연관되어 행동이 선택되고, 방향지어지는 경향 및 그렇게 선택되고, 방향지어진 행동이 목적이 달성될 때까지 지속되는 경향(tendency)을 뜻하기도 한다. 따라서 동기란 인간이 보이는 모든 행동의 근원적 이유를 설명하는 개념으로서 왜 특정한 행동을 선택하게 되어 일정한 방향과 강도를 가지고 지속하냐를 설명하기 위한 심리학적 개념이라고 볼 수 있다.

동기란 관련된 요소는 그 사람이 지는 특성과 관련되어 있다고 보아도 될 만큼 무수히 많다. 따라서 동기를 유발시키는 방법도 개개인의 특성과 상황에 따라서 다양해질 수 밖에 없다. 다음은 수업전, 수업중, 수업후로 나누어서 동기 유발 방법을 기술해 본다.

(1) 수업 전의 동기 유발 및 일반적 동기 유발

① 학습의 목표를 명확히 제시하고, 목표를 분명히 이해하도록 돕는다. 학습의 목표는 구체적이고, 학습이 끝났을 때 어떠한 행동의 변화, 즉 학습이 일어났는지를 분명히 알 수 있도록 제시하는 것이 동기 유발에 효과적이다. 학급 구성원의 선수 학습 수준에 따라 달라지기는 하겠지만, 어느 정도 노력하면 대다수의 수련생들이 달성할 수 있는 목표를 제시하는 것이 바람직하다. 또한 구성원의 이질성이 큰 경우에는 기본 학습 과제, 진보 학습 과제, 심화 학습 과제 등으로 나누어 각자의 수준에 맞는 목표를 달성하도록 자극, 고무시킨다.

② 학습의 목표를 개인적 욕구와 결부시킴으로써 관심과 흥미를 갖게 한다. 호기심에 대한 자극, 남에게 인정받으려는 자존의 욕구자극, 도전의식의 고취 등이 필요하다.

③ 지도자가 학습에 대해 갖고 있는 기대감의 수준이 적정해야 하며, 이것이 수련생들에게 전달되어야 한다. 지도자는 수련생의 학습 능력을 정확히 파악하고, 이에 맞추어 적절한 수준의 과제를 수련생이 성취해 줄 것을 기대한다는 느낌을 수련생들이 느낄 수 있도록 해주는 것이 바람직하다.

④ 각각의 운동 기능이나 학습 과제에 긍정적인 태도를 가질 수 있도록 지도해야 한다. 각각의 운동 기능이나 종목에 따라 수련생들이 좋아하는 기능이나 종목도

있고, 그렇지 않은 기능이나 종목도 있다. 따라서 각각의 운동 기능이나 종목이 갖는 특성이나 가치 또는 효과를 인식시켜 모두가 필요한 것임을 주지시킨다.

⑤ 학습하기에 적절한 환경을 만들어 준다. 체육관이나 운동장의 상태, 준비된 용구의 상태, 긍정적인 학습분위기 등 학습환경은 수련생들이 체육수업을 하는 데 있어 즐거움을 줄 수 있기도 하고, 반대로 침체된 분위기를 만들 수도 있다. 따라서 지도자의 세심한 준비는 수련생들이 스스로 운동을 하고 싶어하도록 만들 수도 있다.

(2) 수업활동중의 동기 유발

① 수련생과 지도자 어느 일방적인 측에서 수업 전체를 주도하지 말고 상호작용이 이루어지도록 수업분위기를 이끈다. 가급적 같은 과제라도 수련생들이 흥미롭게 받아들이도록 호기심을 자극하는 발문을 던져 많은 수련생들이 참여하도록 하고, 해결에 어려움을 겪는 수련생들에게는 적절한 힌트를 주어 수련생들이 스스로 과제를 해결했다는 성취감을 느끼도록 한다.

② 수련생들에게 성취의 기회를 자주 부여하게 하고, 바람직한 반응(성취)에는 즉시 강화를 해준다. 수련생들의 능력별 수준에 따라 조금이라도 성취감을 느낄 수 있도록 과제를 분석 · 제시하고, 비록 작은 성취라도 자신의 노력에 의해 이루었으면 즉각 강화를 해준다.

③ 학습의 진전 정도를 수시로 알려 주는 것이 효과적이다. 학습의 진전 정도를 즉시 또는 수시로 알려 주는 것은 학습의 효과를 증진시킬 뿐만 아니라 학습자의 동기를 강화시키는 데에도 매우 효과적이다. 이를 통해 수련생들은 잘못한 것에 대한 자극을 받기도 하고, 잘한 것에 대해 고무되어 학습을 촉진시키게 된다. 또한 지도자가 수련생에게 늘 관심이 있다는 것도 느끼게 됨으로써 학습태도를 좋게 하는 데도 도움이 된다.

④ 급우간에 협동적인 분위기를 조성하되, 경우에 따라서는 적절한 경쟁심을 유발시키는 것도 필요하다. 체육관학습은 지도자와 수련생간의 1:1관계가 성립되지만, 학습 상황은 전 학급 구성원의 상호작용을 통하여 이루어진다. 이때 학급 구성원 개개인의 경쟁은 자칫 부정적인 학습 분위기를 조장할 염려가 있기 때문

에 소집단간의 경쟁을 통해서 소집단 구성원끼리의 협동심을 키우면서 상대 집단간의 경쟁을 통해서 의욕을 불러일으키게 할 수 있다.

⑤ 다양한 학습지도법을 사용한다. 운동 기능은 많은 반복적인 연습에 의해 기능이 정착되지만, 그렇다고 해서 단순한 기능을 계속적으로 반복시키는 것은 수련생들로 하여금 심리적인 과포화 상태를 만들어 학습자체를 고통으로 느끼게 할 수 있다. 따라서 지도자의 다양한 학습지도 방법은 활기찬 수업 분위기를 만들 수 있다.

⑥ 수련생들에게 과제의 난이도를 적절하게 제시해 과제해결에 자주 실패하거나 좌절감을 겪지 않도록 한다. 실패의 연속은 수련생들에게 학습의 의욕을 잃게 할 수 있고, 자신감을 상실하게 할 수도 있다. 노력을 하면 그 노력에 대한 대가가 나타나도록 과제의 난이도를 적절하게 제시하는 것이 필요하다.

⑦ 연습이나 훈련은 게임을 하는 것처럼 즐거움을 줄 수 있도록 프로그램화한다. 같은 과제라도 지도자에 따라 접근하는 방법이 다양하다. 지도자의 깊은 관심과 전문적인 능력은 수련생들의 흥미를 불러일으키면서도 소기의 목표를 달성시킬 수 있다.

(3) 수업 후의 동기 유발

① 학습이나 연습 결과에 대해 긍정적인 평가를 해주고, 미흡한 점에 대해서는 핵심을 짚어 언급해 준다. 학습이 일단락되면 처음의 목표에 비추어 진전이 있었음을 알리고, 좋았던 점에 대해서는 긍정적인 평가를 해주는 것이 차후의 동기유발에 효과적이다. 또한 미흡한 점에 대해서는 차시에 다룰 것임을 언급하면서 핵심적인 과제에 대해서는 한두 개 과제로 내주는 것도 좋다.

② 학습결과에 대해서는 반드시 그 정보를 알려 준다. 수행결과에 대하여 좋았던 점과 더 개선해야 할 점을 간단하게 핵심만 지적하여 정리해 준다.

③ 수련생들이 잘 했을 경우에는 수련생들의 노력을 높이 인정해 주고, 미흡한 점은 능력이 부족해서가 아니라 노력이 부족했음을 인식 시킨다.

3) 목표 제시

목표란 개인이 달성하고자 하는 것 또는 어떤 행동을 통해 도달하려는 대상이라고 할 수 있다.

목표는 내용과 강도의 속성을 갖고 있는데, 목표의 내용이란 자유투 성공률을 5% 향상시킨다거나 오래달리기 기록을 10초 단축시킨다는 것과 같은 것을 말하고, 목표의 강도란 목표를 달성하기 위해 얼마나 많은 노력과 시간을 투자하는가 하는 것을 의미한다.

학습자가 목표를 설정함으로써 수행을 향상시키는 데 도움이 되는데 그 이유는 다음과 같다.

- 학습자는 수행하여야 할 과제의 핵심요소에 주의 집중
- 목표를 세움으로써 게으름을 피울 상황에서도 노력을 투입
- 수행자로 하여금 노력을 지속시키는 역할과 기능
- 목표를 설정함으로써 이를 달성하기 위한 수행자 자신만의 전략이나 방법을 고민하게 하고 구체적인 운동계획을 갖도록 만드는 것으로 알려져 있다.

(1) 목표 설정의 원리

① 구체적인 목표의 설정

연구 결과에 따르면 구체적인 목표는 목표가 전혀 없거나 "최선을 다해라"는 조건에 비해 높은 수준의 수행을 발휘한다. 그러나 현정에서 지도자들은 수련생들에게 "최선을 다해라"는 말처럼 추상적인 말만 해주는 경우가 많다. 최선을 다하라는 목표는 어느 정도의 동기 유발 효과가 있지만, 구체적으로 목표를 설정해 주는 것만큼 강한 효과를 주지는 못한다. 따라서 목표는 구체적이며, 측정이 가능하고, 행동적인 용어로 설정되어야 한다.

② 실현 가능한 목표의 설정

너무 쉬운 목표를 설정하면 노력을 별로 하지 않게 되고 목표에 대해 관심을 갖지 않게 된다. 반면 너무 어려운 목표를 설정하면 실패에 따른 좌절감과 자신감 상실 등을

겪게 된다. 따라서 어렵지만 최대의 노력을 하면 달성이 가능한 수준의 목표를 설정하는 것이 중요하다.

어려우면서도 달성이 가능한 목표를 정하는 것은 쉬운 일이 아니다. 지도자는 수행자의 동기와 잠재 능력을 고려하여 도전해 볼 만한 목표가 무엇인가 찾아줄 필요가 있다. 만약 이러한 목표를 정하기 어려울 때에는 자신이 스스로 목표를 찾도록 도와주든지, 약간 쉬운 목표를 부여해 줌으로써 수행자가 성취감을 느낄 수 있도록 해준다.

③ 장기 목표와 아울러 단기 목표의 병행 설정

수행 향상의 효과는 장기 목표와 단기 목표를 병행하여 설정하였을 때 가장 높았다고 보고하고 있다. 장기 목표는 최종 목표가 어디인지에 관한 방향을 설정해 주고, 단기 목표는 달성이 불가능해 보이는 장기 목표를 실현 가능하게 만들어 주는 역할을 한다. 장기 목표와 단기 목표의 상호 관계는 '천리 길도 한 걸음부터'라는 우리 속담에 잘 반영되어 있다.

④ 수행 목표의 설정과 강조

스포츠에는 자신이 통제할 수 있는 것과 자신이 통제할 수 없는 것들이 있다. 승패나 심판의 판정은 자신이 통제하지 못하는 반면, 연습시간에 투입하는 노력의 양은 자신이 통제할 수 있다.

목표는 자신이 통제할 수 없는 것보다는 자신이 통제할 수 있는 것을 대상으로 하여야 한다. 따라서 결과 지향적인 목표를 갖고 있다 하더라도 그것을 달성하는 데 필요한 수행 목표를 설정할 수 있다.

이것은 수행 목표의 달성을 위해 계속 노력하면 결과 목표는 저절로 달성되므로 수행자에게는 결과 목표보다 수행 목표를 더 강조해야 한다는 것이다.

⑤ 긍정적인 목표의 설정

목표는 긍정적인 방향으로 설정하는 것이 좋다고 보고하고 있다. 예를 들어, 테니스에서 '더블 폴트의 빈도를 낮춘다'의 부정적인 목표보다는 '퍼스트 서브의 성공률을 높인다'라는 긍정적인 목표가 더 바람직하다.

따라서 원하지 않는 방향의 결과에 목표를 두지 말고, 실제로 일어나기를 바라는 결과를 목표로 설정하는 것이 좋다. 긍정적인 목표를 설정하게 되면 수련생들은 실패보다는 성공에 더 관심을 갖는다.

⑥ 목표의 기록

일단 목표가 설정되었으면 전체 수련생들의 눈에 잘 띄는 곳에 목표를 게시하는 것이 좋다. 다시 말해 목표는 수행중 언제나 상기할 수 있도록 잘 보이는 곳에 제시되어야 한다. 주지교과의 경우 수업시작 전에 학습 목표를 칠판에 게시하는 것도 같은 원리이다.

⑦ 목표 달성을 위한 '전략'을 개발

목표를 설정해 놓고 이를 어떻게 달성할 것인가에 대한 고민도 없이 무작정 수행한다면 어쩌면 그 목표는 목표로서의 가치를 잃을 수 있다. 목표가 목표로서 가치를 발휘하기 위해서는 이를 달성하기 위한 구체적인 계획과 전략이 수립되어야 한다.

이들 계획과 전략 또한 지도자의 일방적인 것이 아니라 수련생들 스스로가 구안한 것이 가장 좋고, 스스로 해결할 능력이 부족한 수련생들에게는 지도자나 친구들의 도움을 얻어 개발하는 것이 좋다.

⑧ 참가자 특성의 고려

개인의 동기와 성격 경향은 설정하는 목표나 목표를 달성하기 위해 노력하는 과정에 영향을 미친다. 예를 들어, 성취동기가 높은 수행자는 쉬운 과제보다는 도전적인 과제를 선호하고 이를 달성하기 위해 노력하는 반면, 자기 중심적인 성향이 강한 수행자는 지나치게 쉽거나 어려운 과제를 선택함으로써 자신의 능력을 과시하려 한다.

또한 수련생들의 발달 단계나 성별, 그리고 운동 수행의 능숙 정도에 따라서도 그들이 지향하고자 하는 목표 수준이 달라지기 때문에 지도자는 이러한 특성을 잘 살펴 달성 가능한 수행 지향적인 목표를 설정할 수 있도록 도와주는 것이 필요하다.

⑨ 목표 달성을 위한 지원

설정한 목표를 달성하기 위해서는 본인의 노력뿐만 아니라 주위 친구들의 도움도 필요하다. 특히 운동 수행 능력이 부족한 수련생이나 연령이 어린 수련생들은 가장 가까이 있는 지도자나 동료들의 도움이 절실하다.

특히 스포츠 상황이 주로 경쟁적인 상황으로 나타나기 때문에 동료간의 상호 관계가 경쟁이나 대립과 같은 형태로 나타나기 쉬운데, 이를 서로 협동하고 화합하는 차원으로 발전시킨다면 단순히 수행 목표 이상의 도 다른 정의적인 목표까지도 달성할 수 있다.

⑩ 목표 달성 여부에 대한 계속적인 피드백

목표 설정의 효과를 높이려면 목표 달성 여부에 관한 피드백을 제시해 주어야 한다고 한다. 목표 달성에 관련하여 수행이 이루어지는 상황에서 피드백이 계속적으로 주어지는 것이 바람직하지만, 다인수 학급인 우리의 교육현실에서 지도자가 개인적인 피드백을 일일이 계속적으로 주기는 어렵다. 그래도 지도자는 개개인에 대한 목표 달성과 관련하여 계속적으로 수련생들에게 관심을 가져야 한다.

지도자가 계속적인 목표 달성 여부에 대한 피드백을 주기 어려울 때에는 수련생들 스스로가 자신의 목표치와 수행 수준과의 차이를 계속 자기 평가할 수 있도록 하는 방안도 생각할 수 있다.

2. 전개단계

전개 단계는 본시 학습과제를 실천하는 단계로 과제해결을 위한 실마리를 찾아야 한다. 따라서 해결해야 할 과제를 명확히 알고 실천하면서 과제학습시간을 높여야 한다. 따라서 지도자가 과제의 특성을 찾아내는 발문을 통하여 학습주안점을 알도록 하여 학습활동이 이를 해결하는데 집중되도록 하여야 한다. 이 단계는 운동 기능 핵심 요소를 찾아내야 정착 단계에 가서 학습 목표에 도달할 수 있는 경험을 하게 된다. 이때 학습 과제 분석이 이루어져 정확한 교수단서가 제공되어야 한다.

1) 상호작용

바람직한 교수활동을 위해서는 지도자와 수련생 간의 상호관계가 매우 중요하다. 지도자는 교육환경에서의 중요 변수이며, 이들에 의해 성장되는 수련생들은 지도자와의 불가분의 관계를 지녔기 때문이다. 지도자는 수련생 개개인의 성장을 돕고, 인간 상호작용의 특질을 조장할 수 있는 훌륭한 교수법과 바람직한 인간관계를 연관시킬 수 있는 수업기술이 있어야 한다. 인간 상호작용은 학습될 수 있고, 지도자가 더 유능한 사람을 만들기 위해 도움을 줄 수 있는 기술 및 기능과 관계한다.

(1) 방법

첫째, 지도자의 상호작용에는 일관성이 있어야 한다.

지도자의 긍정적인 상호작용은 수련생들에게 성실하고 주의 깊은 지도자로 인식되며, 부정적인 상호작용은 수련생들에게 해로운 영향을 미치므로 지도자의 상호작용은 일관되게 행동하지 않으면 수련생들은 실망한다. 그러므로 일관성을 유지하기 위해서는 수련생의 여러 행동에 대해 지도자의 생각을 알려 주어야 하며, 수련생 개개인을 동등하게 대해야 한다.

둘째, 의미있는 수련생의 행동에 대해 직접적인 상호작용을 한다. 상호작용은 수련생들의 의미있는 일에 입각해야 효과적이다. 이것은 교육적 정황으로 보아 가치 있다고 판단되는 것, 어려운 역할의 성취 등에 의해 결정되는데, 수련생이 인식하는 중요행동과 관점에 더욱 비중을 두어 수련생과 상호작용하는 것이 바람직하다. 수련생이 무엇에 관심을 두고 가치를 부여하며 흥미있게 생각하는 것이 무엇인지를 파악하기 위해 시간을 투자하는 지도자가 성실하고 주의 깊은 지도자이며, 수련생과의 바람직한 인간관계를 유지할 수 있다.

셋째, 과제(일)에 상호작용을 연관시킨다. 수련생이 수행한 과제(일)에 따라 적절한 평가로 상호작용하는 것이 중요하다. 지나친 과장도, 무관한 표현도 수련생과의 효과있는 상호작용을 막는다. 물구나무서기를 예를 들면, "그것은 최고로 멋진 물구나무서기 자세로구나."-과장 "마땅히 했어야지."-무관심, "참 잘 섰구나, 발 끝이 똑바로 되었구나."-신뢰, 관심도 인정, 특성 성보의 선날(지석)은 수련생을 관심있세 관찰하고 있다는 것을 나타내 주며, 미소나 등을 다독거리는 것 등의 무언의 상호작용은 말 이상의 효력을 볼 수 있다.

넷째, 수업 외의 요인들에 바탕을 두고 수련생들과 상호작용한다. 수련생이 수업 외의 요소에 대해 지도자로부터 관심을 받게 되면, 그들은 지도자가 자신을 인격적으로 대해 준다고 느낄 것이다(예 : 입고 있는 옷에 관한 이야기, 방학 동안의 경험담, 가정이야기 등). 이러한 수업 외의 요인들에 대해 수련생에게 관심을 보여주면, 더욱 확대된 상호작용을 할 수 있는 바탕이 된다.

다섯째, 교수와 인간상호간의 관계를 증진시키기 위해 열의를 갖는다. 수련생이나 학습활동에 대한 지도자의 열의는 앞서 기술한 많은 메시지를 전달하는 데 중요한 수단이다. 지도자가 배우고 가르칠 만하다고 선정한 메시지는 수업을 통해 전달되기도 하지만, 대부분 지도자의 열의를 통해 전달된다.

여섯째, 인간관계를 수련생들의 느낌이나 감정에 둔다. 수련생과의 바람직한 인간관계는 정규교육과정에만 국한해서는 안 된다. 학습기술은 교육과정의 중요한 측면임에는 틀림없지만 그것만이 필요한 것으로 강조 되어서는 안 되며, 수련생의 느낌과 감정에서 생기는 정서적 내용에도 똑같이 강조되어져야 한다. 수련생들에게는 자신의 느낌을 자유롭게 표현할 수 있게 하고, 지도자는 그들의 느낌을 진지하게 수용하는 사람으로 인식되도록 상호작용을 해야 한다.

예를 들면, 어린이가 자기의 성취표현을 펄쩍펄쩍 뛰면서 할 때 어떤 수련생이 시합에 이기고 만족한 웃음을 띄울 때, 또 힘든 신체훈련 후 성취표시를 할 때, 지도자는 "난 네가 많은 발전을 보이니 기쁘다.", "이기니까 좋지?", "그렇게 노력한 것에 대해 기쁘게 생각한다." 등의 상호작용은 매우 바람직한 것이며, 이와 같은 상호작용은 전적으로 수련생들의 느낌에 바탕을 두고 있는 것이다.

수련생들의 느낌표현은 긍정적일 수도 있고, 부정적일 수도 있는데, 긍정적인 느낌에 대해서는 그때의 느낌과 그것을 다른 사람과 나눌 수 있는 능력을 증대시키도록 그 느낌을 받아들이고 격려해 준다. 부정적인 느낌에 대해서는 그러한 감정을 줄여 주고 격려해 준다. 수련생에게 느낌에 대해 표현하라고 했을 때, 그 의미를 잘못 받아들이는 경우가 있으므로 지도자는 느낌에 대한 적합한 표현을 할 수 있도록 도와주어야 한다.

(2) 의사소통으로서의 상호작용

① 전달기술

말하고자 하는 내용의 '주체'를 명확히 밝힌다. 단정을 내기는 말보다는 구체적인 묘사가 좋고, 수련생의 관점과 합치되도록 해야 한다. 비언어적 신호를 알게 하고, 수련생들의 마음 상태에도 신중을 기하도록 한다.

② 수용기술

수련생들로부터 받은 메시지는 분명하고 알기 쉽도록 바꾸어 말하여야 한다. 그것은 다른 수련생들로 하여금 메시지를 바르게 알게 하고, 메시지를 준 수련생들로 하여금 메시지를 바르게 알게 하고, 메시지를 준 수련생에게는 메시지 전달이 잘 되었는가의 피드백을 제공하기 위해서이다. 또 매시지를 제공하는 사람의 비언어적 신호를 유의하고, 학급의 참여 기술을 이용해야 하며, 자신의 느낌이 메시지에 얼마나 영향을 미치는가에 대해서도 생각해야 한다.

③ 의사소통의 장애요인

의사소통의 장애요인을 다음과 같이 말하고 있다.

- 지시,명령 : "그만 떠들고 주목하라!"
- 위협 : "이 녀석, 장난은 그만 두지 않으면 성적을 깎을 거야!"
- 설교나 교화 : "너희들은 그런 식으로 행동하는 것이 훨씬 낫다는 것을 알아라!"
- 조급한 충고와 해석을 내림 : "너의 어머니께서 제때에 체육복을 준비하시도록 해야 해"
- 단정, 비평, 비난 : "넌 아주 게으르구나!", "너희 둘은 항상 반에서 말썽을 일으키고 있어."
- 틀에 박힌 잔소리나 꼬리표 달기 : "넌 어린애 같은 행동만 하는구나."
- 신문 또는 반문 : "도대체 무엇 때문에 그런 행동을 하는 거지?"
- 미루거나 연기하기 : "우리 다른 시간에 그 얘기를 하는 게 어때?"

보다 분명하고 효과적으로 의사 전달을 하고 싶고, 그 의사 전달을 통해 수련생의 문제해결을 돕고 싶다면, 위에 언급한 장애요인을 피해야 한다.

④ 도움을 주는 관계로서의 의사소통

• 감정 이입

문제를 가진 수련생의 관점에서 그 문제를 인식하는 것으로서, 동정과는 다르다. 즉, 지도자는 문제 수련생에게 동정심을 느끼는 것이 아니라 그 수련생의 관점에서 그것을 이해함으로써 그 문제를 바라보려고 노력하는 것이다. 문제의 해결책이 보이지 않을 때 문제의 올바른 판단을 위해 감정이입이 필요하다.

• 신뢰

문제를 갖고 있는 수련생이 그 해결책에 이를 수 있다고 믿는 것처럼 행동하는 것으로 본인에게 해결책을 부여함으로써 문제가 해결되는 것이 아니라, 신뢰한 수련생 스스로 해결하도록 옆에서 지원하는 것이다.

• 진실성

수련생을 다루는 지도자가 얼마나 정직하느냐에 관한 것으로 수련생들은 지도자의 허위를 찾으려 한다. 지도자가 거짓된 행동을 하고 있다고 의심하게 되면 상호 의사소통은 심각하게 손상되므로 지도자는 가능한 한 정직해야 하고 자신이 믿는 것과 조화를 이루어야 한다.

• 온정

이 관계에서 온정의 특징은 교실분위기를 설명할 때 이용되었던 방식과 유사한 것이다. 이 온정은 교육환경에서 학문적·행동적 모두에서 이루어진 끊임없고 긍정적인 상호작용의 결과이다. 미소, 열정, 눈짓과 같은 비언어적 행위 등이 지도자와 수련생 간의 따듯한 관계의 성립에 기여한다.

(3) 언어적 의사소통 점검표

수업에서 수련생과의 언어적 상호작용이 이루어진 다음에는 〈표 5-1〉과 같은 의사소통 점검표의 예시를 통해서 수업중에 수련생과의 상호작용을 점검해 보고, 어떻게 상호작용을 하는 것이 효과적인가에 대해 반성하고 이에 대한 적절한 교정을 함으로써 효율적인 상호작용기술을 익힐 수 있을 것이다.

〈표 5-1〉 의사소통 점검표

	자주	가끔	전혀
1. 모든 수련생들의 능동적 태도를 개발시키고 그들의 행동 및 의도를 신뢰했다.	( )	( )	( )
2. 지도자가 수련생들을 우호적이고 참을성 있게 대했다.	( )	( )	( )
3. 지도자가 수련생을 얕보는 투로 말하지 않았다.	( )	( )	( )
4. 지도자가 수련생 개인의 배경적 특성을 잘 알고 있다.	( )	( )	( )
5. 지도자가 능동적 경청자의 역할을 개발시켜 왔다.	( )	( )	( )
6. 지도자가 자신있는 태도를 보이고 관대한 분위기를 개발시켰다.	( )	( )	( )
7. 학습자의 흥미, 경험, 생활 형태와 관계있는 내용을 제시했다.	( )	( )	( )
8. 불필요하고 관련성이 적은 정보를 생략했다.	( )	( )	( )
9. 수련생들이 이해하고 있는 언어구조로 이야기 했다.	( )	( )	( )
10. 수련생들에게 정확한 지침을 제공했다.	( )	( )	( )
11. 명확하게 그리고 다양한 말투와 강세, 억양으로 말했다.	( )	( )	( )
12. 핵심 부분을 설명하고 강조했다.	( )	( )	( )
13. 효과적인 비구두 의사소통 기술을 개발했다.	( )	( )	( )
14. 효과적인 시선접촉을 했다.	( )	( )	( )
15. 의사소통을 할 때 수련생의 이름을 불렀다.	( )	( )	( )
16. 수련생들의 반응에 주의를 기울였다.	( )	( )	( )
17. 발문시간에 적극적이었다.	( )	( )	( )
18. 질의-응답시간에 표현력이 부족한 수련생들을 격려해 주었다.	( )	( )	( )
19. 수련생들이 자신들의 생각이나 가치를 표현할 수 있도록 했다.	( )	( )	( )
20. 수련생들에게 효과적으로 경청하는 기술을 가르쳤다.	( )	( )	( )
21. 수련생들의 집단토의 기술을 개발시켰다.	( )	( )	( )
22. 필요시 수련생들에게 개인적인 지도를 했다.	( )	( )	( )

2) 학습자 관리

오늘날 체육관에서 많은 지도자들이 수련생 관리 능력에 의하여 평가되고 있다. 교육에서 학습자 관리는 중요한 요소이며, 이것은 부정적인 관점에서 뿐만 아니라 긍성적인 관점에서도 접근이 가능하다.

만일 교수-학습시 학습자 관리가 잘 되지 않아 수련생들은 수련생들대로, 지도자는 지도자대로 정해진 단위시간을 허비한다면 지도자의 노력은 헛되어 버리기 때문이다. 이와는 반대로 정해진 시간을 하나의 낭비도 없이 모두 교육활동에 쓰여졌다면 요즘 관심이 집중되고 있는 실제 학습시간은 충분히 확보되기 때문이다.

대부분의 지도자들은 학습자 관리를 부적절한 행동이 없는 상태라고 정의하고 있다.

이러한 정의의 의미는 학습자 관리란 군인들처럼 명령에 따라 일률적으로 움직이는 잘 통제되고 관리되는 수업을 의미한다. 그래서 지금도 많은 체육교육 현장에서는 강압적인 분위기나 기합이나 엄격함, 질서정연함 같은 용어들이 주로 자리 잡는다.

그러나 진정한 의미의 학습자 관리란 학습의 목표를 달성하기 위하여 부적절한 행동을 감소시키고, 수련생들이 배우고 성장할 수 있도록 적절한 행동을 길러 주기 위한 교육활동이다.

수업의 상황에서 수련생들의 부적절한 행동에 대한 지도자의 반응은 자연적으로 부정적인 상호작용으로 이어지기 때문에 지도자는 이러한 상황이 나타나지 않도록 미리 감소시키기 위한 노력을 하는 것은 당연하다. 그리고 적절한 행동에는 어떤 실제 목적이 있어야 한다. 그 목적은 체육지도자들이 생각하고 있는 교육적인 목표와 그러한 목표의 관점에서 수련생의 행동을 검토하는 것이다.

엄격함, 온순함, 조용함, 질서 등으로 특정 지어지는 수업 준위기가 아닌 정말로 지도자와 수련생이 서로 신뢰하는 가운데 스스로 열심히 하려는 생동감 있는 분위기를 만들어 갈 때 체육수업의 진정한 학습자 관리는 이루어질 것이다.

(1) 바람직한 행동과 바람직하지 못한 행동

일반적으로 체육관현장에서 수업시 나타나는 바람직한 행동과 바람직하지 않은 행동의 유형들은 다음과 같다.

① 수업시 수련생들의 바람직한 행동 유형

- 지도자의 설명과 시범에 주의를 기울인다.
- 지도자의 지시에 공감하고 스스로 활동한다.

- 정해진 장소에서 열심히 연습한다.
- 용구를 올바르게 사용한다.
- 다른 사람의 운동 수행을 방해하지 않는다.
- 수업활동에 적극적으로 참여한다.
- 자신이 맡은 역할을 충실히 수행한다.

② 수업시 수련생들의 바람직하지 못한 행동 유형

- 지도자의 설명이나 시범시 주목하지 않는다.
- 수시로 잡담을 한다.
- 운동용구를 소홀히 다룬다.
- 주의가 산만하다.
- 지시에 따르지 않고 이탈행동을 한다.
- 수업에 무관심하거나 소극적으로 활동한다.
- 다른 수련생을 비난하고 방해한다.
- 다른 수련생의 연습을 방해한다.
- 자신이 맡은 역할을 소홀히 한다.
- 부적절한 언어를 사용한다.

지도자는 이러한 수련생들의 행동 유형들을 참고로 하여 규칙과 기대를 정하여 매 학기초, 또는 단원을 시작할 때 자신이 관리하고 있는 수련생들에게 규칙들을 숙지시키고 실천하도록 하여야 한다.

이러한 관리 규칙들을 정할 때에는 다음과 같이 하도록 한다.

- 가능한 한 짧고도 명료한 진술
- 피부에 와 닿을 수 있는 구체적인 진술
- 수련생들의 망각을 고려하여 너무 많지 않도록
- 수련생들의 연령 수준에 적합한 언어사용
- 긍정적인 형태의 규칙
- 실천하기 쉬운 규칙부터 실천

특히 이러한 학습자 관리 규칙들은 수련생들의 이해와 공감이 이루어질 수 있도록 수련생들과 같이 정하는 것도 좋고, 일단 정해진 규칙은 철저히 지킬 수 있도록 계속적인 관심을 가져야 하며, 한꺼번에 고치려고 하는 욕심을 버리고 점차적으로 개선한다는 장기적인 생각을 가져야 한다.

(2) 학습자 관리를 위한 실제

연구 결과에 의하면 수업에 참여하는 체육지도자들이 학습자 관리에 너무 많은 시간을 쏟고 있음이 밝혀졌다. 일반적으로 초등생 지도자들이 체육시간에 학습자 관리에 쏟는 시간은 대략 그들 수업의 약 30%이고, 중학생지도자들은 약 19%를 소비하고 있다고 알려져 있다. 이러한 현상은 지극히 높은 비율이며, 지도자들이 학습자 관리에 쏟는 시간을 더 낮출 필요가 있음을 말해 준다.

그러면 이만큼 많은 학습자 관리시간을 소비하면 훌륭하게 학습자 관리가 되는가? 그러나 실제로 학습의 장면에서는 학습자 관리에 많은 시간을 소비하고 있음에도 수업의 장면에 들어가면 비효율적인 측면이 많이 나타나는 것으로 보고하고 있다.

이러한 비효율의 주된 요인은 대부분은 조직적이지 못한 학습자 관리에 기인하는 경우가 많다. 따라서 일선체육관에서는 조직적인 학습자 관리를 통하여 정해진 수업시간을 최대로 활용하는 지혜를 지도자는 가져야 할 것이다.

일반적으로 알려져 있는 수업시의 학습자 관리에는 다음과 같은 점을 염두에 두면 보다 효율적으로 할 수 있다.

① 전체 수업과정과 절차에 대한 표준화

수업을 하는 모든 지도자들은 각기 자기 나름대로의 수업 형식이 있기 마련이다. 예컨대, 준비운동 내용이라는 하나의 측면만 보아도 맨손체조를 선호하는 지도자, 조깅과 스트레칭을 선호하는 지도자, 지도자 자신이 만든 율동을 중심으로 준비운동하는 지도자 등 각기 나름대로의 생각을 가지고 시행한다. 이와 같이 수업은 지도자가 자신만의 주관을 가지고 수련생들과의 상호작용을 통하여 목표로 하는 것을 추구하는 활동이다. 그렇다고 해서 그때그때의 즉흥적인 기분에 따라 운영되어서는 안되고 자신만의 객관적이고도 계획적인 프로그램이 있어야 한다. 즉, 초등학생의 경우 40분이라는 정해진 수업시간을 가지고 어떤 형식과 흐름을 가지고 하는 것은 각자 지도자의 주관에 달려 있다고 할 수 있지만, 한 학기 또는 일년 동안 실시되는 체육수업에서 수련생들이 수업 과정에 대하여 다음 과정이 무엇을 하여야 하는지 미리 예견할 수 있다면 수련생들의 다음 행동은 훨씬 빨라질 것이다. 따라서 지도자는 학기 초에 자신만의 수업과정에 대한 전체적인 흐름과 절차를 수련생들과 같이 공유하고 인식하여 수련생들의 다음의 과정에 대한 예측을 통하여 대기시간이나 관리 시간을 단축하도록 하여야 할 것이다.

② 자신만의 교수 신호방법을 확립한다.

수업시간에 수련생들의 주의를 집중시킬 필요가 있을 때가 많다. 교육적인 목적을 위해 관리 기능이나 활동을 변화시키기 위해서는 집중시키는 것이 바람직하다. 수련생들의 주의를 재빨리 얻는 것은 수업에서의 공감대를 유지하는 방법으로서 뿐만 아니라 시간을 절약하는 데도 중요하다. 지도자가 주의를 요구하고 수련생들이 이를 받아들이지 않을 때에 지도자는 좌절하며, 열심히 주의를 집중하는 수련생들은 집중하지 않는 다른 수련생들에게 불평한다.

일반적으로는 호루라기를 많이 사용하는데 지도자들은 이를 사용하는데 있어서 강약, 속도, 단절 등을 다양하고 적절하게 효과적으로 사용할 수 있어야 한다. 그래서 수련생들이 지도자가 신호하는 의미를 알고 이에 빨리 반응할 수 있도록 훈련이 되어야 한다. 그렇다고 해서 호루라기가 수련생들에게 지도자가 나타내는 신호의 전부나 만능이 되어서는 안 된다. 지도자는 호루라기뿐만 아니라 손뼉이나 손짓, 몸짓 등을 같이 사용해서 보다 쉽게 그 신호의 의미를 수련생들이 이해할 수 있도록 해야 한다.

예컨대, 호루라기를 강하고 짧게 불면 운동행동에 대한 동작을 멈추는 것이라든지, 길게 불면서 손바닥을 아래로 하여 내리면 제자리에 앉는 신호라든지, 호루라기를 두 번 짧게 불면서 주먹을 쥐어 한 손을 들면 주의를 집중하라든지 지도자는 자신만의 신호를 수련생들과의 많은 훈련을 통하여 서로 공유하고 인식하여야 한다.

그렇지만 가능한 한 언어를 통하여 의사전달을 하는 것이 바람직하다. 지도자는 언어를 통한 의사전달이 자연스럽게 수련생들과의 상호작용이나 인간적인 측면이 있기 때문이다. 언어로서 주의집중이나 효과적인 신호가 되지 않을 때에는 할 수 없이 호루라기를 사용하여야 되겠지만, 너무 잦은 호루라기의 사용은 수업의 흐름을 끊을 수도 있기 때문에 불필요하게 많이 사용해서는 안 된다. 하여튼 어떤 형태의 신호이든지 간에 지도자의 신호는 명확하며 수련생들이 혼란을 일으키지 않도록 하여야 한다.

③ 연습진단의 조직방법

일반적으로 체육시간에 수련생들의 운동 수행시 연습진단을 조직하려고 할 때 홀수 짝수를 이용하는 방법, 남녀별로 조직하는 방법, 운동기능별로 조직하는 방법, 출석번호를 이용하는 방법, 신장을 고려하는 방법 등 다양하게 나눌 수 있다.

그러나 연습진단에 대한 조직은 단지 연습진단을 나누는 데 의미가 있는 것이 아니라 수업의 흐름과 분위기, 수련생들의 동기 유발, 정의적 특성 및 사회성 함양이라는 많은 변수를 가지고 있기 때문에 지도자의 세심한 집단조직에 대한 배분이 필요하다.

집단을 조직하는 데 있어 기준은 현재까지 능력별 집단편성이 기능의 효과적인 학습을 위한 가장 바람직한 기준이 되고 있지만 이에 대한 구체적인 조직은 학습과제의 특성에 따라 나누는 것이 가장 바람직하다. 그래서 집단의 리더를 중심으로 하여 서로 협동적인 분위기에서 즐거운 운동 수행이 되도록 하여야 한다.

그리고 어떤 게임이나 경쟁을 동원한 학습 형태일 때는 집단간의 우열차가 나타나지 않도록 배분되어야 한다. 수련생들이 경쟁적인 요소를 가미했을 때 열광하는 것은 승패에 대한 불확실성이 있을 때만이 가능한 일이기 때문에 이에 대한 배려를 해야 한다. 그리고 수련생들의 운동 기능에 대한 능력의 판정이 어려울 때는 각 집단의 리더를 중심으로 하여 집단 구성의 선택을 수련생들에게 스스로 하도록 맡기는 방법도 있을 수 있다.

연습집단 구성에 있어서도 평소에 조금씩 일관성있게 연습하여 수업시 우왕좌왕하며 시간을 소비하는 일이 없도록 해야 할 것이다.

④ 수업 대형 관리

지도자가 수련활동을 하는 데 있어 수련생들의 대형을 어떤 형태로 하느냐에 따라 상호작용의 효율성이 높아지기도 할 수 있고 낮아지기도 한다. 즉, 대형은 교수-학습의 효율성을 높이기 위한 대형이여야 한다.

예컨대, 처음의 모임 대형은 4열 횡대의 대형이라든지, 체조시에는 양팔 간격 4열 횡대의 대형을 유지하라든지, 설명할 때는 2열은 앉은 자세로 나머지 2열은 선 상태로 4열 횡대의 대형을 유지하라든지, 릴레이 게임시는 2열 종대의 대형을 유지하라든지 수업 상황에서 많은 대형이 만들어지고 흩어진다.

이때 이러한 대형들을 즉흥적으로 만들어서는 수업관리의 시간이 많이 소비되므로 지도자와 수련생 사이에 어느 정도 같이 약속된 연습이 되어야 한다. 그래서 지도자가 어떤 기능에 대하여 설명하려고 모이라고 하면, 수련생들은 자연스럽게 설명을 잘 들을 수 있는 대형으로 갖춰져서 준비가 되어야 하고, 준비운동을 하려고 하면 자연스럽게 준비운동의 대형이 이루어져야 한다. 이러한 작은 과정도 1학기 또는 1년 간이라는 긴 시간에서 볼 때는 매우 많은 시간을 효율적으로 관리할 수 있다.

⑤ 학습도구의 효율적인 준비와 관리

학습도구를 사용할 때에는 미리 계획을 세운 다음 사전에 그것을 점검해야 한다. 지도자는 학습도구를 어디에 설치와 배열을 할 것인지 또는 누가 준비하고 해체할 것인지를 미리 계획이 되어 있어서 수업중에 시간을 소비하는 일이 있어서는 안 된다.

그리고 사용되어지는 용구는 최대한 학습참여를 보장하기 위해서 충분히 확보되어야 한다. 한 개의 공으로 전체 학급을 지도하거나 줄을 길게 늘어서서 하는 수업조직은 대기시간과 부적합 행동을 발생시킬 우려가 높다.

학습용구나 도구의 관리는 한 활동에서 다른 활동으로의 흐름을 고려하여 정리되어야 한다. 한 지역에서 활동하는 수련생들은 다른 공간이나 용구를 사용하는 수련생들에게 방해가 되어서는 안 된다. 많은 수련생들이 출입하는 곳이나 출입문 또는 수돗가 등에 용구를 배치하는 것은 피해야 한다. 용구는 여러 집단으로 나누어 분단학습을 하는 수련생들의 전체 활동이 한 곳에 탐지될 수 있도록 배치되어야 한다. 그리고 운동장에 라인을 긋거나 체육관에 어떤 표시를 하는 경우는 휴식시간이나 빈 시간을 이용하여 미리 준비한다.

효율적인 학습자 관리는 지도자가 시간낭비를 피하고, 개인적인 에너지를 보존하며, 수련생의 혼돈을 막으려는 데 있다. 학습자 관리는 지도자의 비학문적인 행동에 관한 것이며, 학급의 일상적인 일을 효율적으로 하는 방법인 것이다.

대부분의 체육지도 지도자들이 관리 기능에 많은 시간을 소비한다는 연구 결과가 밝혀졌다. 따라서 지도자가 학년초에 다양한 학급 관리를 위한 오리엔테이션 기간을 잘 계획하고 실행하여 단위 학습시간에 대한 낭비를 최소화할 수 있도록 계획하여야 할 것이다.

⑥ 학습자의 안전

수련생에게 안전한 학습환경을 제공하는 것은 모든 체육지도자의 중요한 책임이다. 수업계획 단계에서도 안전이 고려되어야 하지만 수업실행 단계에서는 더욱 우선적으로 고려해야 한다.

위험이 수반된 활동을 할 때 지도자는 안전수칙을 강조해야 한다. 안전수칙을 설명하고 수시로 강조하여 수련생들에게 충분히 인지시키고 만약 수련생이 이 수칙을 위반할 경우 책임을 추궁해야 한다. 지도자가 이러한 점을 소홀히 할 경우 수련생의 상해뿐만 아니라 법적 소송의 문제를 야기 할 수 있다. 그렇다고 이런 이유 때문에 위험이 수반되는 활동을 체육 프로그램에서 배제해서는 안 된다.

이와는 반대로 수련생이 적절한 위험을 극복하면서 학습할 수 있도록 도와주고 또 활동에 참여할 수 있도록 도와주는 것이 체육 프로그램 목표 중의 하나이다. 모든 스포츠 활동은 상해의 가능성을 가지고 있다. 활동의 특성과 그 활동이 이루어지는 공간의 관점에서 안전에 관한 규칙이 강조되어야 한다.

또한 심리적 안정성도 좋은 학습환경을 만드는 데 중요하다. 수련생은 안전하게 행동할 필요가 있으며, 또한 자신이 하고 있는 것에 대하여 안정감을 느껴야 한다. 이것은 단순히 수련생들 자신이 활동에 참가하는 것을 만족하고 기꺼이 참여하려는 것을 의미한다. 수련생들이 자신의 행동에 극찬을 받았거나 혹평을 받은 경험이 없는 한 심리적 안정감을 갖게 된다.

수련생이 자신의 기능 발달을 경험하거나 기능 학습을 성공적으로 수행한 경험이 있고, 또한 수련생 자신이 학습 발달 정도를 체험한 경우 현행 과제에 도전감을 느끼게 되며, 자신도 할 수 있다는 자신감을 가지고 편안한 마음으로 학습에 임하게 된다.

또 지도자는 위험한 수련생활동에 항상 주의를 기울여야 한다. 수련생을 활동 자체가 흥미로울 경우 성인과 같이 신중한 행동을 하지 않는 속성이 있다. 지도자는 수련생 자신의 안전은 물론 다른 수련생의 안전을 위협하는 수련생행동을 인지할 필요가 있다.

위험한 행동은 즉시 중단시키고, 그 행동이 왜 위험한가를 구체적으로 알려 주어야 한다. 지도자가 수련생의 학습에 가장 밀접하게 접근하는 방법을 수련생들을 적극적으로 감독하는 일이다.

3) 과제 제시

지도자가 개발해야 할 교수 기능의 중의 하나는 수련생들이 정확한 운동계획을 형성할 수 있도록 운동과제를 제시하고, 그것에 보다 적극적으로 참여할 수 있도록 동기를 부여하는 것이다. 특히 교수 효율성을 밝혀 온 일련의 연구들도 과제 제시 기능이 학습 활동에 크게 영향을 미친다고 보고하고 있다.

지도자가 과제 제시를 분명하게 하지 않으면 수련생들은 자신에게 기대되는 행동이 무엇인지 정확하게 인식하지 못하게 되고 대부분의 시간을 오류의 수정에 소비하게 될지도 모른다.

또한 운동 기능에 대한 학습일지라도 인지과정은 학습에서 중요한 역할을 한다. 수련생들은 그들이 학습할 내용을 분명히 이해하고 운동 수행의 정보를 정확한 운동계획으로 전환해야 한다. 따라서 과제의 전달에서 지도자의 임무는 학습자들이 가능한 정확한 운동계획을 형성할 수 있도록 도와주는 일이다.

과제에 내재된 내용의 특성에 관계없이 과제 제시는 항상 내용을 전달하는 교수행위로서 이해되어야 한다. 간혹 지도자들은 비슷한 반응을 요구하는 과제에 대해 수련생들이 사전경험이 있는 것으로 가정하고 지나치게 간단하게 제시하는 경우가 있다. 운동과제의 제시와 관련하여 우선적으로 학습자의 주의집중이 되어야 한다.

(1) 효과적인 과제 제시에 대한 저해 요소

① 소란하고 산만한 환경

수업환경이 시끄럽거나 산만하면 수련생들이 지도자의 과제 제시에 주의를 집중할 수 없다. 특히 소란이 수업 자체로부터 발생했다면 그 원인은 철저히 제거되어야 한다. 지도자가 주의를 집중시키기 위해 목소리를 높이는 일은 일시적 효과를 가져 올 수 있을지 모르지만, 그 효과는 곧 상실된다. 그래서 지도자는 수련생들의 주의집중을 유도할 수 있는 신호를 사용할 수 있으며, 수련생들은 약속된 신호에 주의를 집중할 때까지 연습하고 훈련되어야 한다.

특히 개방적인 공간에서 이루어지는 체육학습은 수련생들이 밀폐된 공간에서 갇혀 있다가 개방적인 공간으로의 이동이 이루어졌기 때문에 마음이 보다 더 흐트러지게 되는 것은 어쩌면 당연할지 모르지만, 수업을 진행시키기 위해서는 어떻게든 수련생들의 주의를 집중시켜야 한다.

그래서 지도자는 수련생들이 너무 산만할 경우는 주의가 집중될 때까지 수업진행을 중단하는 것이 좋다. 초보지도자들의 경우 수련생들의 반응을 읽지 못하고 그냥 소란한 상태에서 운동과제를 제시하는 것을 볼 수 있는데 이러한 것은 아무런 효과를 기대할 수 없다.

따라서 운동과제를 제시할 때는 반드시 수련생들의 주의가 집중된 가운데 제시되도록 해야 할 것이다.

② 다른 환경에의 몰두

초등생 저학년의 경우 한 자리에 모아 놓으면 수련생들은 자신이 가지고 있는 물건을 만지거나 옆 수련생과 장난을 치는 등 가만히 있지 않는다. 그렇다고 해서 지도자가 그러한 수련생들의 행동에만 집중하다보면 수업 분위기는 부정적으로 흐르게 되고 수업은 제대로 진행되지 않는다.

따라서 가장 중요한 사항만이라도 반드시 집중할 수 있도록 수련생들을 주의집중을 시키고 너무 심하게 장난치는 아동은 가능한 조용히 분리시키는 것이 필요하다.

③ 비효율적 시간의 사용

수업 초기에 주의집중이 잘되던 수련생들도 시간이 지남에 따라 주의집중력이 흐트러진다. 이러한 원인 중의 하나는 지도자가 불필요하게 길게 설명한다든지, 한 번의 시범으로 이해시킬 수 있는 것을 장황하게 말로 설명한다든지 할 때 수련생들은 이해는 안되고 시간운영은 비효율적으로 흐르게 된다.

초등수련생들의 주의집중 시간은 매우 짧다. 따라서 효과적인 과제전달의 비결은 간결성이다. 수련생들은 체육시간에는 설명을 듣기보다는 실제로 운동하기를 원한다.

따라서 제시될 내용의 많을 경우는 나누어서 조금씩 자주 그리고 간단하게 설명하고, 활동과 활동 사이의 이동시간을 최소화해야 한다. 효과적인 과제 전달자는 한 번에 많은 내용을 장황하게 설명하지 않는다.

마찬가지로 초등생 고학년이라고 해서 저학년보다 주의집중 시간이 길다고 비효율적인 과제 전달방법이 합리화될 수는 없다. 만약 과제 전달에 수련생들이 흥미를 보이지 않는다면 이는 지도자를 무시하는 행위일 수도 있기 때문이다.

(2) 과제 제시방법

과제 전달의 두 번째 중요한 측면은 전달수단을 무엇으로 하느냐 이다. 지도자는 과제를 언어적으로 할 것이냐 아니면 시범이나 다른 시각자료를 이용하여 할 것인가를 결정해야 한다. 지도자는 학습자와 내용에 근거하여 최선의 전달방법이 무엇인가를 고민하고 결정하여야 한다.

① 언어적 전달

수련생들이 어떤 스포츠 기능에 경험이 있고 기능설명에 필요한 언어에 익숙하다면 지도자의 언어적 설명이나 지시로 과제의 설명이 충분히 이루어진다. 그러나 만약 수련생들이 전혀 새로운 과제로 인식하게 되는 경우에는 수련생들은 지도자의 자세한 언어적 설명을 심상적으로 느끼지 못한다. 따라서 언어적 전달은 처음의 과제 전달에는 적합하지 못하고 어느 정도 익숙하게 될 때 전달하는 방법이다.

특히 지도자 자신은 충분히 수련생들에게 이해시켰다고 생각하는 착각에 빠질 수 있기 때문에 수련생들의 이해 정도를 반드시 확인하는 것이 필요하다. 또 모든 운동과제를 시범 없이 언어로서 설명하는 데는 한계가 있다는 것을 명심해야 한다.

② 시범

운동 과제의 시각적 전달은 대개 시범을 통해서 이루어진다. 특히 언어적 설명을 수반하는 시범은 수련생들에게 추가적인 학습단서를 제공한다. 체육수업에서의 시범은 다음과 같은 요인들을 고려하여 이루어져야 한다.

• 시범은 정확해야 한다.

수련생들은 자신이 관찰한 내용을 연습을 통해 재현하게 된다. 대부분의 수련생들은 지도자의 설명과 무관하게 주로 시범을 통해 학습정보를 얻게 된다. 그러므로 시범은 정확해야 한다. 또한 시범은 그 기능이 재현되는 속도도 정확해야 전체적인 맥락을 파악할 수 있다. 이러한 시범은 다양한 각도에서 이루어져 수련생들이 정확한 정보를 얻을 수 있도록 해야 한다.

• 수련생의 시범을 이용한다.

수련생들이 어느 정도의 정확한 시범을 보일 수 있다면 수련생의 시범을 이용하는 것이 더 효과적일 수 있다. 수련생들을 이용하면 지도자는 그들이 시범을 보이는 동안 운동 수행의 중요한 측면을 강조하여 설명할 수 있고, 어느 부분을 관찰해야 하는지를 지적할 수 있기 때문이다.

• 시범은 과제의 연습에 적절한 형태로 이루어져야 한다.

시범은 연습과 유사한 형태로 이루어져야 한다. 많은 지도자들은 과제의 연습조건을 시범에 포함시키지 않음으로써 수련생들에게 기대되는 학습내용을 정확하게 이해시키지 못하고 있다. 훌륭한 과제 제시는 시범을 통해 스포츠 기능 뿐안 아니라 연습 형태까지 전달한다.

• 시범은 창조적인 표현, 문제해결, 표현활동에 대해서도 사용된다.

많은 지도자들은 창조적인 표현, 문제해결을 목표로 하는 과제를 제시할 때 시범의 사용을 주저하게 된다. 그것은 시범을 보임으로써 수련생의 자발적인 창의적 표현이나 문제해결을 막는다고 보기 때문이다. 사실 지도자가 어떤 과제에 대해 한 가지 반응을 시범 보인 다음 그것을 정확하게 재현하도록 하거나, 한 가지 해결방안에 관해서만 시범을 보인다면 수련생들의 자발성은 억제될 수 있다.

그러나 표현활동, 창조적인 반응 또는 문제해결을 요구하는 과제들 역시 지도자가 다양한 표현을 통해서 예들을 제시한다면 문제해결에 필요한 원리나 개념에 대한 의미를 시범을 통해서 전달할 수 있다.

• 시범은 기능의 핵심 측면을 강조해야 한다.

지도자가 수련생들에게 최대한의 시범효과를 보장하기 위해서는 그들의 관찰을 유도해야 한다. 기능이나 과제의 중요한 측면은 설명을 통해서 강조하고, 가능하다면 요점 동작은 정지시켜 표현한다든지, 또는 천천히 표현하여 시각적으로 강조해야 한다.

• 시범은 어떤 기능이 왜 그렇게 수행되어야 하는지 정보를 제공해야 한다.

수련생들은 어떤 기능이 왜 그렇게 수행되어야 하는지에 관한 정보를 제공받음으로써 그 기능을 잘 이해할 수 있고 잘 기억할 수 있다. 또한 그 원리에 대하여 이해함으로써 스스로 그 기능에 접근하려는 지도를 하고자 한다.

• 시범 후 학습자의 이해 여부를 확인해야 한다.

지도자는 수련생들에게 기능을 연습할 기회를 제공하기 전에 그들이 관찰한 내용을 이해하고 있는지를 확인해야 한다. 이것은 시범 후 수련생들에게 발문을 함으로써 가능하다. 특히 이때 발문은 각각의 동작에서 중요한 부분에 대한 것을 다시 한 번 강조하는 의미로도 확산시킬 수 있다.

③ 매체

교실에서만 사용되는 것으로 알았던 시청각 매체가 체육관이나 운동장과 같은 체육의 장에서도 점점 활발히 이용되는 추세이다. 과제 전달을 위한 시각정보의 중요성을 고려할 때 전문매체의 생산은 체육 교수-학습에 큰 도움을 주고 있다. 이러한 전문매체의 장점은 필요한 경우 느린 동작으로 재생할 수 있다거나 또는 얼마든지 반복해서 재생할 수 있다는 점일 것이다.

그러나 이러한 매체를 사용하는 데 있어 학습자의 능력을 너무 능가하거나, 또는 그것에 미치지 못하는 경우에 매체의 교육적 가치는 상실되고 만다. 따라서 그러한 매체는 운동과제를 처음 제시할 때보다는 수련생들이 구체적인 정보를 이용할 수 있을 때 사용하는 것이 더욱 효과적이다.

상업적인 매체는 매체의 설치와 해체에 상당한 시간이 걸리기 때문에 학습시간을 낭비하지 않는 범위에서 그것의 사용이 고려되어야 한다. 그러기 위해서 지도자는 매체를 능숙하게 다룰 수 있어야 하고, 이의 설치와 해체는 수업시간 외에 이루어져야 한다.

따라서 학습매체의 사용은 운동학습에 물론 유익하지만, 학습자의 수준과 학습 내용에 맞는 매체의 선택은 신중히 고려해야 한다.

(3) 명료한 과제 제시를 위한 지침

지도자의 과제 전달은 지도자가 의도하는 반응과 학습자의 실제반응이 일치할 때 정확하게 이루어졌다고 할 수 있다. 과제 제시의 명료성은 다음과 같은 지침을 이용함으로써 향상시킬 수 있다.

① 학습자를 지향한 과제 제시

지도자들은 수련생들에게 그들이 무엇을 수행하게 될 것인지를 진지하게 알려 주어야 한다. 그렇게 함으로써 수련생들은 수업의 일부분을 전체와 관련하여 이해하게 된다.

② 과제 전달을 논리적인 순서로 계열화한다.

수업내용의 논리적 정리는 과제 전달을 촉진하게 된다. 운동 기능의 교수에서는 실행순서에 따라 과제를 계열화하는 것이 일반적이지만, 반드시 실행순서에 따라야 한다는 원칙은 없다. 어느 특정 동작을 강조하기 위해서는 중요한 동작부터 제시하는 것도 있을 수 있다.

③ 예와 예가 아닌 것을 비교하여 제시하라

운동과 관련된 많은 개념들, 특히 운동의 질적인 측면은 예와 예가 아닌 것을 비교하여 제시할 때 더욱 쉽게 이해될 수 있다. 예를 들면, 부드러운 착지를 정확하게 이해하기 위해서는 강한 착지가 어떤 모습인지를 알 필요가 있다. 마찬가지로 이동운동을 이해하기 위해서는 비이동 운동이 어떤 것인지를 이해함으로써 이동운동이 더욱 명료해진다.

④ 학습자의 경험을 이용한다.

학습자나 지도자의 경험을 참고하는 것은 과제 전달에 도움이 된다. 수련생들에게 학습하려는 내용이 이미 학습한 기능과 어떻게 같거나 다르다는 것을 보여줌으로써 그들은 새로운 정보를 효과적으로 재창조할 수 있다.

⑤ 이해하기 어려운 내용은 반복 설명한다.

대부분의 지도자들은 한 번 설명한 내용을 모든 수련생들이 잘 이해할 것이라고 생각하지만 사실은 그렇지 않다. 단순한 내용에 대한 반복 설명은 불필요하지만, 동일한 내용을 다른 방법으로 반복 설명할 때에 효과성은 증대된다.

⑥ 학습자의 이해를 확인하기 위한 발문을 한다.

수련생들이 주어진 과제수행에 들어갔을 때 수련생들이 일단의 내용을 이해하지 못하다는 것을 알면 그때는 이미 늦다. 따라서 지도자는 과제수행에 들어가기 전에 운동과제에 대한 중요한 요점을 발문을 통해 이해여부를 확인해야 한다.

⑦ 수업자료를 역동적으로 제시한다.

목소리의 활용, 비언어적 행동, 타이밍 등은 과제 전달의 효율성을 증대시킨다. 부드러운 목소리와 강한 목소리를 대비시킨다든지, 느린 과제 전달과 신속한 과제 전달을 대비시킨다든지 학습자의 주의를 집중시켜야 한다. 활기찬 수업 분위기는 지도자의 역동적인 수업활동에 달려 있다.

(4) 과제 제시 점검표

효율적인 수업 운영을 위해서는 효과적인 과제 제시가 필요하다. 〈표 5-3〉과 같은 과제 제시 점검표의 예시를 통해서 수업에서의 과제 제시 상황을 점검하고 이에 대한 적절한 교정을 함으로써 효율적인 과제 제시 기술을 익힐 수 있을 것이다.

〈표 5-3〉 과제 제시 점검표

	자주	가끔	전혀
1. 모든 과제가 의미있고 교수 목표에 관련되어 있다.	( )	( )	( )
2. 기계적 연습이나 의미없는 과제를 피한다.	( )	( )	( )
3. 자신있고 긍정적으로 학급을 경영한다.	( )	( )	( )
4. 과제의 내용과 형식이 흥미롭다고 생각한다.	( )	( )	( )
5. 과제의 형식과 내용을 다양하게 한다.	( )	( )	( )
6. 개인차를 고려한 과제를 제시한다.	( )	( )	( )
7. 과제 수행에 어려움을 겪으면 적당한 변화를 준다.	( )	( )	( )
8. 수련생들이 과제 수행에 대한 설명을 듣고 즉시 관련과제를 수행한다.	( )	( )	( )
9. 과제수행에 필요한 시간을 고려하였다.	( )	( )	( )
10. 쉬운 것부터 어려운 순서로 과제를 제시한다.	( )	( )	( )
11. 과제 수행에 필요한 명확한 지침과 정확한 지시를 한다.	( )	( )	( )
12. 수련생들에게 과제에 적극적으로 참여할 수 있도록 격려한다.	( )	( )	( )
13. 수련생들에게 기대되는 수준을 알려 준다.	( )	( )	( )
14. 수련생들이 정해진 시간 안에 과제를 끝내도록 격려한다.	( )	( )	( )
15. 과제 수행에 다양한 학습자료를 활용하도록 격려한다.	( )	( )	( )
16. 과제 제시를 용이하게 하기 위해 다양한 자료를 사용했다.	( )	( )	( )
17. 지도자가 애매한 말이나 불분명한 표현을 하지 않았다.	( )	( )	( )
18. 지도자의 발음이 정확하고 적당한 목소리로 말하였다.	( )	( )	( )

4) 강화와 칭찬

강화(reinforcement)란 어떤 반응의 결과에 따라서 어떤 자극이나 사태가 주어졌을 때 그것이 특정 반응의 수준에서 증가시키는 과정을 의미한다. 강화는 행동주의 심리학저들이 즐겨 사용하는 용어로 특정 자극에 따라 바람직한 행동이 발생하였을 경우 그 행동이 계속 이루어질 수 있도록 하는 것을 의미한다. 이 과정에서 특정 행동을 강화시키고 증가시키는 외적 자극이나 사상을 강화자(reinforcer)라고 한다.

강화자는 분류기준에 따라 매우 다양하게 나누어지는데, 예컨대 정적 강화자와 부적 강화자로 나누기도 하고, 1차적 강화자와 2차적 강화자로 나누기도 하며, 가시적 강화자·상징적 강화자·사회적 강화자·활동적 강화자로 나누기도 한다. 또한 연속적 강화자와 간헐적 강화자로 나뉘기도 한다.

여기서 정적 강화자란 반응이 일어난 후 특정 자극이나 사태를 제시했을 때 학습이 증진되거나 바람직한 행동의 변화를 가져오게 하는 자극이나 사태를 의미한다. 이는 흔히 바람직하거나 만족스러운 결과를 주는 것으로 '보상'이라고도 한다. 부적 강화자란 어떤 반응이 일어난 후에 어떤 자극이나 사태를 제거했을 때 그 자극이나 사태로 인하여 그 반응의 빈도가 증가되는 요인을 의미한다. 예컨대, 주의가 산만한 수련생에게서 주의력을 분산시키는 자극물을 빼앗을 수 있다. 이로 인해 수련생의 학습참여도가 높아지는 한편 더 이상 주의가 산만하지 않게 된다. 이때 주의를 산만하게 하였던 자극물이 부적 강화자이다. 정적 강화자와 부적 강화자는 다같이 효과면에서 모든 학습에 유익한 영향을 주는 것들이다.

1차적 강화자란 수련생 행동에 즉각적이며 직접적인 영향을 주는 대상이나 사물을 의미한다. 예컨대, 수련생들이 좋아하는 물건이나 놀이기구 등을 말한다. 이들은 속성상 별도의 학습이 필요하지는 않다. 2차적 강화자란 학습을 통하여 강화가 이루어지는 것으로 언어, 상징적인 속성 혹은 사회적 속성을 띄는 자극이나 사태를 의미한다. 예컨대, 지도자의 칭찬, 관심, 인정, 온화한 태도, 그리고 학업 성취도를 말한다. 일반적으로 1차적 강화자는 2차적 강화자에 반응하지 못하는 수련생에게 적용되지만 때에 따라서는 이들이 동시에 적용되기도 한다. 대개 1차적 강화자 이후에 2차적 강화자가 적용된다.

가시적 강화자란 1차적 강화자를 의미하는 것으로 구체적인 물품 형태의 보상물을 의미한다. 상징적 강화자란 1차적 강화자나 혹은 또 다른 강화자와 바꿀 수 있는데 대체적 성격을 띠는 강화자를 의미한다. 예컨대, 상장, 성적 우수마크나 배지, 점수 등의 상징물이다. 상징적 강화자는 그 자체가 본질적 가치를 지니는 것은 아니다. 따라서 수련생이 그것을 가치로운 것으로 인식할 때만 강화자로서의 힘을 발휘한다.

사회적 강화자란 수련생 행동을 긍정적으로 변화시키는 사회적 행동을 말한다. 예컨대, 지도자의 인정, 수용, 칭찬 및 관심 등이 여기에 속한다. 위에서 보았던 2차적 강화자의 일부이다. 활동적 강화자란 수련생이 특정 과제를 수행했을 때 그에 따른 보상으로서 또 다른 활동을 허용하는 것을 말한다. 예컨대, 하나의 운동과제를 수행한 수련생에게 그가 원하는 다른 학습활동을 허락하는 것이다. 이때 또 다른 학습활동이 바로 활동적 강화자가 된다.

연속적 강화자란 원하던 행동이 일어날 때마다 강화를 주는 것이다. 이에 반하여 간헐적 강화자란 불규칙적으로 강화를 주거나 일부 행동에 대해서만 강화하는 것을 말한다. 일반적으로 수련생들이 새로운 학습과제를 학습할 때에는 연속적 강화가 효과적이지만 그 과제를 학습하고 난 후에는 간헐적 강화가 효과적인 것으로 알려져 있다.

(1) 효과적인 강화원리

효과적인 강화방법은 지도자와 수련생들의 특성에 따라 다양하게 논의될 수 있다. 다음에 제시되는 강화원리들은 비교적 보편성을 띠는 것들이다.

- 강화는 수련생이나 집단에 따라 달라야 한다.
- 강화물은 수련생들의 지적 · 사회적 성숙 수준에 적합한 것이어야 한다.
- 수련생들의 흥미에 적합한 강화물이 효과적이다.
- 상징적인 강화물을 사용하는 것이 좋다.
- 수련생들이 좋아하지 않는 학습활동에서는 수련생들이 좋아하는 강화물을 사용한다.
- 폭넓은 과제를 수행하거나 과중한 학습을 하는 동안에는 격려나 칭찬과 같은 광화물을 자주 준다.
- 정적 강화가 효과가 없으면 부적 강화를 사용한다.
- 강화 유형과 강도를 결정할 때 학습과제의 특성을 고려한다.
- 새로운 과제를 학습하는 초기 단계에서는 연속적인 강화를 한다.
- 학습이 충분히 이루어졌을 때는 간헐적인 강화방법을 사용한다.

(2) 강화시기와 방법

- 특별한 노력이나 주의가 요구되는 학습, 그리고 새로운 학습과제를 학습시킬 때에는 즉각적인 강화를 한다. 강화는 가능한 의도된 목표가 달성되었을 때 즉각 제공한다.
- 이롭지 못한 학습활동을 강화해서는 안된다. 지도자들은 무의식적으로 바람직하지 못한 학습활동을 강화시키는 경우가 있다.
- 작은 학습목표의 달성에도 강화한다. 이러한 과정을 통하여 보다 높고 큰 최종목표를 달성시킬 수 있다.
- 수련생들에게 지나치게 비판적인 태도를 취하지 않는다. 바람직하지 못한 수련생

행동을 통제하기 위하여 지나치게 비판적인 것은 일시적 효과만 거둘 뿐이다. 장기적으로는 바람직하지 못한 행동이 감소하기보다는 오히려 증가하는 경우가 많다.

- 가급적 개인적 강화보다는 집단적 강화를 하는 것이 바람직하다. 교실에서 제공되는 강화는 개인적이라기 보다는 집단적일 때 동료들의 학습에 관한 압박감을 고조시켜 효과적일 수 있다. 따라서 학급 구성원들간의 경쟁보다는 협동적 노력이 보다 적극적인 학습태도와 보다 높은 학업 성취도를 나타낸다.
- 때로는 수련생들의 성취결과를 도표나 점수로 게시한다.
- 최적 수준을 넘는 강화는 오히려 역효과를 초래한다.

(3) 칭찬기술

칭찬은 특정 행동을 강화하기 위한 보상의 일종이다. 때문에 칭찬은 전적으로 바람직한 행동을 하는 수련생에게만 제공되는 것으로 이해한다. 그러나 칭찬은 그렇지 않은 경우에도 제공된다. 예를 들면, 비사교적이거나 외톨이가 된 수련생에게는 격려나 학습활동을 촉진시키는 기능을 한다.

칭찬은 이를 받아들이는 수련생에 따라 그 양상이 달라진다. 어떤 수련생에게는 자극이 되지만 또 다른 수련생에게는 별 자극이 되지 못하는 경우도 있다. 칭찬은 횟수도 중요하지만 어떠한 성질일 것인가가 더욱 중요하다. 또한 칭찬은 지도자의 즉흥적인 판단보다는 일정한 계획하에 제공하는 것이 바람직하다. 효과적인 칭찬지침을 보면 다음과 같다.

- 칭찬은 꾸밈없이 자연스럽게, 간단하고 직접적으로 해야 한다.
- 칭찬은 "그것이 참 잘 됐구나"와 같이 막연하게 하지 말고, 칭찬 받을 만한 일이 무엇인지 구체적으로 언급하며 칭찬한다.
- 칭찬은 늘 사용하는 말만을 사용하는 것이 아니라 되도록 칭찬하는 말의 표현을 바꿀수록 좋다.
- 칭찬은 단지 말로만 표현하는 것이 아니라 여러 가지 표정과 동작을 같이 사용하는 것이 보다 효과적이다.
- 일반적으로 칭찬은 개인적으로 하는 것이 효과적이다. 여러 사람 앞에서 하는 공공적인 칭찬은 종종 수련생들을 당황하게 하고, 다른 동료 수련생들과의 문제를

야기할 수 있다. 칭찬받는 이외의 수련생들이 죄인처럼 되어서는 안 된다.

- 칭찬은 이따금 하는 것이 효과적이다.
- 어려운 과제의 경우 이를 해결하기 위한 노력에 더 많은 칭찬을 한다.

5) 발문

수련생들에 대한 지도자의 언어행위 중 가장 중요한 것 중의 하나가 발문이다. 발문은 문제의 해결이나 교수-학습방법의 핵심이며, 지도자중심 교육방법과 개별화된 교수방법에서 사용되어야 한다. 수업지도 방법 중 발문은 수련생과 지도자 그리고 교수내용을 연결해 주는 수단이다. 또한 수련생들의 주의를 특정 문제나 개념에 집중하게 하며 수련생들로 하여금 학습과제에 인지적 과정으로 참여하게 한다.

지도자가 수련생들에게 발문하는 목적은 매우 다양하다. 궁극적으로 수업목표를 달성하기 위한 것이지만, 그 상황에 따라서 갖는 의미는 다양하다.

- 알고 있지 못한 사항이 무엇인가를 파악하기 위하여
- 누군가가 무엇을 알고 있는가의 여부를 확인하기 위하여
- 사고 능력을 개발하기 위하여
- 학습동기를 유발시키기 위하여
- 훈련이나 연습을 위하여
- 학습자료의 조직과 설명을 돕기 위하여
- 중요한 점을 강조하기 위하여
- 인과관계와 같은 관련성을 증명하기 위하여
- 수련생의 흥미를 끌기 위하여
- 요약하기 위하여
- 사고과정을 나타내기 위하여
- 수련생들과의 부드러운 관계를 이루기 위하여
- 진단하고 평가하기 위하여
- 산만한 마음을 집중시키기 위하여

- 수련생의 사회적 행동을 통제할 목적으로

(1) 발문의 종류

① 반성적 발문

- 농구공을 드리볼할 때에는 공에 시선을 어디에 두어야 하는가?
- 배구에서 경기중 네트를 조금만 살짝 건드리면 어떻게 되는가?
- 구기운동 중에서 가장 큰 공을 사용하는 경기는 무엇인가?

② 집중적 발문(수렴적 발문)

- 대인방어와 지역방어는 어느 점이 비슷하고 어느 점이 다른가?
- 똑같은 길이의 배트를 가지고 보다 큰 타격을 줄려면 어떻게 해야 하는가?

③ 확산적 발문(분산적 발문)

- 네가 만약 이럴 때 감독이라면 어떤 작전을 사용하겠는가?
- 게임 종료 3분 전에 3점을 앞섰다면 너는 어떤 작전을 구사하겠는가?

④ 가치적 발문

- 게임종료 직전 시간을 벌기 위하여 상대편의 파울을 유도하는 불가피한 경우 너는 어떻게 하겠는가?
- 네가 상대편에게 심한 차징을 당했을 때 심판이 호각을 불지 않았다. 너는 어떻게 하겠는가?

(2) 효과적인 발문의 방법

- 수업 목표를 감안하여 낮은 수준과 높은 수준의 발문을 적절하게 구사한다.
- 발문이 수업 목표와 관련된 것인지 확인한다.
- 수련생의 지식이나 경험 및 능력에 정합한 발문을 한다.
- 한 번에 하나의 요점만을 발문한다.
- 발문의 용어는 직접적이고 명확하며, 수련생들에게 익숙한 어휘와 어법을 사용한다.

- 쉬운 것에서부터 어려운 것으로 차례로 발문한다.
- 구체적 목표에 따라 논리적 계열을 만들어 발문한다.
- 발문 전에 수련생을 호명하지 말고, 발문한 후 잠시 쉬었다가 특정 수련생을 지적한다.
- 지도자의 발문속도와 수련생의 답변을 기다리는 속도는 발문내용이나 난이도에 맞춘다.
- 만일 수련생의 답변이 부족하다면 그 응답을 확대시킨 다른 발문을 한다.
- 지도자는 수련생의 답변에 관대하고 수용적인 자세를 취하는 것이 좋다.
- 발문한 후에는 수련생들이 적절한 답변을 준비할 충분한 시간을 준다.
- 모든 수련생들이 다 같이 참여하도록 고르게 발문한다.
- 문답과정에서 언어적 기술이 서툰 수련생에게는 용기를 북돋우는 말이나 행동을 한다. 그러나 계속적인 격려에도 불구하고 수련생이 충분한 답변을 하지 못할 경우에 지도자는 수련생들이 더 이상 불안해하거나 당황하지 않도록 정답을 말하거나 다른 수련생을 지적한다.
- 수련생들이 발문을 잘못 이해하였을 때는 그들이 이해할 수 있도록 다시 발문한다.
- 발문태도는 언제나 신중하고 친절하여야 한다.
- 수련생의 답변이 부적절하거나 불완전하다면 지도자는 정답에 도움이 되는 추가적인 암시나 단서를 제공하며, 보충설명을 한다.

(3) 수련생의 응답을 기다리는 시간

대부분의 지도자들은 자신의 발문에 대한 수련생의 답변을 즉시 요구하는 경향이 있다. 이러한 태도는 수련생의 즉흥적인 사고만 조장할 뿐 깊은 사고과정을 거치지 않게 한다.

수련생들에게 답변할 시간을 충분히 주는 것은 그들의 학습 효과를 높게 할 뿐만 아니라 참여도도 높여 준다. 수련생들에게 답변할 시간을 충분히 주는 것(대개 3~7초 정도)은 다음과 같은 효과를 가져온다고 한다.

- 발문에 알맞은 여유있는 답변을 얻을 수 있다.
- 적합하지 않는 답변의 수를 줄일 수 있다.

- 심층적인 사고를 증대시킨다.
- 지도자 중심 수업을 지양하고, 수련생간의 상호작용을 증대시킨다.
- 많은 수련생들에게 추론을 하도록 한다.
- 수련생의 발문이 늘어나게 한다.
- 학습이 부진한 수련생에게 도움을 준다.
- 수련생들의 다양한 상호작용이나 적극적인 참여 그리고 구조적인 행동이 증가된다.

(4) 발문의 실제

① 반문성 발문

- 품새를 할 때 시선은 정면 눈높이를 보았나요?
- 겨루기시 상대의 눈에 시선을 집중 하였니?
- 패스할 때 서 있지 않고, 움직였니?
- 드리블할 때 양손을 다 사용했니?
- 드리블할 때 손가락을 폈습니까?
- 슛을 할 때, 슈팅 시간이 짧았나요?
- 러닝 슛을 할 때, 한 손으로 공을 던졌나요?
- 볼을 잡을 때 공을 가슴으로 끌어주었나요?
- 오른손잡이 선수를 방어할 때는 어느 손을 사용하는가요?
- 점프슛할 때 점프를 하고 손을 움직였나요?
- 손목의 스냅을 이용하여 슛을 했니?
- 드리블을 할 때 두발이 모두 땅에서 떨어지지 않았니?
- 자유투를 할 때 프리드로우 선을 밟지 않았나요?
- 슛을 할 때 스텝이 엉키지 않고 바르게 되었니?
- 패스할 때 발을 앞으로 내밀었니?
- 슛을 할 때 손가락 끝을 이용했니?
- 패스의 세기를 잘 조절했니?
- 패스는 정확하게 했니?
- 드리블할 때 몸을 낮게 낮추었나요?

- 점프슛을 할 때 팔꿈치를 펴 주었나요?
- 슈팅할 때, 팔을 쭉 펴 주었나요?
- 볼을 잡을 때 시선은 공을 보았나요?
- 수비지역에 몇 초간 머무를 수 있나요?
- 드리블할 때 공을 보았나요?
- 패스할 때 양쪽 손을 똑같이 사용했나요?
- 드리블을 할 때 손바닥이 볼에 닿았니?
- 슛을 할 때 무릎을 굽혔다 폈나요?
- 받을 사람의 위치를 정확히 보고 패스했나요?
- 패스할 때 같은 편의 위치를 정확히 보았니?
- 농구경기를 해본 경험이 있니?
- 텔레비전에서 농구경기를 보았니?

② 관련성 발문

- 대인방어와 지역방어의 차이점은 무엇이니?
- 패스할 때, 상대팀을 피하려면 어떻게 해야 하니?
- 여러 선수들 틈에서 리바운드를 한다면 어떻게 해야 할까?
- 1:1 방어할 때, 움직임이 느린 공격자는 어떻게 방어하니?
- 공격자가 드리블을 해오면, 어떻게 방어해야 하니?
- 1:1 방어를 하다가 공격자를 놓치면 어떻게 해야 할까?
- 키 작은 선수가 방어하고 있을 때는 어떤 패스를 해야 하니?
- 달리면서 공을 받았을 때는 어떤 슛을 해야 할까요?
- 상대편이 가로막고 있다면 어떤 패스를 해야 할까요?
- 나보다 키 큰 선수가 뒤차기를 시도하면 어떻게 해야 하니?
- 옆차기와 뒤차기의 차이는 무엇이니?
- 볼을 갖고 있지 않은 공격자의 방어는 어떻게 해야 할까요?
- 1:1 방어를 할 때 스피드가 뛰어난 선수는 어떻게 방어하니?
- 상대편의 방어 형태가 이루어지기 전에는 어떤 공격을 하니?

- 볼 가진 공격자가 패스한 후에는 어떻게 방어해야 할까요?
- 자유투와 일반슛의 다른점은 무엇일까요?
- 상대 선수가 밀착 방어를 시도한다면 어떻게 해야 하니?
- 바운드할 때 공이 먼 곳으로 떨어지면 어떻게 해야 할까요?
- 슛을 쏘았을 때 리바운드를 하기 위해서 어떤 자세를 취하니?
- 체스트패스와 바운드패스의 차이점은 무엇이라고 생각하니?

③ 다양한 발문

- 상대방 선수가 당신보다 키가 크다면 어떻게 패스해야 할까요?
- 키가 큰 상대방 선수들 틈에서 리바운드를 해야 한다면 어떻게 해야 할까요?
- 키가 아주 작은 공격자가 드리블을 하고 있을 때는 어떻게 방어해야 할까요?
- 상대 공격측에 신장이나 기량이 월등히 뛰어난 선수가 있다면 어떻게 방어해야 할까요?
- 우리팀에 동작이 민첩하고 체력이 우수한 방어자가 2명 있다면 어떻게 공격해야 할까요?
- 상대방이 적극적인 맨투맨으로 방어할 때는 어떻게 패스해야 할까요?
- 드리블이 끝났는데 2명 이상의 방어자가 둘러싸면 어떻게 해야 할까요?
- 팀 중에서 뛰어난 장신자가 없고 팀 전원의 신장과 기능이 비슷한 팀에서는 어떻게 공격해야 할까요?
- 리바운드의 시간적 여유가 없거나 밀집 상태에서는 어떻게 슈팅해야 할까요?
- 상대방 공격자가 기량이나 신장은 뛰어나지만 체력이 약하다면 어떻게 방어해야 할까요?
- 단신이면서 동작이 민첩한 공격자는 어떻게 방어해야 할까요?
- 프리 드로우 레인 근처에서 장신자에게 블로킹당하지 않으려면 어떻게 슈팅해야 할까요?
- 상대를 마크하고 있는 상태에서 수비 리바운드를 잡았을 때, 어떻게 해야 할까요?
- 센터는 게임시 수비를 혼란시키기 위해 어떻게 해야 할까요?
- 1:1 상황에서 방어자가 떨어져 있다면 어떻게 공격해야 할까요?

- 나와 동료 사이를 키 큰 선수가 가로막고 있다면 어떤 패스를 해야 할까요?
- 나보다 키 큰 선수가 가로채기를 시도하면 어떻게 해야 할까요?
- 상대 선수에 둘러싸여 있을 때 주위에 패스할 동료 선수가 없다면 어떻게 해야 할까요?
- 드리블을 하고 있을 때 상대편이 바짝 붙어서 방어한다면 어떻게 해야 할까요?
- 리바운드할 때 기술이 비슷하고, 신장이 큰 상대 선수가 있을 때 어떻게 해야 할까요?

④ 가치판단에 관한 발문

- 상대방 선수에게 가로채기 당했을 때, 기분은 어떠했나요?
- 상대방 선수가 심판이 안보는 틈을 타서 고의적인 반칙을 한다면 어떻게 어떻게 하겠습니까?
- 자기 팀이 지고 있는데, 5반칙 퇴장을 해야 한다면 기분이 어떻겠습니까?
- 자기 팀이 지고 있는 상황에서 경기 종료와 함께 동점을 만들었을 때의 기분은 어떠했습니까?
- 30초 공격시간이 다 되어 가는데, 슛 찬스가 보이지 않으면 어떻게 하겠습니까?
- 파울이 분명한데 주심이 호각을 불지 않으면 어떻게 하겠습니까?
- 경기중 상대편 선수가 계속 몸싸움을 걸어오면 어떻게 하겠습니까?
- 상대에게 둘러싸여 있어서 공을 패스할 수 없는 상황에 놓이면 어떻게 하겠습니까?
- 이기기 위해서 시간을 끌거나 고의로 반칙을 하는 것에 대하여 어떻게 생각합니까?
- 개인적으로 점수를 많이 올리는 것과 팀의 승리 중에 어떤 것을 택하겠습니까?

⑤ 발문 점검표

- 발문을 한 후에는 다음과 같은 발문 점검표의 예시를 통해서 수업중에 자기가 한 발문에 대하여 점검을 해보고, 어떤 발문을 하는 것이 효과적인가에 대해

생각해 본다. 발문 연습을 한 후 또 다시 피드백을 통하여 발문하는 연습을 충분히 함으로써 효율적인 발문기술을 익힐 수 있을 것이다.

〈표 5-4〉 발문 점검표

	자주	가끔	전혀
1. 다양한 수준의 교과내용이 포함된 다양한 발문을 했다.	( )	( )	( )
2. 발문이 교수목표와 관련되어 있다.	( )	( )	( )
3. 수련생들이 대부분 맞게 답할 수 있는 발문을 했다.	( )	( )	( )
4. 발문에 사용된 단어들은 직접적이고 분명하고, 수련생들에게 잘 알려진 어휘를 사용했다.	( )	( )	( )
5. 수련생들의 지식, 경험, 능력에 적합한 질문을 했다.	( )	( )	( )
6. 한 번에 하나의 주요내용이 포함된 간단한 발문을 했다.	( )	( )	( )
7. 수련생들의 능력 범위에 어울리는 다양한 난이도의 발문을 했다.	( )	( )	( )
8. 한 번에 한 발문만 했다.	( )	( )	( )
9. 쉬운 발문에서 어려운 발문의 순서로 했다.	( )	( )	( )
10. 교수목표를 성취시킬 수 있는 적절한 순서로 했다.	( )	( )	( )
11. 논리적인 순서로 발문했다.	( )	( )	( )
12. 수련생들이 적절한 답을 구상해 낼 수 있도록 발문한 후에 적당한 시간을 주었다.	( )	( )	( )
13. 학습활동의 목적, 교과내용의 난이도에 적합하도록 발문속도와 기다리는 시간을 조정했다.	( )	( )	( )
14. 발문을 하고 수련생이 대답을 하기 전에 잠시 기다렸다.	( )	( )	( )
15. 학급의 모든 수련생들에게 고루 발문을 했다.	( )	( )	( )
16. 발문이나 수련생의 대답을 반복하여 말하지 않았다.	( )	( )	( )
17. 편안하고 위협적이지 않은 발문을 했다.	( )	( )	( )
18. 발문시간에 적극적이었다.	( )	( )	( )
19. 질의-응답시간에 표현력이 부족한 수련생들을 격려해 주었다.	( )	( )	( )
20. 수련생이 발문의 답을 잘 모르는 경우라도 지적인 추측을 해보도록 수련생을 격려해 주었다.	( )	( )	( )
21. 일상적인 대답이 아닌 새로운 어떤 대답도 기꺼이 수용했다.	( )	( )	( )
22. 수련생의 대답을 듣고 그가 잘못 이해하고 있다는 것을 알게 된 후, 쉬운 말로 다시 발문을 했다.	( )	( )	( )
23. 수련생의 대답이 부적절하고 불완전했을 때, 도움이 되는 정보를 제공해 주었다.	( )	( )	( )

3. 정착단계

정착 단계에서는 전개 단계에서 학습한 내용을 정리하고 연습을 통하여 학습자의 지적 체계 속에 통합·내면화하여 새로운 사태에 적용하고 일반화할 수 있도록 지도하는 단계이다.

1) 연 습

운동 기능을 향상시키는 데에는 많은 요소들이 복합적으로 작용되기 마련이지만, 그 중에서도 특히 연습의 방법은 그 어느 요소보다도 결정적이다. 연습을 않고서는 운동 기능의 진보는 기대할 수 없지만, 그렇다고 해서 연습의 양에 비례하여 운동 기능이 반드시 향상되는 것은 아니다.

운동 기능은 어느 지도자가 가르쳤냐에 따라 달라지기도 하지만, 동일한 지도자가 같은 수련생을 대상으로 하여 가르친다 하더라도 어떤 종류의 연습방법을 선택하느냐에 따라서 그 효과는 얼마든지 달라질 수 있기 때문이다. 이처럼 운동 기능을 어떤 방법으로 가르치고, 또 배우느냐 하는 문제는 연습의 효율성을 극대화시키는 데 직결된다.

물론 어떤 운동 기능에 어떤 연습방법이 가장 효과적인가에 대한 대답을 한 마디로 단정하기는 어렵다. 왜냐하면 지도자가 수련생을 위해 구체적으로 연습계획을 수립하고자 할 때에는 고려할 사항이 한두 가지가 아니기 때문이다. 그렇기는 하지만 유능한 지도자가 되려는 사람은 연습과 관련된 지식과 내용을 충분히 이해하고 있어야 한다.

(1) 기능 향상의 의미

일반적으로 연습을 통하여 기능이 높아졌다는 것은 신경과 근육의 협응 능력이 높아졌다는 것을 의미하기도 하고, 더 빠르게, 더 높이, 더 강하게 되는 것 또는 더 다양한 운동 능력의 구사 등을 의미하기도 하지만, Schmidt의 도식 이론의 관점에서는 운동 기능의 반복 연습으로 인하여 그 기능이나 과제의 수행에 필요한 하나의 공식이 형성된 것을 의미한다. 좀 더 쉽게 말하면, 힘을 x만큼 발휘하면 공은 y만큼 날아간다는 식의 공식을 연습을 통하여 터득한다는 것이다.

일반적으로 운동 기능은 그 과제를 겨우 해낼 수 있었던 단계에서 그치지 않고 더 한층 반복해서 연습 또는 사용하는 것이 일반적이다. 이와 같이 일단 해낼 수 있게 되었는데도 계속 연습을 할 경우 이를 과잉 학습(over learning)이라고 하며, 이것이 기능의 고정화·자동화를 유도 한다. 이 단계에 이르면 연습을 중단해도 몸에 배인 행동양식이나 기능 수준은 좀처럼 소실되지 않는다. 예를 들어, 자전거 타기 기능은 다른 이유로 해서 오랫동안 사용하지 않아도 조금 해보면 원래의 수준으로 되돌아가는 것은 좋은 예이다.

또 연습종료시의 학습 수준이 불충분했을 때 도중 어느 기간을 두고 다시 시도해 보면 연습을 계속하고 있었을 때보다 오히려 성적이 상승하는 일이 있는데 이 현상을 자발적 회복(reminiscence)라고 한다.

예를 들어, 수련생들이 합숙 등의 집중적인 훈련 기간보다도 오히려 합숙훈련이 끝나고 휴식을 취한 후에 합숙중의 과제였던 새로운 기능이나 전술을 보다 능숙하게 실행하는 것들을 자주 경험할 수 있는데, 이러한 이유는 일정 기간의 휴식에 의해 피로로부터 회복이 영향을 미쳤다고 해석하기도 하고, 방해적인 요인이 소실되며 기억흔적이 안정되어서 그렇다는 해석도 있지만 보편적인 설득력은 갖고 있지 않다. 이러한 현상들은 성인보다는 발달 단계상의 수용 능력이 있는 청년기에서, 연습자의 능력에 비해서 과제가 약간 어려운 과제에서, 그리고 연습방법으로서는 집중법이나 전습법을 이용할 때에 잘 나타난다고 보고하고 있다.

또 기능 향상에 대한 의미를 기능인자 구조의 변화라고 보기도 한다.

Fleishman과 Hempel에 의하면, 연습을 계속함에 따라 공간의 인지판단이나 시각화 능력 같은 요인은 점차 감소하는 반면, 손발 및 동작속도에 대한 중요성이 증가하고 있다고 본다. 그리고 초기에는 시각적인 정보원에 근거하여 정보를 처리하다 보니 고도의 정신적 능력은 사용할 여력이 없지만 운동 기능이 어느 정도 자동화되어지면 신체상의 능력을 발휘하는 데는 부담이 덜어져서 오히려 고도의 정신적 기능을 활용하여 간과하고 있던 단서를 발견하거나 다양한 행동의 가능성을 개발하여 고도의 기능 수준에 도달할 수 있다고 본다.

(2) 전습법과 분습법

여러 요소를 내포하고 있는 운동 기능이나 과제를 지도자가 가르치고자 할 때 그것들을 하나의 단위로 묶어서 연습시킬 것인가, 아니면 그 요소들을 하나하나 또는 몇 개의 묶음으로 나누어서 연습을 시킬 것인가를 지도자는 결정해야 한다. 이와 같이 가르칠 전체의 과제를 하나의 단위로 묶어서 연습시킬 경우를 전습법(whole method)이라 하고, 몇 개의 단위로 나누어서 가르치는 방법을 분습법(part method)이라 한다.

어느 하나의 운동 기능을 가르치고자 할 때 어느 방법이 그 기능에 더 효과적인가를 한 마디로 단정짓기란 불가능하다. 왜냐하면 앞에서 이야기한 바와 같이 어떤 운동 기능을 가르치기에는 고려해야 할 사항이 너무나 많기 때문이다. 다만, 전습법과 분습법에 대한 많은 연구자들의 연구 결과를 종합하여 말할 뿐이다.

연습자의 능력이 우수할수록 전습법이 유리하다고 하고, 전습법에 의한 연습의 동기 유발은 분습법에 의한 동기 유발보다 시간과 노력이 더 필요하며, 연습의 초기에는 분습법이 유리하나 연습이 진행될수록 전습법이 더 유리하다고 기술하고 있다.

학습자가 연장자일수록 또는 지능이 우수할수록 전습법이 유리하고, 전습법은 많은 시간과 노력이 없이는 학습 효과를 나타낼 수 없기 때문에 학습자가 실망하거나 시간의 낭비를 느끼기 쉽지만, 분습법에서는 짧은 과제를 학습하기 때문에 빨리 성공감을 맛볼 수 있어서 그 만족감으로 하여금 학습 효과를 올리기 쉽다고 한다. 그리고 집중법일 때는 분습법이 유리하나 분산법일 때는 전습법이 유리하고, 학습과제에 따라 그것이 길고 곤란한 경우에는 분습법이 효과적이라고 말한다.

전습법이나 분습법을 선택하기 위해서는 과제의 조직성과 복잡성을 고려해야 한다고 한다. 예를 들어, 가르치고자 하는 기능이 복잡성은 높으나 조직성이 낮으면 분습법을 선택하여야 하고, 반대로 복잡성이 낮고 조직성이 높을 경우에는 전습법이 효과적이라고 본다. 또한 어느 부분들을 분리시키고 또 다른 부분들은 결합시켜서 가르칠 것인가를 결정하기 위해서는 상호 의존성이 높은 기능들은 하나의 단위로 묶어서 연습시키고, 비교적 독립적인 기능들은 분습법으로 훈련시키는 것이 효과적이라고 본다.

분습법도 결국에는 전습법으로 정리되어야 한다는 점을 상기할 때 학습 초기에는 분습법으로, 학습 후기에는 전습법으로 하는 것이 일반적일 것이며, 지도자가 학습의 목표를 놀이나 게임에 둔다면 전습법이 유리할 것이고, 정확한 운동 기능을 강조할 때에는 분습법으로 이끌어 갈 것이다. 그리고 어쩌면 전습 · 분습을 나누는 것 자체가 무의미할 수 있으며, 체육수업 자체에는 이 모든 방법을 개개인에 따라, 또는 학습 과제에 따라 지도자가 적절히 운영하는 것이 더 중요한 일이다.

(3) 집중법과 분산법

수련생들에게 특정의 운동 기능을 가르치고자 할 때 연습하는 일수와 휴식시간의 길이를 어떻게 배분하느냐 하는 문제도 운동 수행의 효과를 높이는 데 중요한 하나의 변인이 된다. 이 시간의 배분과 관계되는 연습의 전략은 집중법(massed method)과 분산법(distributed method)으로 분류된다.

집중법의 연습은 분산법에 비해 연습일수가 적은 방법이며 따라서 한 차례의 연습시간이 상대적으로 길어지며 그 만큼 한 번의 운동 수행량이 많은 연습법이다. 반대로 분산법은 같은 양의 연습시간을 보다 많은 기간 또는 연습일로 분산시켜서 각 연습시간이 짧아지며 따라서 연습기간이 집중법보다 길어지는 연습법이다. 그러나 연습일수와 연습시간에 장단은 일률적으로 제시할 수는 없다.

집중법을 '어떤 중간의 휴식도 없는 연습'으로, 분산법은 '연습기간을 휴식 간격으로 또는 다른 기능의 학습시간에 의해서 나누어지는 연습'이라고 정의하기도 하고, 집중법을 '한 차례의 시행에서 연습시간의 양이 시행간의 휴식시간의 양보다 큰 연습'으로, 분산법을 '시행 사이의 휴식량이 시행에서의 시간량과 같거나 그것을 초과하는 상황'이라고 정의하기도 하였다. 그러나 이것에 대한 구분은 상대적이기 때문에 명확하게 구분하는 것은 무의미하다.

그러면 과연 어느 쪽이 더 효과적인가 하는 논의가 운동지도 면에서 제기되고 있는데, 일반적으로 분산법이 효과적이라고 인정되어 있으나 조건에 따라서는 분산효과가 인정되지 않거나 집중법이 오히려 더 효과적이라는 결과도 있어 일관성 있는 결과는 나타나지 않고 있다.

다만 분산법은 과제가 곤란하든지, 신체적인 피로가 남는 과제처럼 계속 지속할 경우 흥미를 지속하기 어려운 과제일 때 유효하고, 만약 수행자가 과제에 대한 동기 유발이 높을 때에는 집중연습이 효과적인 것으로 알려져 있다. 그리고 집중연습에서는 망각의 기회를 가질 수 없기에 잘못된 기능을 고착화할 우려가 있으며, 분산연습에서는 긴 휴식으로 인하여 연습기능의 보지효과를 잃어 다음의 시행을 새로운 것으로 만들 위험성이 있다고 지적한다.

일반적으로는 초보이거나 기능 수준이 낮은 단계에서는 분산법에 의해 많은 휴식을 주는 것이 좋으며, 기능이 고도화되어 숙련을 요구하는 단계에서는 집중법에 의한 정리된 기능을 연습하는 것이 효과적이라고 인정되어 있다.

(4) 신체의 연습과 정신의 연습

운동 기능의 효과적인 학습방법을 연구하기 위하여 그것을 습득하는 방법을 신체적 연습(physical pratice)과 심리적 연습(mental pratice)으로 분류하는 경우가 있다. 운동 기능의 학습이 아니라 인지활동이 위주가 되는 다른 분야의 학습법에서는 이 같은 분류가 필요치 않겠지만, 신체의 활동을 매개로 한다는 특수성 때문에 이 같은 분류를 한다.

① 신체적 연습

지금까지 대부분의 내용들이 신체적 연습을 중심으로 기술된 것을 감안할 때 더 이상 진술하지는 않지만 유념해야 할 문제가 있다.

첫째는 운동 기능에 대한 과학습(over learning), 과훈련(over training), 과연습(over practice)의 효과에 대한 문제이다. 일반적으로 과학습이란 '어떤 수행의 기준을 달성하는 데 필요한 연습의 양을 초과하는 연습시간의 소비'로 정의된다. 여기서 이 과분의 연습이 운동 기능의 학습에 도움이 주는가 또는 만약 된다면 그 과분의 연습량이 많은 수록 거기에 비례하여 수행의 효과가 나타나는가 하는 점이다.

과연습을 시도하는 이유로 배우는 운동 기능의 운동 프로그램과 반응도식을 강화시켜서 필요로 하는 경우에 그것이 좀더 활동하는 데 도움이 되게끔 하는 데 있다고 주장하기도 하고, 과학습의 연습전략은 망각의 양을 감소시키는 효과적인 수단이다라고 주장하기도 한다.

그러면 과연 여분의 연습량이 많을수록 운동 기능의 학습은 효과적인가, 아니면 이 과연습의 양은 어느 수준을 초과해서는 더 이상 효과가 없는가?

동적 평행 기능을 과제로 하여 피험자들로 하여금 기준 수행에 대비하여 0, 50, 100, 200%의 초과 수행을 시행하도록 한 다음 1주 또는 1개월 후에 파지검사를 실시하였는데, 50% 이상의 추가연습집단이나 100 또는 200% 추가 연습집단의 수행 결과와 비슷한 결과가 나타나 추가의 연습은 파지 수행의 향상에 비례하지 않는다는 결론을 내렸다. 마찬가지로 50%의 추가연습이 적정 수준이라고 고정시키는 것 또한 불가능하다. 따라서 초과의 연습량은 다다익선이 아니라는 연구 결과는 지도자나 운동지도자들이 유념해 볼 사항이다.

둘째로 신체적 연습에서 제기되는 또 다른 문제는 피로가 운동 기능의 학습에 어떤 영향을 미치는가 하는 문제이다. 여대생을 대상으로 하여 피로집단과 비피로집단으로 조직하여 핸들 돌리기를 하고 나무장애물 쓰러뜨리기 과제를 실시하기로 하였다. 모든 피험자들은 3일 후에 피로하지 않은 상태에서 이 시그마 과제를 10회 수행토록 하였는데 그 결과, 피로집단은 첫째 날에는 비 피로집단에 비하여 과제의 수행이 좀 느리기는 하였지만, 둘째 날의 피로하지 않은 상태에서 실시한 전이검사에서는 두 집단 사이에 아무런 차이도 발견하지 못했다고 보고하고 있다. 따라서 피로 상태에서의 연습은 학습을 손상시키지 않는다고 결론내렸다.

이와 반대로 남자들을 대상으로 하여 평형과제인 사다리 오르기를 과제로 하여 피로집단과 비피로집단으로 나누어서 실시하였는바, 신체적으로 피로한 집단을 4일 동안의 연습에서 정상집단보다 수행 결과가 떨어진 사실에 근거하여 피로는 운동 기능의 수행 및 학습에 영향을 미치는 변인을 주장하였다.

이렇게 두 실험 결과가 상반되게 나타나는 것처럼 피로는 운동 기능의 학습을 관련지어 그 효율성을 논할 때 현재로서는 일선 지도자의 경험이나 직관에 의존할 수밖에 없다고 보아야 할 것이다.

② 심리적 연습

운동학습이 신체의 활동을 수단으로 하는 연습이기 때문에 신체적 연습에 대한 가치에 대해서는 재론의 여지가 없다.

심리적 연습은 인지적 또는 심리적 시연(mental reheasal)을 의미하며, 한 개인이 실제로 수행하는 기능인 기능의 일부를 심상화시키는 연습을 가리킨다. 운동학습이 신체의 활동을 수단으로 하기 때문에 이러한 심리적 연습은 상대적으로 관심 밖으로 밀려나 그 효용성을 무시당하기는 하지만 운동학습에 일정 부분 도움을 줄 것이라는 가설에 많은 학자들은 긍정적이다.

심리적 연습은 내적 심상(internal image)과 외적 심상(external image)의 두 형태로 분류되는데, 전자는 개인이 실제의 상황에서 기대할 수 있는 장면에 심상을 근접시키는 것을 의미하고, 후자는 영화나 비디오를 이용하여 자신의 운동 수행을 살펴보는 것처럼 개인이 객관적인 입장에서 스스로를 관찰하는 심상이다.

이와 같은 형태의 심리적 연습이 효과적인 이유는 근육신경학적인 이유에서 또는 인지적인 이유로 설명한다. 피험자들에게 어떤 동작을 상상하라고 했을 때 그 동작과 관련되는 근육에서 전기활동이 발생할 뿐만 아니라 뇌파나 피부의 전기반응에도 변화가 일어난다는 사실이 밝혀졌다.

인지적 설명으로 인지적 요소가 많은 특정 기능의 학습은 운동적 요소가 많은 기능에 비하여 심리적 연습의 효과가 더 강할 것이라는 추리를 하고, 이를 미로에서 철필을 이동시킬 때 두 손의 협응성의 습득과 정을 비교 분석하였는바, 심리적 연습은 인지적 요구가 많은 과제에 도움이 더 된다는 사실을 보고하고 있다.

심리적 연습을 성공적으로 수행하기 위해서는 다음과 같은 사항을 유념해야 한다.

- 심리적 연습은 가능한 실제로 수행이 이루어지는 공간에서 실시하는 것이 좋다.
- 심리적 연습은 운동장면을 별개로 연습하는 것이 아니라 전체적으로 통합된 형태로 연습해야 한다.
- 반드시 운동을 성공적으로 수행하는 장면을 상상하여야 한다.
- 실제 수행을 하기 전에 최소한 1번 이상은 해야 한다.
- 어떤 기능의 흐름이나 속도는 실제와 같은 속도로 상상하여야 한다.
- 실제로 수행하는 것처럼 느낄 수 있도록 집중적으로 상상하여야 한다.

이러한 심리적 연습을 체육교육의 현장에서 활용하고자 할 때는 학급규모가 너무 큰 다인수 학급이거나, 시설이 불충분하여 수련생들이 충분한 이용이 불가능할 때이거나, 기능이 너무 어려워 전체적인 협응이 불가능할 경우나, 또는 수행을 위하여 차례를 기다릴 때, 부상중이거나 슬럼프에 빠진 수행자들에게는 신체적 연습에 적용하는 속도를 높여주는 효과가 있어 연습하면 효율적이다. 특히 선수들에게는 매일 반복되는 단조로운 신체훈련에 따른 심리적인 권태감과 싫증에서 벗어나 자신의 심리적 능력(집중력, 자신감, 불안)을 높여 주는 측면에서도 활용이 가능하다.

이렇듯 심리적 연습이 현장의 체육관에서 필요한 부분이 있음에도 불구하고 소홀히 되는 이유는 지도자나 지도자들이 심리적 연습에 대한 이해가 부족하거나 우수한 운동 능력을 가진 사람은 심리적인 측면에서도 타고나기 때문에 심리적으로 연습한다고 해도 개선되지는 않는다는 생각, 실제로 이러한 연습을 할 시간이 없는 현실, 심리적 연습은 문제가 있는 수행자나 엘리트 수행자에게만 필요한 것이라는 잘못된 생각 등을 들 수 있겠다.

일반적으로 이루어지는 심리적 연습에는 심상훈련, 이완훈련, 주의집중 훈련, 자신감 훈련 등이 있다.

2) 피드백

피드백(feedback)이 운동학습에 있어서 매우 중요한 역할을 한다는 것은 넌ㄹ리 인정된 사실이다. 그러면 이러한 피드백의 통제는 어떻게 이루어져야 하는가? 피드백을 통제하는 데 따른 문제는 피드백과 정밀성과의 문제, 내용의 문제, 내용 제공의 문제, 과잉 정보의 문제, 제공방법의 문제 등을 들 수 있겠다.

(1) 피드백의 종류

① 비언어적 피드백

비언어적인 피드백을 잘 이용하면 언어적인 피드백보다 더 효율적으로 수련생들의 관심과 동기를 불러일으키고, 활기찬 수업을 만들 수 있다.

수련생의 학습활동에 대해 지도자가 웃음, 고개를 끄덕임, 박수, 머리를 쓰다듬거나 등을 다독거려 주는 일 등의 긍정적인 신체적 반응으로 의사를 나타내는 것을 말한다.

〈비언어적인 피드백의 예〉

- 미소(인정하는 얼굴 표정)

- OK 사인
- 머리 끄덕이기
- 등 두드리기
- 악수해 주기
- 손 잡아주기
- 윙크
- V자 손가락
- 머리 쓰다듬어 주기 등

특히 이러한 비언어적인 피드백은 수업이 끝난 후에도 지도자와 수련생간의 인격적인 교감이 계속 오가게 되고, 긍정적인 자아상을 확립하는데 좋은 영향을 줄 수 있다.

② 언어적 피드백

- 일상적 피드백

수련생의 학습활동에 대하여 "훌륭한 동작이다.", "매우 잘 한다.", "재미있는 움직임이구나!", "뛰어난 동작이야!" 등의 긍정적인 의사로서 자극하는 것을 말한다.

- 특정한 정보를 주는 피드백

수업 도중에 학습활동을 고무시키기 위해서 운동행동의 정보를 주면서 언어적 강화를 주는 것으로, "야! 멀리 뛰는구나!", "무릎이 많이 굽혀지고 있어", "훌륭한 슛이야!", "팔을 많이 벌렸어", "멋있는 동작이구나!", "몸통을 잘 비틀었어" 등의 정보를 주어 수련생이 자율적이고 지속적으로 학습활동을 하도록 유도하는 방법이다.

- 가치 판단을 포함한 피드백

학습에 대한 올바른 문제해결 전략을 찾아 운동 기능이 정착되도록 하는데 도움이 되는 수업전략으로서 "훌륭한 자세야! 좀 더 발 안쪽으로 차면 더 좋은 자세가 될 거야.", "굉장한 스피드야! 손목에 좀 더 힘을 넣고 상완에 힘이 빠지면 더 빠른 지르기가 될 거야" 등으로 언어적 강화에 특정 정보를 포함시키고 끝으로 학습활동을 판단 · 고정하여 유도하는 방법이다.

③ 일반적 피드백과 구체적 피드백

운동학습에서 일반적 피드백과 구체적 피드백의 사용에 대한 것은 이론적으로 구체적인 정보가 학습자에게 더욱 가치가 있으며, 이러한 주장은 관련 연구를 통해서 지지를 받고 있다. 그래서 대부분의 지도자들은 구체적인 피드백을 사용하도록 훈련받고 있고, 이를 실천하고 있다. 그렇지만 이러한 구체적인 피드백을 사용해야 하는 학습자들은 어느 정도 운동 수행의 결과가 일관성 있게 반응을 하는 수련생이어야 한다. 만약 동일한 반응을 일관성 있게 반응하지 못한다면 지도자의 구체적인 피드백은 큰 의미가 없다. 따라서 구체적 피드백은 어느 정도 운동 기능이 정착된 학습자에게 적합할지 모른다.

따라서 어린 수련생이나 초보자들은 운동 수행과 관련된 구체적인 정보보다는 운동 수행의 어떤 의도를 밝히는 일반적인 피드백이 필요하다.

〈일반적인 피드백의 예〉

- 멋진 슛이야!
- 그것 참 좋은 생각이구나.
- 잘 움직였어.
- 수비가 참 좋았어.
- 그래 아주 좋아.
- 역시 넌 최고야.
- 기막힌 패스구나 등

〈구체적인 피드백의 예〉

- 그래 지금보다 무릎을 좀 더 올리면 더 잘 다릴 수 있겠어.(달리기)
- 그래 지금보다 상체를 더 숙여주면 더 훌륭한 자세가 되겠어.(허들)
- 백스윙이 너무 커. 조금 작게 하면 빠른 타법이 되겠어.(테니스)

④ 부정적 피드백과 긍정적 피드백

체육학습에 대한 기술적 연구에서 보면 대부분의 지도자들은 긍정적인 피드백보다는 부정적인 피드백을 많이 사용하는 것으로 나타나고 있다. 실제로 우리 주위의 체육학습을 보아도 지도자들의 대부분이 틀린 것에만 관심을 가지고 있고, 수련생이 잘한 것에는 상대적으로 관심이 적다.

그러한 이유는 체육지도자의 역할이 수련생들의 동작에 대한 오류를 시정하는 것이 지도자의 임무라는 인식에서 출발한다. 그러다 보니 이것이 지나치면 잔소리 형태로 변질되고, 이것이 더욱 발전되어 지도자가 감정을 조절하지 못하면 비난이나 인격적인 비하로까지 발전하여 수업 분위기를 망치는 경우를 만들기도 한다.

물론 운동반응이 정확하지 않다는 것을 알리는 것은 가치로운 일이지만, 이것이 발전되어 학습자가 비판의 대상자가 된다든지, 인격적인 결함으로 비쳐져서는 더욱 안 된다. 학습자의 운동반응이 정확하지 않는다는 것은 지극히 당연한 일이며, 오히려 처음부터 잘하는 것이 더 이상한 일이다. 그러나 수련생들의 바른 동작을 정착시키는 데 부정적인 피드백이 아닌 긍정적인 피드백으로는 불가능 할까? 우리는 수련생들에게 하지 말아야 할 것을 이야기하면 그들은 해야 할 것이 무엇인가를 생각해 낼 것이란 가정을 하면서 잘못된 동작을 지적한다. 이러한 가정은 잘못된 것이다.

잘못된 것을 지정하는 것은 잘못된 반응에 대한 평가일 뿐이다. 따라서 잘한 동작을 중심으로 긍정적인 피드백을 제공하여 조금씩 수정해 나가는 노력이 필요하다

〈긍정적인 피드백의 예〉

- 그래 멋진 움직임이야 ! 참 잘했구나.
- 아주 좋아, 좋았어. 그래 바로 그거야.
- 네가 방어를 도와주니까 우리 편이 기회가 오는 거야.
- 엄청난 점프군, 그래 지금처럼 무릎을 충분히 굽혀서 하니까 되지. 계속해.
- 그래, 지금처럼 우리 편의 예상되는 움직임 지점에 패스해야 효율적이지 계속해.
- 철호, 잘했어. 지금처럼 스크린 뒤에서 슛해야 안정된 슛이 되지.

〈부정적인 피드백의 예〉

- 틀렸어! 너는 어깨에 힘이 너무 들어가 있어.
- 그거밖에 못해?

- 그것도 운동이라고 하는 거냐?
- 다시 해! 등

(2) 효과적인 피드백의 제시방법

① 체계적·건설적으로 제시하여야 한다.

구체적인 결과의 지식은 수행자가 발생된 문제를 해결하고 교정하기 위하여 어떠한 행동을 하여야 할 것인가에 대한 구체적이고 정확한 정보여야 한다.

예를 들면, 달리기를 하는데 "너 그것밖에 달릴 수 없어!"라고 하는 것보다 "너는 지금 잘 달리고 있는데 조금만 무릎을 올려서 달리면 더 잘 달릴 수 있을 것 같구나."

② 정적이고 강화 가능한 행동에 중점을 두어야 한다.

예를 들면, "네가 지금 하고 있는 그 동작은 정말 잘 하고 있어. 바로 그거야." 등과 같이 잘 하고 있는 동작에 대한 강화 기능을 높여야 한다.

③ 즉시 주어야 한다.

오래 있다가 주면 자신이 행한 운동 결과에 대해 기억을 하지 못하거나 느낌을 명확히 인지하지 못한다. 그래서 잘못한 수행결과에 대해서는 즉시 주어져야 한다.

④ 정확한 이해 여부를 확인해야 한다.

제시한 결과의 지식을 운동 수행자가 명확하게 이해하고 있는지의 여부를 확인하는 노력은 꼭 필요하다. 만약에 잘못 이해하고 있다면 즉시 다시 결과의 지식을 주어야 한다.

⑤ 대상에 따라 결과의 지식을 달리 주어야 한다.

예컨대, 초심자에게 너무 많은 지식을 제공한다든지, 너무 어려운 동작을 요구한다든지 하는 일에 있어서는 안되며, 오히려 초심자에게는 지금 동작에서 꼭 필요한 것만 제시하고, 비교적 단순하고 명확한 것을 제시하는 것이 필요하다.

⑥ 지도자가 피드백과 교정을 할 때는 수련생을 격려하고 온정적으로 대해야 한다.

수련생들의 반응이 잘못되었다고 할지라도 어디까지나 수행 결과에 한정하여 교정하고 개인에 대한 인격적인 비나이나 무능력 탓으로 돌려서는 안 된다.

⑦ 짧은 기간에 자주 피드백의 초점을 바꾸게 되면 학습자의 학습 초점을 유지하기 어렵다.

따라서 가장 중요하다고 여기는 몇 가지의 피드백에 대해서는 일관되게 계속적으로 강조할 필요가 있다.

⑶ 피드백의 표적문제

일반적으로 지도자들이 피드백을 제공하는 범주들은 다음과 같다.

- 학급 전체를 대상으로 한 피드백
- 학급 일부 수련생들의 집단을 중심으로 한 피드백
- 개인을 상대로 한 피드백
- 학급 전체가 혜택을 입을 수 있도록 한 개인 피드백

물론 개개인에게 적합한 피드백을 제공하는 것이 바람직하겠지만, 우리나라와 같은 다 인수 학급에서는 개개인에게 시간적으로 모두 적합한 피드백을 주기는 어렵다. 따라서 상황이나 수행하는 대상자에 따라 어떠한 피드백이 적절한가는 지도자가 판단하여 제공하여야 한다.

① 학급 전체로 한 피드백

학급 전체를 대상으로 한 피드백의 경우는 수행하는 수련생이 초보자나 처음 기능을 익히는 학습자라면 모든 면에서 서툴기 때문에 공통적으로 나타나는 오류로 지적해 줄 수 있다.

따라서 지도자는 공통적으로 나타나는 여러 가지 오류 중에서 지금 단계에서 가장 중요하다고 생각되는 건 몇 가지를 선택하여 전체적으로 제공할 수 있다. 예를 들면, 모두들 잘 하고 있지만 공통적으로 몸에 힘이 너무 들어가 있고, 풀로 스루를 끝까지

않고 있다. 이번에 연습할 때는 이 점을 유의하면서 해 보자.

② 집단을 대상으로 한 피드백

기능의 수준별로 나누어진 집단이라면 수준간에 나타나는 오류 또한 어느 정도 공통적인 것이 있다. 이때도 공통적인 오류 가운데 몇 가지를 지적할 수 있지만, 대상이 어느 정도 수가 적기 때문에 때에 따라 개인적인 피드백을 겸하면서 서로 비교해 볼 수 있다.

예를 들면, 이 집단은 백스윙이 라켓이 쳐져 나오는데(전체 피드백), 철수의 동작을 보아라(개인에 대한 긍정적 피드백), 이렇게 하고 있지 않니? 여러분들도 철수의 동작처럼 이렇게 하도록 해라.

③ 개인적인 피드백

우리나라와 같이 다 인수 학급에서는 모든 수련생들에게 적합한 개인적인 피드백을 제공하는 것은 여건이 허락하지 않는다. 그렇다고 해서 지도자가 미리 포기해서는 안 된다.

지도자는 연습시 계속적인 관찰과 순회를 하기 때문에 시간시간마다 틈이 나면 개인적인 피드백을 제공하여야 한다.

특히 기능이 떨어지거나 미숙한 학습자에게는 가능한 교정적인 것보다는 긍정적이고 우호적인 피드백을 제공하는 것이 바람직하다. 또 초보자의 경우는 정보를 받아들이는데 한계가 많기 때문에 가장 핵심적이고 중요한 피드백 한두 가지를 집중적으로 제공하는 것이 좋다.

④ 모든 수련생이 들을 수 있는 개인적 피드백

예를 들면, 평균대에서 내리기를 하는데 전체를 잠시 멈추게 하고, “미영이는 너무나 살짝 내렸기 때문에 내가 옆에 있어도 전혀 소리를 들을 수 없었단다”라고 크게 모든 수련생들이 들을 수 있도록 칭찬을 하면 그렇게 하지 않았던 수련생들도 미영이의 행동을 따라 하려고 한다.

이와 같이 다 인수 학급에서는 개인을 대상으로 하면서 전체적으로 긍정적인 피드백을 유도하는 피드백도 매우 유용하다.

(4) 피드백의 일치성

지도자들이 범하는 잘못 중에 하나는 학습과 직접 관련되지 않는 피드백을 제공하는 경우이다. 여기서 직접 관련되어 있다는 것은 학습지도의 목표에 관련되어 생각하는 문제이다. 피드백이 주어지는 순간에 작용하는 학습지도의 목표와 관련된 피드백을 주는 것이 올바른 방법이다.

예를 들면, 신체의 한 부분을 사용하여 균형을 잡는 움직임 교육의 한 목표가 주어졌다고 할 때 한 수련생이 복부를 지지점으로 하여 문제를 해결하였다고 했을 때, 본시의 목표가 문제해결에 있다면 지도자는 "복부로 몸을 지지하다니 참 좋은 방법이구나"라고 하지만, 본시의 목표가 아동의 창의성에 있다면 "그래, 너는 정말 새로운 방법을 찾았구나"라고 피드백하는 것이 옳다는 것이다.

(5) 피드백의 정밀성

외재적 피드백을 제공하는 방법에는 크게 오차의 양과 관련된 수치를 지적하는 양적인 것과, '너무 빨라' 또는 '너무 느려' 등과 같이 제공되는 질적인 것으로 나눌 수 있다.

자신의 최대속도의 70% 수준에서 볼링 공 굴리기 실험에서 첫째 집단은 100분의 1초 단위로 정확성을 알리고, 둘째 집단은 10분의 1초 단위, 셋째 집단은 '너무 빨라, 느려, 정확했어' 등으로 제공하였을 때의 수행 결과는 질적 집단에 비해 양적 집단의 경우가 수행이 더 좋았으나, 10분의 1과 100분의 1초 단위에 대한 차이는 없음을 발견했다. 따라서 동작의 정밀성이 높아질수록 반드시 피험자의 과제 학습 능력이 높아진다고 볼 수는 없다는 결론을 내렸다.

너무 정확한 외재적 피드백은 학습자에게 도움을 준다 하더라도 한계적일 수밖에 없으며, 실제로 학습을 손상시킬 수도 있음을 지적하고 있다. 그는 피험자에게 어떤 점까지 측미계(micrometer)의 손잡이를 돌리는 과제를 배우도록 하는 실험에서 첫째 집단은 오차의 방향만 제시, 둘째 집단은 오차의 방향과 1단위 크기, 셋째 집단은 오차의 방향과 10분의 1단위 크기, 넷째 집단은 오차의 방향과 1000분의 1단위 크기로 제시하였는데, 수행 결과는 방향만을 제시하였을 때보다 1단위 크기나 10분의 1단위 크기로 주었을 때가 수행결과가 좋았지만, 1000분의 1단위 크기로 제시된 집단에서는 방향만 제시된 집단과 마찬가지로 낮은 수행 결과를 나타내었다. 따라서 너무 자세한 정보나 너무 의미가 없는 정보는 피드백으로서 의미가 없다.

외재적 피드백의 정확성 문제는 개인의 학습 단계를 고려하지 않고서는 만족한 답을 얻을 수 없음을 시사하였고, 일반적으로 정밀성이 덜한 정보는 학습의 초기에, 그리고 좀더 정밀한 학습 후기에 중요하다는 사실을 고려하여야 한다고 하였다.

(6) 내용의 문제

외재적 피드백의 내용에 따른 제시문제에서 우리는 다음과 같은 문제를 생각해 볼 수 있다.

첫째는 외재적 피드백이 반응의 구체적인 부분에 주어질 때 그것은 개인의 주의가 그 부분에 집중되도록 한다는 사실이다. 그것은 때때로 너무 일반적이어서 주의 할당이 그다지 쓸모가 없는 경우도 있지만, 교정해야 할 필요가 있는 수행의 특성에 대해 구체적인 정보를 제공할 때 또는 그것이 개인에게 다음의 시도에서 해야 할 바를 지시하는 유의성이 충분하다면 외재적 피드백은 중요한 주의 지시로서의 기능을 한다.

둘째는 수행의 어느 부분 또는 부분들에 주의를 기울여야 하는가를 확립하는 일이다. 전체 기술의 수행에서 어느 특정 분야에 주의를 집중하도록 하여 뚜렷하게 수행이 향상된다고 한다면 그 부분들에 대하여 주의를 집중하도록 하는 것은 중요하기 때문이다.

(7) 내용의 결정 문제

외재적 피드백을 제공할 때는 얼마나 많은 정보를 제공하느냐의 문제는 크게 두 가지로 나눌 수 있다.

첫째는 너무 많은 정보를 제공하는 문제이다. 너무 많은 피드백이 주어졌을 때 수용자는 거기에 압도당하여 혼란을 일으킨다. 지도자는 학습이 다음의 연습시도에서 무엇을 교정해야 할 것인가를 제대로 통제할 수가 없는 문제가 발생하게 된다. 즉 다음의 시행에서 향상을 기하려는 수련생의 주의를 어디에 집중시켜야 하는가를 파악하기가 어렵다.

따라서 가장 중요한 규칙은 지도자가 가장 중요하다고 여기는 오류를 발견하고 거기에 맞춰 제시하는 일이다. 가장 중요한 오류는 다른 오류발생의 근원이기 때문이다. 즉, 교정시킬 오류의 우선순위를 정하여 제공함으로써 가장 핵심적인 오류를 지적하는 능력은 지도자의 중요한 능력이라 할 수 있다.

둘째는 너무 적은 정보에 대한 문제이다. 이러한 문제는 개인의 학습 단계에 따른 것으로 비록 간단한 정보이지만, 숙련된 수행자에게는 유의한 정보가 될 수 있지만, 초보적인 수행자에게 있어 너무 적은 정보는 무엇이 잘못이고 그것을 교정되기 위해서는 어떻게 해야 한다는 구체성을 띠지 못한다면 정보로서 무용지물에 가깝기 때문이다. 따라서 모든 정보는 그들이 이해할 수 있을 만큼의 정보는 필요하다.

(8) 제공방법의 문제

지금까지의 논의는 외재적 피드백의 제시는 지도자가 구두로 제시하는 방법을 중심으로 논술되었다. 다음은 지도자의 구두 제시 이외의 다른 방법들은 얼마나 효과적인가에 대한 문제이다. 이 문제에 접근하기 위해서 우리는 세 가지의 다른 방법, 즉 비디오테이프, 운동학적 설명, 보강적 피드백을 살펴본다.

① 비디오테이프

외재적 피드백의 일반적 대안은 비디오테이프를 이용하여 개인 수행을 다시 돌려보는 것이다. 초보자들은 비디오테이프를 통해 정보를 얻으려면 지도자의 도움이 필요한 반면, 중간 수준의 수련생들은 초보자만큼 지도자의 도움이 요구되지는 않았다.

둘째, 비디오테이프의 효과적인 사용을 위해서는 비디오테이프의 리플레이는 적어도 5주 동안은 사용되어야 한다는 사실이 중요하다고 지적했다.

비디오테이프를 사용할 때의 문제 역시 언어의 피드백과 마찬가지로 유의적 정보로서 제공되어야 하는데, 초보자들이 자신의 수행에서 오류를 찾아내거나 교정하지 못하는 것처럼 비디오테이프를 다시 돌리면서 자신의 오류를 찾아내거나 교정하는 일은 쉬운 일이 아니다. 따라서 지도자는 오류가 어디서 발생하고 그것이 어떻게 교정되어야 하는가에 수련생이 주의를 기울이도록 하여야 할 것이다.

② 운동학적 설명

운동학적 정보 형태의 사용을 지지하는 최근의 연구는 피험자들로 하여금 레버를 출발점에서 목표점까지 가급적 빨리 이동시키는 과제를 행함에 있어 한 집단은 언어형식의 피드백, 둘째 집단은 운동학적 형식의 피드백 제공, 셋째 집단은 그것이 없는 조건으로 분류하여 제공하였는데, 그 결과 중 주목할 것은 외재적 피드백을 제공받은 집단은 제공받지 않은 집단보다 수행 수준이 높았다는 사실과 운동학적 형식의 정보집단이 언어 결과지식 집단보다 수행이 더 좋았다는 사실이다. 다만 유의하여야 할 사항은 운동학적 형식의 피드백이 언제나 좋은 것은 아니며, 그 정보가 수련생들에게 유의적일 때만 가능하다는 사실이다.

③ 보강적 피드백

외재적 피드백 제공의 또 다른 형식의 하나는 개인이 수행하는 동안에 제시되는 피드백이다. 이런 형식의 피드백은 그것이 중대되기도 하고, 확대되기도 하는 감각 피드백이기 때문에 보통 보강적 피드백(augmented feedback)이라 불린다.

예를 들면, 테니스공에 회전을 거는 동작에 대한 보강적 피드백 정보의 예는 그 회전이 쉽게 탐색되도록 테니스공에 표시를 해두어 눈으로 직접 회전을 확인하면서 수행을 시킨다든지 또는 특정 근육을 수축할 때 청각 음향이나 근전도 신호를 제공함으로써 본인 스스로가 확인하면서 수행하는 형식이다.

(9) 피드백의 실제

① 비언어적 피드백

- 웃음
- 끄덕임
- 박수
- 머리를 쓰다듬음
- 엄지손가락을 치켜세움
- 집게손가락을 세움
- 주먹을 쥠
- 양 엄지손가락을 세움
- 윙크
- 주먹을 쥠
- 두 주먹을 쥠
- 두 주먹을 상하로 교차시킴

② 일상적 피드백

- 훌륭한 슛이야!
- 멋있는 패스였어!

- 예술이야!
- 좋아, 좋아!
- 정확한 자유투야!
- 훌륭한 동작이야!
- 리바운드의 왕이야!
- 그렇지!
- 뛰어난 슛이야!
- 실력이 좋아졌는데!
- 너무 잘 한다!
- 멋있다!
- 굿!
- 농구왕 같애!
- 뛰어난 움직임이야!
- 그래, 그렇지!
- 패스동작이 훌륭해!
- 농구의 신 같애!
- 부럽다!
- 조던같은 걸!
- 다리 움직임이 좋아!
- 슛도사 같은데!
- 움직임이 좋아!
- 우리반 허재같애!
- 대단해!
- 정말 뛰어나다!
- 부럽다!
- 뛰어난 드리블이야!
- 좋아!
- 멋진 패스였어!
- 아주 높은 점프야!
- 뛰어난 동작이야!
- 농구의 천재야!
- 강백호!
- 너무 잘 하는걸!
- 스냅을 잘 이용했어!
- 선생님보다 낫다!
- 동작이 안정되었어!
- 공중을 나는구나!
- 정확한 슛이야!
- 폼이 멋있다!
- 팔움직임이 좋아!
- 허재가 따로 없구만!
- 끝내주는데!
- 조던보다 멋있어!
- 이상민보다 멋있어!
- 송곳 같은 패스야!
- 슛동작이 시원해!
- 그거야!
- 나이스, 나이스!

③ 특정 정보를 주는 피드백

- 훌륭한 패스야! 상대방의 가슴높이로 던져 주는구나!
- 멋진 패스야! 볼을 던질 때 양팔을 쭉 뻗었어!

- 패스를 진짜 잘한다! 패스의 빠르기를 잘 조절하는구나!
- 그렇지! 드리블할 때는 발을 그렇게 하는 거야!
- 멋있는 패스야! 손목을 잘 이용하는구나!
- 잘했어! 빨리 드리블할 때는 높이를 낮게 하는 거야!
- 멋진 체스트패스야! 손을 패스한 방향으로 쭉 뻗는구나!
- 좋은 패스야! 볼 받을 사람이 앞으로 잘 패스했어!
- 멋진 드리블이야! 손가락을 편 상태로 손목을 이용했구나!
- 좋았어! 자유투할 때는 선을 밟지 않는 거야!
- 드리블 정말 잘한다! 양손을 다 사용하는구나!
- 멋진 수비야! 팔을 위아래로 잘 움직였어!
- 그래, 그렇게 빨리 슛동작을 취해야 해!
- 그래! 슛할 때 받을 때는 끝까지 봐야 해!
- 잘했는데, 슛할 때 무릎을 잘 굽혔어!
- 그렇지! 볼을 몸쪽으로 끌어들이며 잘 잡았어!
- 좋은 패스야! 발을 앞으로 잘 내밀었어!
- 좋았어! 드리블할 때 무릎을 좀더 구부리면 잘 될거야!
- 볼을 정말 잘 잡는구나! 가슴으로 끌어들여 잘 잡았어!
- 멋진 레이업슛이야! 공을 올려 놓듯이 슛을 하는구나!
- 좋아! 상대방에 바짝 붙어서 수비를 아주 잘 하는구나!
- 멋진 슛이야! 동그랗게 포물선을 그리는 구나!
- 멋진 리바운드야! 볼을 꼭 쥐었구나!
- 멋진 리바운드야! 공을 가슴으로 가져왔어!
- 잘했어! 팔을 좀더 크게 휘둘러봐!
- 리바운드 자세가 정말 좋구나! 손을 쭉 뻗었어!
- 움직임이 좋았어! 좀더 활발하게 움직여 봐!
- 그렇지! 드리블할 때는 자세가 낮았어!
- 이상민 같애! 팔을 좀더 쭉 뻗어봐!
- 잘했어! 다리의 움직임이 좋구나!

- 환상적인 페인트야! 발을 좀더 빨리 움직여 봐!
- 그렇지! 드리블할 때 두발이 모두 떨어지면 안돼!
- 훌륭한 슛이야! 무릎을 잘 굽혔어!
- 좋아! 공을 잡을 때는 팔을 쭉 뻗어야 해.
- 잘했는데, 팔을 더 뻗어봐. 그러면 더 잘될 거야!
- 그렇지! 슛할 때 좀더 자연스럽게 해봐!
- 멋진 리바운드야! 공을 가슴으로 가져왔어!
- 멋진 슛이야! 움직임이 빨랐어!
- 조던 같애! 팔과 다리의 움직임이 좋았어!
- 잘했는데, 공을 끝까지 잘 보고 하는구나!

④ 가치판단을 포함한 피드백

- 훌륭한 패스야! 상대방 가슴높이로 던져주면 더 잘될 거야!
- 좋아! 손목의 스냅을 최대한 이용하면 더 잘될 거야!
- 멋진 체스트 패스야! 팔을 좀더 뻗으면 더 잘될 거야!
- 멋진 패스야! 좀더 강하면 상대방이 가로채지 못할 거야!
- 멋진 드리블이야! 좀더 손가락을 펴면 좋겠어!
- 드리블 정말 잘한다, 손목을 좀더 이용해 봐!
- 환상의 드리블이야! 양손을 사용하면 더 잘되겠는데!
- 멋진 레이업슛이야! 발움직임에 좀더 신경쓰면 잘될 거야!
- 훌륭한 슛이야, 슈팅시간이 좀더 짧으면 더 잘될 거야!
- 완벽한 점프슛이야! 무릎을 좀더 굽히면 좋겠는데.
- 잘했어! 좀더 원을 그리도록 슛을 해봐!
- 좋은 리바운드야! 공을 가슴으로 가져오면 더 안전할 거야.
- 자세가 좋아! 무릎을 좀더 굽히면 더 높이 뛸 수 있을 거야.
- 잘 하는구나! 팔을 좀더 뻗으면 더 잘잡을 수 있을거야.
- 공을 잘 잡는구나! 공을 끝까지 쳐다보면 더 잘될거야!
- 잘 잡았어! 팔을 안쪽으로 하면서 잡으면 충격이 적겠지!

- 진짜 잘 잡는구나! 손가락을 좀더 벌려봐!
- 멋진 리바운드야! 공을 잡을 때 힘을 주면 빼앗기지 않겠지.
- 좋은 패스야! 팔을 좀더 굽히면 더 잘될거야!
- 멋진 협력 수비야! 좀더 다가서면 완벽한 수비가 될 거야!
- 훌륭한 패스야! 공을 끝까지 쳐다보면 더 잘될거야!
- 멋진 패스야! 우리편 앞으로 패스하면 더 공격하기 좋겠지.
- 훌륭했어! 팔을 끝까지 보면 더 정확할 거야!
- 좋은 드리블이야! 두 손을 사용하면 더 잘될거야!
- 좋은 슛이야! 공을 백보드에 놓고 온다고 생각하고 해 봐!
- 좋은 패스야! 팔을 좀더 크게 휘둘러 봐!
- 훌륭한 슛이야! 링을 끝까지 보고 크게 휘둘러 봐!
- 좋아! 공을 앞쪽으로 튀기면서 하면 더 잘될거야!
- 좋은 슛이야! 팔목의 스냅을 이용하면 더 잘될거야!
- 훌륭한 드리블이야! 손바닥을 좀더 펴서 하면 더 잘될거야!
- 좋았어! 발을 내밀면서 패스하면 더 강한 패스가 될거야!
- 좋았어! 팔을 안쪽으로 끌어당기면서 받으면 더 정확할 거야!
- 좋아! 앞발을 내밀며 몸의 중심을 앞으로 하면 더 잘될거야!
- 좋은 슛이야! 손가락 끝을 이용하면 더 강하게 나갈 거야!
- 잘했어! 수비할 때 도와주면 공을 뺏을 수 있을 거야.
- 훌륭한 슛이야! 무릎을 좀더 굽히면 더 강하게 나갈 거야!

⑤ 피드백 점검표

피드백을 한 후에는 〈표 5-5〉와 같은 피드백 점검표의 예시를 통해서 수업중에 자기가 한 피드백에 대하여 점검을 해보고, 어떤 피드백을 하는 것이 효과적인가에 대해 생각해 본다. 피드백 연습을 충분히 함으로써 효율적인 피드백 기술을 익힐 수 있을 것이다.

〈표 5-5〉 피드백 점검표

	자주	가끔	전혀
1. 피드백과 교정을 조직하기 전에 과제분석을 했다.	( )	( )	( )
2. 피드백과 교정을 제공하기 전에 수련생의 과제수행에 대해 신뢰할 만한 평가를 실시했다.	( )	( )	( )
3. 내재적 피드백 매커니즘을 포함한 자료를 제공했다.	( )	( )	( )
4. 학습을 도와주는 피드백을 제공하고 학습자들이 답을 쉽게 할 수 있게 해주는 피드백은 제공하지 않았다.	( )	( )	( )
5. 학습전략의 발전에 도움이 되는 피드백을 제공했다.	( )	( )	( )
6. 학습자들의 개인적 요구를 충족시켜 주기 위해서 피드백과 교정의 형태와 유형을 다양하게 했다.	( )	( )	( )
7. 명백하고 분명한 피드백을 제공했다.	( )	( )	( )
8. 모든 피드백이 정확한지를 확인했다.	( )	( )	( )
9. 수련생들이 할당된 임무를 완성하기 위한 성실한 시도를 한 후에야 피드백과 교정을 제공했다.	( )	( )	( )
10. 새롭거나 복잡한 주제를 학습하는 초기단계 동안 피드백과 교정을 주었다.	( )	( )	( )
11. 수련생의 그들의 반응을 하자마자 피드백과 교정을 제공했고, 과제를 완성하자마자 그 과제를 점검했다.	( )	( )	( )
12. 수련생들의 과제수행에 어려움을 겪게 되면 지도자로부터 히드백을 구하도록 그들을 격려했다.	( )	( )	( )
13. 개별적인 피드백과 교정교수를 제공했다.	( )	( )	( )
14. 상당수의 수련생들이 특정문제에 유사한 어려움을 겪게 되면 그룹별로 피드백을 제공했다.	( )	( )	( )
15. 초기 교수에서 사용했던 것과 다른 방법이나 학습재료들을 사용하여 교정을 제공했다.	( )	( )	( )
16. 수련생들이 규정된 목표들을 달성할 수 있도록 충분한 피드백과 교정을 제공했다.	( )	( )	( )
17. 피드백과 교정을 주는 동안 수련생들에게 지원적이고 격려하는 태도를 가졌다.	( )	( )	( )
18. 강화와 피드백을 결합시켰다.	( )	( )	( )
19. 과제를 완성한 수련생의 개인적 자질이 아니라 수련생의 과제수행 그 자체와 관련하여 피드백을 제공했다.	( )	( )	( )
20. 다른 학습과제를 위해 제공했던 피드백이나 교정의 양과 형태에 대해 지속적으로 기록해 간다.	( )	( )	( )

4. 평가단계

마지막 단계인 평가 단계에서는 심동적·인지적·정의적인 수업목표가 얼마나 잘 달성되었는가를 알아보며 그 밖에 교육과정에 명시되지 않은 수업의 결과로 나타나는 여러 가지 무의도적인 교육효과를 평가하는 단계이다. 과거엔 주로 지필평가나 실기평가 또는 형성평가나 총괄평가라는 형식으로 실행되어 왔으나 최근에는 구성주의 교수 이론이 현장에 도입되었고 그에 따른 참평가(authentic assessment) 개념이 도입되면서 수행평가가 주로 실시되고 있다.

1) 평가 절차의 예

체육관 교육 과정 운영 계획 수립

▼

학급별 평가 계획 수립 및 문항 작성

▼

평가 실시

▼

평가 결과 분석 활용

2) 평가과정의 예

교육 내용 분석

▼

평가 목표 설정

▼

출제 계획 수립

▼

평가 실시

▼

평가 결과 기록

▼

교육 평가 결과 활용

3) 문항검토 사항

- 평가 목표에 적합한 방법인가?
- 평가 상황에 따라 평가방법, 평가 유형이 바른가?
- 평가의 수월성이 고려되었는가?
- 문항의 진술이 아동의 입장에서 정확하게 진술되었는가?
- 응답자의 수준에 알맞은 난이도인가?
- 평가 문항의 타당성과 신뢰성은 알맞은가?

4) 평가의 주안점 및 유의점

(1) 실시과정

- 수련생의 약점을 찾기보다는 장점을 발견해야 한다.
- 획일적 평가를 지양하고 다양한 방법이 요구된다.
- 평가 결과 또는 오류 원인이 즉시 학습에 재활용되어야 한다.
- 교수 학습과 긴밀히 연계되어야 한다.
- 수행평가는 지도자의 성실성과 책무성이 더욱 요구된다.
- 구하기 쉬운 자료를 활용하여 수월성을 높인다.

(2) 채점과정

- 채점자의 객관성을 최대한 확보하여야 한다.
- 채점 기준안 작성 방안
  - 분석 배점법 : 모범 답안의 요소를 몇 개로 분석하여 요소별로 득점을 합산하는 방법이며 객관성과 폭넓은 점수 폭이 요구될 때 사용한다.
  - 총괄적 평점법 : 답안 전체를 하나의 단위로 보아 모범 답안을 상정하여 총괄적으로 평정하는 방법으로 반응의 자유도가 아주 크거나 응답자가 비교적 적을 경우 사용한다.
- 평가 목표에 충실한 채점이 되어야 한다.
- 평점자 오류를 최소화해야 한다.

5) 처리 방법

(1) 관점

- 개인의 발달적 교육관을 중시한다.
- 개성을 존중한다.
- 장점을 장려한다.
- 평가 결과를 재투입한다.
- 양적인 숫자 기술이 아닌 질적인 문장으로 서술한다.

(2) 방법

- 월별, 품새, 겨루기 평가 문항을 누적하여 칠한다.
- 수련생 생활기록부 양식과 일치(효율성)하게 한다.
- 평점란의 서술적 기재 사항과 평점 수치가 상호 관련 있게 한다.

(3) 수행평가의 실시에 따른 통지표 작성

- 학년도의 나의 성장 과정을 기재한다.
- 성적 발달 상황, 가정생활, 체육관생활, 개인 기록을 함께 기록한다.
- 지도자와 학부모, 아동과의 계속적인 연대감을 형성한다.
- 학기말에 한 번 보내지는 것이 아니라 급수, 단수의 상황에 따라 수시로 보내지고 학부모나 아동이 함께 적어 가는 수련기록표이다